地方本科高校转型发展之路

——以南阳理工学院为例

邢　勇　刘荣英　张洪峰　徐文华　冯传亭　著

河南大学出版社
HENAN UNIVERSITY PRESS
·郑州·

图书在版编目(CIP)数据

地方本科高校转型发展之路:以南阳理工学院为例/邢勇等著.—郑州:河南大学出版社,2019.9

ISBN 978-7-5649-3931-1

Ⅰ.①地…　Ⅱ.①邢…　Ⅲ.①地方高校—发展—研究—南阳　Ⅳ.①G649.21

中国版本图书馆 CIP 数据核字(2019)第 211418 号

责任编辑　孙增科
责任校对　付会娟
封面设计　马　龙

出　版　河南大学出版社
地址:郑州市郑东新区商务外环中华大厦 2401 号　邮编:450046
电话:0371-86059701(营销部)　网址:www.hupress.com
排　版　河南大学出版社设计排版部
印　刷　河南瑞之光印刷股份有限公司
版　次　2019 年 10 月第 1 版　**印　次**　2019 年 10 月第 1 次印刷
开　本　787mm×1092mm　1/16　**印　张**　19.5
字　数　300 千字　**定　价**　58.00 元

前　　言

促进普通高等学校分类发展、引导地方本科高校转型是国家战略和重大决策，是建立现代职业教育体系、优化高等教育结构、实行高校分类管理的重要举措。地方本科高校要从适应和引领经济发展新常态、服务创新驱动发展的大局出发，深刻认识转型发展的重要性和必要性，以改革精神强力推进转型发展。转型发展是系统工程，需要探索和创新的领域很多，地方本科高校要结合各自实际，找准学校转型发展的着力点和突破口，完善顶层设计，优化专业结构，深化产教融合，强化校企合作，突出应用型人才培养理念，加强应用科学研究和成果转化，切实增强服务区域经济社会发展的能力和水平。

南阳理工学院自2014年成为河南省整体转型发展试点学校以来，立足新站位，贯彻新要求，科学编制了《南阳理工学院推进整体转型发展工作实施方案》，凝全校之心、集全校之志、聚全校之力推进转型发展，提出了“围绕一个目标、抓住两个关键、搭建四个平台、提升四种能力”的“1244”转型发展整体思路，即围绕“建设高水平应用型理工大学”一个目标，抓住“教师队伍建设”和“课程体系建设”两个关键，搭建“教师发展平台”，提升“教师教育教学能力”；搭建“学科建设平台”，提升“师生应用研究能力”；搭建“实践教学平台”，提升“学生实践创新能力”；搭建“协同创新平台”，提升服务地方发展能力。成功走出了一条地方本科高校的转型发展之路，希冀能为同类高校的转型发展提供实践范例。

在转型发展过程中，南阳理工学院坚持“立本、立真、立特、立新”的办学理念和“应用型，地方性，服务型，开放式”的办学定位，不断完善顶层设计、改善办学条件、突出应用型人才培养理念，建设了一支专兼结合的产教融合教师队伍，建立了契合南阳经济社会发展需求的学科专业集群，建成了注重学生实践创新能力培养的课程体系。学校以地方经济社会发展需求为导向，面向产业，主动对接，深度融入，不断深化教育教学改革，强化内涵建设，创新了应用型人才培养模式，着力为地方经济社会发展培养高素质应用型人才，提升社会服务贡献力，形成了若干可资借鉴的转型发展典型案例。

本书由南阳理工学院党委书记邢勇、校长刘荣英和张洪峰、徐文华、冯传亭撰写，在本书的研究和撰写过程中，得到了南阳理工学院相关部门的大力支持和帮助，在此一并表示感谢。由于作者水平有限，书中难免有不足之处，敬请各位方家指正。

目　录

第三编　南阳理工学院转型发展案例

第一编　地方高校与转型发展

第一章　地方本科高校的兴起和发展

地方本科高校的范围很广，从理论上讲，不属于国家部属的本科高校都是地方本科高校。下面所讲的地方新建本科高校，专指教育部1999年以后批准设置的地方本科高校。

地方新建本科高校的诞生依靠地方，成长和发展的“根”在地方，与地方的关系紧密，对地方经济社会发展有重要的促进意义。据2017年10月教育部发布的《中国新建本科院校质量报告》显示，截至2015年，全国有新建本科高校678所，占当年全国普通本科高校1219所的55.6％，已实实在在地占据了我国高等教育的“半壁江山”，分布于全国29个省市自治区，实现了对196个地级市及计划单列市的覆盖。对于一些地级市甚至县级市而言，新建本科高校的建立结束了当地没有本科教育的历史，成为当地一张亮丽的文化名片。

地方新建本科高校主要有两类：一类是由地方政府主导新建的研究型大学，数量很少，如南方科技大学、西湖大学等，它们站位前沿，起点很高，目标是建成具有中国特色的世界一流大学。另一类是在高等教育大众化过程中，由专科学校升格或由几所学校合并组建，数量较多，目标是建成服务区域经济社会发展的地方性应用型本科高校。

第一节　地方新建本科高校的兴起

地方新建本科高校不同于精英教育时代的传统大学。地方新建本科高校以培养专业性应用型复合型人才为主，而传统大学是以培养综合性学术性研究型人才为主；地方新建本科高校以实践为导向，以应用为目的,帮助人们改造世界,而传统大学是以真理为导向,以求真为目的,帮助人们认识世界;地方新建本科高校则注重与地方政府、企业互动,以直接参与方式服务地方经济社会发展,而传统大学是以服务国家重大战略需要、甚至人类社会发展作为价值取向的。在一个相对较短的时期内,国家批准设置一大批地方新建本科高校,对我国高等教育的长远发展具有里程碑式意义。

一、区域中心城市的发展和崛起,为地方大学城市大学兴起提供了土壤温床

经济社会发展对高等教育的需求主要表现在两个方面:一是对人才需求数量的增加,二是对人才需求层次的提高。新建地方高校的兴起与我国城市化建设进程密不可分,尤其是改革开放后,沿海省份的区域中心城市发展迅速,快速崛起,各城市的综合实力突飞猛进,不仅带动了区域经济社会的迅猛发展,也为高等教育事业的发展奠定了基础。城市决策者将高校的发展视为政绩,地方新建高校能获得地方赋予的许多优惠政策。

区域中心城市办大学不仅为地方经济社会发展培养了急需的应用型人才,而且在构筑城市人才高地、引领社会文化、优化投资环境、促进国际交流、拉动经济增长、提升城市形象等多方面,也产生了聚合效应。沿海发达地区的区域中心城市更是经济力量雄厚,具有吸引优秀教师和学生的更多优质资源,区域中心城市办大学的欲望极其强烈。1980年之后,全国各省辖市(地)遵照中央"发展高等教育必须坚持两条腿走路的方针,多种形式办学"的指示精神,相继开办了许多"收费、走读、不包分配、择优录取"的地方全日制综合性大学。

广东省是我国改革开放的前沿,率先回应了改革开放的时代呼唤,支持地方政府在地级城市举办大学教育,以满足经济腾飞对人才的巨大需求。教育部也鼓励广东省进行高等教育改革,对地级市举办大学给予了政策上的支持。各地人民政府整体谋划,在校园建设、资源整合、财政投入、队伍建设等方面综合协调,聚合内外力量,推动新大学的建设。

中心城市办大学以1983年汕头大学、深圳大学的正式招生为起

点，到1993年惠州大学的成立为阶段性结束，前后持续了大约10年，相继成立了汕头大学、深圳大学、五邑大学、佛山大学、广州大学、韶关大学、嘉应大学、西江大学、孙文学院、东莞理工学院、惠州大学等12所城市大学。至1994年，这些城市大学的校均规模达到3000人以上，为广东的经济腾飞做出了重要贡献。这些大学的基本特征在于其办学宗旨的鲜明性，“源于地方，服务地方”、“为地方经济社会发展做贡献”是主旋律。

从分布看，师范类学校以山东、辽宁、浙江、云南最为集中；以工科为主的综合性学校则以江苏和广东最为集中，发展较快。河南也是较早举办中心城市大学的省份，以理工科类为主，至1992年有7所，包括安阳大学（安阳市）、中州大学（郑州市）、焦作大学（焦作市）、开封大学（开封市）、洛阳大学（洛阳市）、平原大学（新乡市）、南阳大学（南阳市）。同期前后，江苏省建有城市大学16所，辽宁省23所，河北省5所，湖北省9所，湖南省3所。由于中国高等教育没有这个统计口径，它们要么被作为普通高校，要么被作为职业大学，要么是地方高校，很难得到准确数据。由于开办较早，先后被国家承认，列入普通高等教育序列设置。可能还有一些，截至目前仍未被教育部承认。

区域中心城市办大学的模式大致有五种，不同的建校模式，积淀了不同的大学文化，其影响至今还在探讨。第一种是独立创建的本科学院，像深圳大学、汕头大学、五邑大学等，资金相对雄厚，是实施本科教育的综合大学；第二种是依托或联合当地师范学校创办，如广东的西江大学、韶关大学，以及辽宁的沈阳大学等；第三种由职工大学发展而来，如河南的焦作大学，原为焦作职工大学；第四种由专科学院独立升格本科，如南阳理工学院、东莞理工学院、武汉江汉大学等；第五种由普通大学分校发展而来，如河南的洛阳大学、开封大学、安阳大学、广东的孙文学院、北京经济管理学院等。河南省中心城市举办的大学主要是三、四、五种模式。

从学校层次看，区域中心城市举办的大学有本科和专科两种层次，以专科为主；从学校类型看，有学术性综合大学，更多的则是职业性大学。和同时兴起的私立大学比较，虽然数量没有私立大学多，但办学更正规，发展更快速，所以著名教育家潘懋元先生提出，“中心城市大学这一创新举措,由于是地方政府大力支持下的产物,背后有各级地方政府作为强大的经济后盾,其发展模式和建设以及由此产生的社会效益和经济效益都远远超过私立高等教育。"

区域中心城市举办的大学是我国高等教育现代化的一部分,更是高等教育大众化的中坚力量,到1991年已有39%的学生就读。它们的包袱与束缚相对较小,在办学上勇于探索创新,在全员聘任制、奖学金制度、毕业生不包分配双向选择制度、学生缴费制度、利用银行贷款办学、应用性专业设置等方面实行的举措,冲破了人们的传统观念束缚,在全国得到了推广。中心城市大学在高等教育领域的观念和制度创新,推动了我国高等教育的多样化和大众化,也带来了中心城市大学的繁荣。中心城市大学的兴起,是我国高等教育改革的一次破冰之旅,对优化高等教育区域分布结构、促进高等教育服务地方经济社会发展产生了积极作用。在学科建设、专业设置、人才培养、校地合作等方面的不断探索,为我国高等教育的持续发展积累了有益经验。

中心城市大学在20世纪90年代初经过治理整顿后,深圳大学、汕头大学、宁波大学等少数几所高校已经进入研究型大学行列,大部分的专科高校在1999年以后相继升格为本科高校,成为我国地方新建本科高校的中坚力量。

二、社会的渐进转型和快速发展,为地方新建本科高校兴起提供了良好环境

决定高等教育整体规模的主要因素是经济发展水平。教育必须与经济发展相适应,这是教育发展的一条基本规律。综观发达国家高等教育史,可以发现,在社会经济发展的转型期都会出现新的高等教育机构,以适应经济社会发展的需要,满足更多人接受高等教育的需求。如今的大学已成为了经济发展和国家生存不可或缺的事物,社会出现了危机和重大问题,必定与教育密切相关,急于富强的中国需要高速的经济发展,需要建立更大规模高教体系,让更多人接受高等教育。

改革开放使我国各个领域发生了翻天覆地的变化,政治领域和经济领域出现了前所未有的良好局面,各民族人民团结一心,国际地位进一步提高。在经济领域,初步建立起比较完善的社会主义市场经济体

制。产业结构的调整、新技术的应用，对劳动者的素质要求不断提高，工作岗位所要求的从业条件被重新限定，很多工作岗位需要经历高等教育的毕业生来从事，接受高等教育的需求被无限激发。

伴随着工业化的进程和国民经济的高速发展，集体企业和乡镇企业开始发展，产业结构初步调整，社会不仅需要传统大学培养的善于抽象思维的研究、学术型人才和中等职业学校培养的技术工人，同时还迫切需要大量的初中级建设者、具备一定理论知识和实践技能的技术工程人员和部分科研开发人员，对培养应用型人才的职业技术教育需求大大增加。而地方新建本科高校的办学目标正好能够满足培养实用型人才的时代需求。

发展教育，培养人才，需要大量投资，国家的资源有限，普及义务教育任务艰巨，不可能支撑一个庞大的国家高等教育体系，势必要引进其他资源，地方政府和民间力量迫不及待地进入这个由巨大需求支撑的市场。而且我国幅员辽阔，地区间经济发展水平极不平衡，产业布局经济结构差异很大，对适合本地区经济发展的人才结构、对高中低档人才的需求大不相同，发展适应地方经济需要的高校获得了巨大的推动力。

20 世纪 90 年代以来，随着改革开放的不断深入和社会主义市场经济体制的逐步完善，我国高等教育规模迅速扩大，逐步从精英教育阶段向大众化教育阶段转变。为了满足经济建设和社会发展对高层次教育的迫切要求，一批办学条件相对较好的专科学校审时度势，乘势而上，单独升格为本科院校或通过合并组建升格为本科院校。

地方新建本科高校产生的直接原因是我国政府为扩大内需以应对亚洲金融危机，从而调整高等教育发展思路，变稳步发展为加快发展所致。从深层次来看，更是我国高等教育结构、毕业生规模、大学服务社会方式等不能满足当时经济社会发展要求所致。正如著名高等教育家潘懋元先生所说，“新建本科高校是经济社会发展的产物”。经济社会的快速发展，需要高等教育调整办学结构、扩大招生规模，以满足巨大的、多样性的人才需求；急需组建一批有别于传统大学的本科高校，直接为提供服务。地方新建本科高校顺应时代发展应运而生，肩负服务地方经济社会发展的重大使命，在高等教育大众化、地方化的背景下蓬勃发展起来。

改革开放以来,我国社会的渐进转型和快速发展,使国家取得了举世瞩目的伟大成就。我国政治局势持续稳定,综合国力不断增强,居民收入稳步增长,人民生活水平和生活质量大幅提高,“中国模式”也越来越被国际社会认可和接受。经济实力的增强,综合国力的提高,使国家有能力发展高等教育;社会整体的进步,生活水平的提高,使人民期望加快发展高等教育,为地方新建本科高校的设置与发展提供了强大的物质基础,更为它们的兴起提供了良好的社会环境。

三、高等教育体制改革布局调整,为地方新建本科高校兴起提供了广阔空间

客观上看,新中国成立后逐渐形成的高等教育体制与我国当时高度集中的计划经济体制相适应,为我国的社会主义现代化建设做出了卓越的贡献。然而,随着改革开放的不断深入和社会主义市场经济体制的逐步确立,结构单一和管理高度集权的高等教育体制已经不能适应经济社会发展的需要,诸多弊端逐渐暴露。由于经济、文化条件的差异,我国普通高等教育总体规模的地区分布极度不平衡,许多地区的普通高等教育规模和经济发展存在明显不协调,高等教育布局与人口规模分布不相适应,导致部分人口大省高分学生无学可上的现象十分突出。

我国高等教育体系按照等级分层,不同层次高校的地位极不平等。普通高等学校被划分为不同层级,处在不同层级的高校地位和声誉有很大差异。长期以来,高等教育布局结构极不合理,本科院校大都集中在直辖市或省会城市,有的大城市设置有几十所本科高校,而许多地市级中等城市却基本没有本科院校。各省之间差异也较大,落后地区加快发展高等教育的要求非常迫切。

20 世纪 90 年代开始,为适应迅速发展的经济社会的内在需求,推动高等教育支撑和引领经济社会发展作用的发挥,我国进行了新一轮的教育体制改革,可概括为 5 个方面:一是管理体制改革,二是办学体制改革,三是招生就业体制改革,四是经费筹措体制改革,五是内部管理体制改革。1992 年以来,在“共建、调整、合作、合并”八字方针的指引下,国家以管理体制改革为契机,对高校布局结构进行全面调整,旧

的高等教育管理体制的格局被打破，新的管理体制逐步建立。1998 年 7 月，教育部对国家经贸委等 9 个部委所属的高校进行了管理体制调整；1999 年初，对原五大军工总公司所属高校的管理体制予以调整；2000 年，又对国务院 49 个部（委）的高校实施了调整。从 1992 年到 2000 年底，全国共有 556 所高校合并组建为 232 所，净减 324 所；有 509 所高校进行了管理体制的划转与调整。高等教育管理体制的改革，放宽了普通本科高校的设置条件，增加了地方举办高等教育的积极性，成为地方新建本科高校发展的契机。

从 1999 年以来，国家按照“一年西部、一年中东部、一年民办院校”的审批进度，有步骤、有计划地依次推进地方新建本科高校的设置。目前，我国地方新建本科高校（含独立学院）678 所，分布在 196 个地级及以上城市，大大改变了我国高等教育分布不平衡的状况，落后地区的高等教育有了相当大的改观。贵州省、福建省、湖南省、山西省、安徽省、云南省、江西省、河南省、广西、河北省、浙江省的高等教育发展较快，十年间增长超过 50％，福建省和贵州省超过了 80％。

高等教育管理体制改革的纵向深化，打破了长期以来形成的条块分割壁垒，扩大了办学规模，实现了高等教育资源的优化。更重要的是，部委高校的合并在客观上拓展了地方高校发展的空间，使高校设置的重心下移成为可能，为我国高校的合理布局奠定了良好基础。也正是由于高校设置重心下移，使地级城市办大学第一次得到全方位的关注，极大激发了地方政府办大学的积极性。

为弥补历史形成的所在地区没有本科高校的缺陷，许多地方政府与所在地高校积极配合，共同谋划，整合资源，为升本创造条件，“举全市之力申办本科高校”一时间成为许多地方政府的共识。经过共同努力，一批批专科院校经国家考核、评议后被批准设置为本科院校，它们中许多都是当地唯一的本科院校，它们的升格填补了这些地区没有本科高校的历史空白。不仅促进了当地高等教育的快速发展，而且使我国高校的整体布局结构更趋合理。

四、高等教育大众化的强力推进,为地方新建本科高校兴起提供了难得机遇

一般来看,考察高等教育强国有两项“充要”指标,即高等教育的国际影响力和国家经济社会发展对高等教育的依存度。一个国家的高等教育的国际影响力主要取决于高端性和独特性两个维度,高端性主要是通过世界一流大学的数量来考量;独特性主要看是否具有比较鲜明的国家特征和民族特色。经济社会发展对高等教育的依存度是指高等教育对一个国家经济社会发展的贡献率,贡献率越大,高等教育强国的特征就越显著。高等教育强国的建设不单单要看拥有多少世界一流大学,还要关注高等教育对经济发展的贡献,这给地方新建本科高校的产生与发展提供了很好的契机。正如克拉克(Burton R.Clark)所言,“如果社会不能从原有机构中获得它所需要的东西,它将导致其他机构的产生。”

高等教育大众化是一种阐释高等教育转型变化的理论,而不是某种目标理论。20 世纪中叶,马丁·特罗依据美国高等教育发展过程和经验,提出了高等教育大众化理论,并且以毛入学率 15%和 50%的具体数字为指标,把高等教育划分为“精英化”“大众化”和“普及化”3 个阶段,15%以下为精英教育,15%~50%为大众化教育,50%以上为普及教育,并分析了各阶段的高等教育体系的结构和特性。马丁·特罗认为,高等教育发展阶段中存在着量变与质变的不平衡性,在精英、大众和普及三个阶段,高等教育观念、功能、管理和课程等方面存在着质的变化。在发达国家,高等教育从精英教育阶段转入普及教育阶段,呈现出多样化和社会需求主导的基本特征。无论是满足自然人口日益增长对接受高等教育的需求,还是经济社会发展对多样化高等教育的依赖,建立地方性大学几乎是所有国家大众化高等教育所表现出来的共同特征。

20 世纪 90 年代,我国经济迅猛发展和人口增长对高等教育的需求,以及高等教育对经济拉动作用的积极看法,使得马丁·特罗的高等教育大众化理论在我国一引进就大受欢迎。这一理论自 90 年代被引入以来,迅速引起国内高等教育界学者和专家的极大关注,在学术界引

起广泛的讨论，对这一理论进行探讨和研究的文章纷纷见诸报端，并成为政府决策的一大理论依据。高等教育大众化的理念，使我国的教育观念和教育政策发生了很大的变化，其中最突出的就是扩大高等学校的招生规模，增加高等学校的数量，以便让更多的人能接受高等教育。这一观念和政策的转变，使我国的高等教育步入到快速发展时期，这也是地方新建本科高校兴起的直接原因。

我国高等教育在1999年以前一直处于精英教育阶段，高等教育毛入学率始终在10%以下，1990年是3.7%，1997年是7.6%，1998年是9.8%。而且，为了抑制1992年和1993年出现的高等教育规模增长过快的局面，在1994年6月召开的全国教育工作会议上，将“使(高等教育)规模有较大的发展”的提法改成了“规模适当发展”，后来又进一步改为“稳步发展”和“适度扩大高等教育规模”。尽管对于高等教育发展的规模和速度问题在当时就一直存在不同意见的争论，但客观事实是，自1994年以后我国政府对高等教育采取的政策实际上是一定程度上的限制发展。

能力不高和从业者文化素质低下，只能使我国经济增长方式处于粗放式经营的被动状态中。面对科学技术日新月异的新时代，我国只有通过实施“科教兴国”战略，逐步提高全民族的整体素质，才能应对未来经济社会发展的需要，而这一切又迫切要求大力发展高等教育。然而，当时我国高等教育毛入学率与世界其他国家相比，还处于较低水平。以1999年为例，我国即便是在当年扩招50万后，高等教育毛入学率也才刚刚到10.5%，而美国早就超过了82%，英国、法国、日本均在50%以上，韩国46%，菲律宾、新加坡也在30%以上，就连泰国也比我国高11个百分点，为22.1%。可见，我国高等教育规模整体偏小，无法满足提高国民整体素质的时代要求，更与培养数以亿计的高素质劳动者、数以千万计的专门人才和一大批拔尖创新人才的目标不相适应。

我国在1998年左右已将实现高等教育大众化正式列为发展目标，教育部在1998年12月提出的《面向21世纪教育振兴行动计划》中指出，到2010年，我国高等教育入学率要接近15%，采取必要的政策措施，在扩大招生的同时扩大高等教育的供给，促使这一目标按期或提前实现。

我国高等教育大众化之路是通过扩大高校招生规模和增设高校的途径解决的，表现在以下三个方面：

一是1999年大学扩招。当时，中国的高等教育毛入学率在9%左右，远低于发达国家的水平。在1999年6月召开的第三次全国教育工作会议上，中央政府提出，到2010年将高等教育入学率提高到15%的战略目标，同时做出了1999年扩大高校招生的重要决定，1999年也因此成为新中国成立以来普通高校发展速度较快的年份之一。当年全国各类高等教育机构招生280万人，其中普通高校招生160万人，比上年增加51万人，增长47%，在校生人数比上年增加76万人，增长22%；成人高校招生116万人，比上年增长近16%。1999年6月发表的《中共中央国务院关于深化教育改革全面推进素质教育的决定》有更加明确的表述："调整现有教育体系结构，扩大高中阶段教育和高等教育的规模，拓宽人才成长的道路，减缓升学的压力。通过各种形式积极发展高等教育，到2010年，我国同龄人口的高等教育入学率从现在的9%提高到15%。"同年12月，在武汉召开的全国高等教育招生工作会议决定，今后3年我国各类高等学校招生总量将继续增长。我国高等教育要实现由精英化向大众化的战略转变。2001年，政府在《公共教育事业发展第十个五年计划》中，将原定2010实现高等教育规模和入学率的目标进一步提前到2005年实现。而实际上到2002年，全国各级各类高等教育在学人数达1600万，高等教育毛入学率已经达到15%，高等教育大众化目标的实现比"十五"计划提前了3年。

二是地方新建本科高校的出现。1999年，教育部陆续批准10所师范专科学校升格为本科高校，拉开了地方新建本科高校蓬勃兴起的序幕。接着大量的有基础、发展较好的工科和财经类高专陆续获准实施普通本科教育。近20年来，国家有步骤、有计划地依次推进新建本科高校的设置。一大批专科学校通过合并、转制等方式组建为具有高等学历教育资格的普通本科高等学校。因组建时间较短，实施本科教育的历史不长，通常被称为"新建本科高校"。到2010年，新建本科高校有261所；目前，我国有新建本科高校（含独立学院）已达678所，成为我国高等教育的重要组成部分，在我国高等教育大众化进程中肩负着重要的使命。

三是以职业技术学院为主的高职高专院校的建立，使高等学校的布局下延，为许多地、县级市的发展带来了机遇。据不完全统计，在1999～2001年间，仅教育部备案的地、县级市高校增加160多所，占全国新增高校总数的一半，为当地培养了大批应用技术人才，推动了地方经济社会的发展。统计表明，1999年以前，我国高职、高专的招生规模占整个高等教育招生规模的比重大致为1/4左右，而目前已超过一半。许多高职院校在1999年前只是中专、技校，规模大都不到2000人，而现在许多学校已发展到1万人的规模。这些院校在办学层次向上“跨越”的同时，办学规模在短时间内也急剧扩张。1999年全国有普通高校823所，目前有2631所，其中，新建本科高校678所（含独立学院265所），高职高专1338所。

五、教育资源的持续整合和优化，为地方新建本科高校兴起提供了物质基础

新建本科高校之所以能够蓬勃兴起，并在较短时间内遍及全国，除了稳定的社会环境和良好的政策支持外，还与我国拥有一定存量的高等教育资源紧密相关。

考察新建本科高校的升格路径，可以归纳为以下五种：第一种是高等师范专科学校升格为本科师范学院，如1999年升格的黄冈师范学院、长江大学等10所师范学院。第二种是由2所或3所师范类高等专科学校合并改建为本科的综合性学院，如新乡学院由新乡师范高等专科学校、平原大学和新乡教育学院3所专科学校合并组建而成。第三种是公立专科学校与民办专科学校合并升格为本科高校，如黄淮学院由驻马店师范高等专科学校和民办中原职业技术学院合并组建而成。第四种是高等师范专科学校合并成人高校升格为本科师范学院，如洛阳师范学院由洛阳师专和洛阳教育学院合并组建而成。第五种是成人高校改制升格为普通高等院校，如中国劳动关系学院由实施成人教育的中国工运学院改制升格而来。

经过几十年的发展和积累，尤其是改革开放以后高等教育事业的稳步增长，我国在1999年高校扩招以前已经拥有了一定的高等教育资源储备。首先，我国拥有一大批普通高等专科学校。这些普通高等专

科学校经过多年的持续发展,已经具备较强的办学实力,办学质量相对也比较高,其中很多学校已经成为所在领域的佼佼者。其次,我国有一大批依托地级城市兴建的地方性职业大学。这是改革开放初期,为解决各地人才结构不合理、专门性人才匮乏的局面,许多地市依靠自己的力量兴办的为本地区发展服务的地方性职业大学。再次,我国还有一大批成人高等教育资源。据统计,1998 年全国成人高等学校 962 所。其中职工高等学校 567 所;管理干部学院 153 所;教育学院 190 所;广播电视大学 45 所;农民高等学校 3 所;独立函授学院 4 所。

在有利于我国高等教育改革和发展的前提下,打破原有资源的封闭状态,实施资源优化重组,实现资源共享已势在必行。国家根据地域和学科分布特点,按照资源优势互补的原则,对既有高等教育资源进行的结构性调整,为地方新建本科高校的兴起提供了宝贵的物质基础。

第二节　地方新建本科高校的发展

地方新建本科高校已经成为我国高等教育大众化背景下本科教育的主要力量,其成长与发展事关国家的人才强国战略。总体而言,地方新建本科高校的探索、实践和发展,大致可以分为规模膨胀期和质量提升期两个阶段。

一、新建本科高校的规模膨胀期

新建本科高校建设发展的规模膨胀期,是新建本科高校发展过程中的必由之路,是从精英教育背景下的学术教育为主向应用型本科教育为主的转轨阶段,是无法逾越的发展过程。

1999 年是我国高等教育管理体制改革承前启后、并取得突破性进展的关键一年。当年 6 月,第三次全国教育工作会议的召开,开启了我国高等教育大众化、跨越式发展新征程,加快了高等学校扩招的步伐。为配合我国高等教育由精英化向大众化的战略转变,国家有步骤、有计划地依次推进新建本科高校的设置工作,一大批办学条件较好的高职高专和成人高校或独立升格,或合并升本,或改制列入普通高等本科院校行列,新建本科高校犹如雨后春笋般在全国各地迅速铺开。截至

2008年,我国共批准设置新建本科高校230所,实实在在地占据了我国高等教育的“半壁江山”,成为我国高等教育大众化建设的主力军。

我国新建本科高校不仅设置进度快,而且分布范围广。到2013年,除西藏、青海外,新建本科高校已遍布全国29个省、自治区和直辖市。从全国333个地级城市来看,建本科高校已分布于其中的178个,占有率高达53.5%。总体来看,新建本科高校布局较为合理,不仅弥补了长期以来地级城市本科高校缺失的不足,而且与所在区域的人口总量和经济社会发展基本相适应。

从新建本科高校的科类结构来看,我国新建本科高校的科类分布相当全面,已涵盖除体育外的综合、理工、农林、医药、师范、财经、语言、艺术、民族等十大类别。2013年,在当时的346所新建本科高校中,综合类新建本科高校103所;理工类新建本科高校84所;师范类新建本科高校75所;经济类新建本科高校33所;政法类新建本科22所;语言类新建本科高校12所;农林类、医药类、艺术类新建本科高校合计16所。从以上数据可以看出,我国新建本科高校的科类结构与近年来我国高等教育宏观结构调整的总体要求相符合,并为培养“厚基础、宽口径、复合性、应用型”人才创造了有利的条件。

面对超常规的发展,新建本科高校的办学压力越来越大。升本之后都把发展作为学校的首要任务,全力提升学校的综合办学实力,依靠社会各方力量地支持来完成学校外延式的规模化扩张,全力加强办学硬件建设。一方面,新建本科高校依靠地方政府政策支持,积极争取发展用地,拓展办学空间、扩大办学场地,解决了校园狭小、发展空间受限的历史遗留问题。另一方面,对图书馆、实验室、体育馆场等教学设施进行改建、扩建,以满足本科教学的具体要求。学校的生均占地面积、生均宿舍面积、生均教学行政用房、生均教学科研仪器设备值、生均图书册数等诸多硬性指标较升本初期均了质的飞跃,完全能够满足本科教学的实际需要。为完成高等教育大众化的历史重任,新建本科高校充分利用自身优势,全面发展各类教育,融普通高等教育、成人教育、远程函授教育于一体,短期内实现了在校生数量的快速扩张、办学规模的持续扩大。

但在这个阶段,新建本科高校不同程度地出现了定位不准的问题。

不少新建本科高校升格后不能理性地根据自己的建校背景、拥有资源、生源质量等情况来确定学校的发展思路，而是以先发展的传统本科高校作为参照，简单复制传统本科高校的办学模式与发展路径，出现了急功近利、好高骛远等现象。在规模上求大，速度上求快，追求跨越式发展，想方设法提高办学层次，力争走本科院校—重点大学—研究型大学的路子；在学科设置上，盲目向综合性大学看齐求全，以学科建设代替专业建设，忽视了教学工作的中心地位；在办学层次上，积极追求举办研究生教育，梦想着几年实践能就升格为硕士学位授权高校，基本上模仿沿袭老牌本科院校的发展轨迹。

在经过持续数年的快速发展之后，新建本科高校也积累了不少问题和矛盾。大规模的高校扩招对整个教育生态都有深刻而复杂的影响，导致了高等学校超负荷运行，造成教育质量滑坡、大学生就业难等突出问题。改革和发展既面临历史性的战略机遇，又面临巨大的压力和严峻的挑战。地方新建本科高校必须要先打好基础、找准位置，才能遵循协调发展的原则，选择切合实际的、科学合理的发展路径，根据学校的办学特色、资源优势和不足等实事求是地评价学校的办学实力，结合区域经济发展需要和社会需求，研究制定自己的发展战略，确保学校健康、持续发展。

总之，伴随着我国高等教育大众化进程的强力推进，新建本科高校牢牢抓住了高等教育大调整、大发展的历史机遇，以国家本科院校办学标准为参照，加大发展力度，加快发展速度，短期内使学校的规模得以快速膨胀。在政府政策的推动下，我国高等教育规模急剧扩大，毛入学率从 1998 年的 9.8％增加到 2002 年的 15％，进入到国际公认的大众化阶段。我国高等教育在跨过大众化的门槛后，呈现出加速发展的态势。到 2006 年在校生有 2300 万人，毛入学率达到了 22％，校园占地面积达 1500 平方公里。新建本科高校已经成为我国高等教育体系中的重要组成部分，成为我国实施大众化高等教育的主体和规模扩张的主力军。

二、新建本科高校的质量提升期

新建本科高校建设发展的质量提升期，是指基本实现了以规模扩张为基本特征的外延式膨胀发展初始阶段后，转向以提高质量为核心的内涵式发展的特定时期。这既是服务国家创新发展战略、加快转变经济发展方式的迫切要求，也是满足人民群众办好人民满意教育的迫切需要，同时还是破解高等教育发展难题、实现我国高等教育由大到强的必由之路，标志着地方新建本科高校的建设和发展步入了成熟阶段。

新建本科高校在升本后，学校的办学规模迅速扩大，办学实力明显增强，发展空间进一步拓宽，呈现了良好的发展态势。但是，办学层次的提高并不代表着办学水平的自然提升，如何面对变化的环境，科学定位，办出特色，在更高的层次上保证人才的培养质量，实现从数量扩张向质量提高的转变，实现办学内涵的真正提升，是摆在新建本科高校面前的一个突出问题。

提高质量是世界各国进入高等教育大众化阶段后面临的共同问题，也是我国高等教育发展的必由之路。我国已经进入全面建设小康社会的关键时期和深化改革开放、加快转变经济发展方式的攻坚时期，提升高等教育质量的重要性和紧迫性更加突出。根据《国家中长期教育改革与发展规划纲要（2010～2020 年）》，今后我国高等教育要“引导高校合理定位，克服同质化倾向，形成各自的办学理念和风格，在不同层次、不同领域办出特色，争创一流”。对新建本科高校而言，办学定位是关键，以提高质量为核心推进内涵式建设，成为新建本科高校持续前行的当务之急。

国家采取两项措施推动高等学校提高教育质量。一是深化教学改革。从 2007 年开始，教育部与财政部联合启动了“高等教育质量和教学改革工程”，随后又出台了《教育部关于深化本科教学改革，全面提高教育质量的意见》，提出了六大方面的教学建设和改革项目，这些项目代表了本科教学改革的前瞻性内容，引领着今后若干年的改革发展趋势。新建本科高校应瞄准这些内容，启动校内的改革项目，促进本科教学质量不断提高。二是开展周期性的本科教学工作水平评估。评估实践业已充分证明了这种外在评估所产生的巨大推动力，在以下 5 个方面取得了明显成效：一是促进学校理清办学思路，进行科学定位；二是确立了教学工作的中心地位，强化了质量意识；三是促使学校增加投入，加强建设教学条件、改善教师结构；四是提高了毕业论文等主要教学环节的质量要求；五是规范管理，推动校内质量保障体系建设。新建本科高校应规范办学,力争通过教育部教学工作水平评估。

我国高等教育的快速发展,为经济建设和社会发展输送了大量人才。但是规模扩大、条件改善与质量提升、内涵建设并未完全同步,高等教育经过近10年的跨越式发展,新建本科高校实现了专业数量、在校学生数量及校区面积、校舍建筑的快速发展,但与此同时,也带来了教育教学资源的稀释和校园文化建设的滞后。高等教育大众化比预期大大提前,虽然在短期内打破了高等学校的发展瓶颈,满足了学校规模迅速扩张的需要,但在谋求快速发展中却走了一条反生态之路。

高等教育的跨越式发展带来的办学资源透支,对地方新建本科院校的负面影响很大,严重威胁到新建本科高校的可持续发展,同时也引发全社会对高等学校规模问题的再思考。对一所本科高校来说,规模扩张不仅是量的增加,更主要的是质的转变。适当控制招生规模,强化办学条件建设,深化教育教学改革,注重教育质量提高,办人民满意的高等教育,成为高等教育界面临的共同任务。新建本科高校应清醒地认识到,当前高等教育的主要矛盾是优质教育资源的供给不足与广大人民群众强烈需求之间的矛盾,迅速由规模扩张转向以提高质量为特征的内涵建设上来;要从实际出发科学确定学校招生规模,注意在规模、结构、质量、效益等方面的协调发展;注重创立品牌,以优质的教育质量赢得社会的认可和尊重。

新建本科高校在我国高等教育体系中无论从数量规模,还是从地位作用来看,都是一支不可忽视的重要力量。新建本科高校的发展已从根本上改变了我国高等教育格局,也为区域经济社会发展提供了重要智力支持和人才支撑。在这种背景下,新建本科高校必须在质量和内涵上下功夫,只有在促进当地的社会发展中才能求得自身的发展,只有对焦当地的经济、社会和文化需求,紧密结合自身办学条件,主动服务地方、融入地方,和当地建立紧密的相互合作的关系,才能探索出一条地方新建本科高校的科学发展之路。

经过近年来的理论研究与实践探索,新建本科高校在重新定位的过程中,提出在保持既有办学特色和传统的基础上,坚持举办应用型本科教育,培养适应社会需要的本科层次应用型人才。突出强调专门性、针对性、实践性、行业性、与经济社会发展的适切性,其定“向”在行业,定“性”在专业，定“型”在应用，定“位”在教学，定“格”在实践。如何立足地方、融入地方、服务地方，成为摆在地方新建本科高校面前亟待破解的发展难题。

尽管地方新建本科高校在推进质量、内涵发展的道路上不尽相同，但对于应用型的办学定位及方向基本形成共识，从服务社会的角度，或者从提高人才培养质量视角，绝大多数地方高校都认可应用型高校的定位，并积极探索和实践，主要表现为三种类型：第一类，原来是行业学校，一直坚持应用型道路的，如重庆科技学院、洛阳理工学院等；第二类，不是行业学校，但具有工科背景优势，主动探索应用型道路的，如南阳理工学院、南昌工程学院等；第三类，非上述两种类型的其他学校，如师范院校，积极推进应用型转型。

2008 年 12 月，安徽省 14 所新建本科高校在铜陵市召开了第 5 次协作会议，在这次会议上成立了“行知联盟”，并发布了著名的“行知宣言”。“行知联盟”是成立较早的应用型本科院校联盟，强调要“加强应用型本科院校的交流与合作”、“创建示范性应用型本科院校”等，后来在全国形成了较大影响，

2010 年 7 月 29 日正式发布的《国家中长期教育改革和发展规划纲要(2010—2020 年)》也明确指出，“提高质量是高等教育发展的核心任务。提高质量必须转变高等教育的发展方式，坚持走以质量提升为核心的内涵式发展道路，将工作重点转移到改革和创新人才培养模式、提高教育教学质量、建设有特色的高水平大学上来。”

与此同步，为引导新建本科院校健康发展，自 2009 年开始，教育部对新建本科高校实施了本科教学工作合格评估，通过合格评估的引导，促使新建本科高校进一步健全了顶层设计，改善了办学条件，规范了教学管理，提升了教学质量，新建本科院校的质量建设取得了显著成效。

第二章　地方本科高校转型发展的历史必然

引导和推动部分地方本科高校向应用技术型高校转型发展是国家的一项重大决策，转型发展已是地方本科院校的必然选择，对高等教育适应经济发展新常态，服务国家创新发展战略、产业转型升级和国家一系列重大经济战略的实施具有十分重要的意义。地方本科高校转型发展既是调整和完善我国高等教育结构、建立现代职业教育体系的需要，也是地方本科高校主动服务适应社会经济转型升级的客观要求与时代使命，更是地方本科高校自身发展的内在要求和历史机遇。

第一节　转型是地方本科高校内涵发展的时代选择

一、新时代赋予地方本科高校新使命

党的十九大报告指出，“中国特色社会主义进入了新时代，这是我国发展新的历史方位。”新时代是决胜全面建成小康社会，全面建设社会主义现代化强国的时代；是全国各族人民团结奋斗、不断创造美好生活，逐步实现全体人民共同富裕的时代；是奋力实现中华民族伟大复兴中国梦的时代；是我国日益走近世界舞台中央、不断为人类作出更大贡献的时代。

新时代对教育提出了新的更高要求：全面建成小康社会、全面建设现代化强国，要求教育加快现代化步伐，提供更加有力的人才及智力支撑；创造美好生活、实现全体人民共同富裕，要求教育要为改善民生、促进社会公平发挥更大作用；实现民族复兴中国梦，要求教育为国民提升

素质、能力与技能作出更大贡献；走近世界舞台中央、对人类作出更大贡献，要求培养更多能参与全球治理的国际化人才。满足这些新要求是新时代赋予教育的新使命。为了实现中华民族伟大复兴的伟大目标，国家提出了科教兴国、创新驱动发展、区域协调发展、可持续发展、军民融合发展、乡村振兴等战略，每一个战略都与高等教育密切相关；要建设科技强国、航天强国、网络强国、数字中国、智慧社会等，更需要高等教育的支撑。

党的十九大报告把高等教育的地位提高到了前所未有的新高度。习近平总书记指出："我们对高等教育的需要比以往任何时候都更加迫切，对科学知识和卓越人才的渴求比以往任何时候都更加强烈。"这意味着，高等教育今后的使命神圣、任务艰巨、责任重大。新时代开启高等教育强国建设新征程，更加需要从国家战略角度，统筹规划高等教育的协调发展和均衡布局，构建多种类型、多种层次的高等教育立体化生态体系。"双一流"高校、地方高校、职业院校等不同类型、不同层次的高等院校，都是国民经济与社会发展不可或缺的支持力量，都是创新驱动发展战略的重要源泉，都是高等教育生态体系的重要组成部分。当前，地方本科高校要实现与国家教育事业、地方经济社会发展的"同频共振"，就要将自身放在国家经济社会发展和中国高等教育改革的大局中来谋划、推进，培养出更多更好能够满足党、国家、人民、时代需要的一流应用型人才。

（一）肩负建设教育强国的历史责任

中国特色社会主义进入新时代，我国社会主要矛盾已经转化为人民日益增长的美好生活需要和不平衡不充分的发展之间的矛盾。对于新时代的高等教育而言，人才培养供给侧和产业需求侧在结构、质量、水平上还不能完全适应的现象依旧存在，高等教育发展面临的主要矛盾也转化为人民群众日益增长的对于高质量、多样化高等教育的需求与高等教育不平衡不充分的发展之间的矛盾。

新时代赋予地方本科高校新的历史使命。一方面，人民群众对新时代的高等教育提出了新的需求，就是人民群众渴望享受更公平、更高质量和更多样化的高等教育，这也是人民群众对美好生活的主观需求。另一方面，新时代具有新使命和新目标，全面建成小康社会和建设现代化强国等都对国民素质提出了全新的要求,这是实现中华民族大复兴的必然。应用型人才培养和高等教育综合改革也面临着新的历史使命和任务。

建设教育强国是中华民族伟大复兴的基础工程,作为我国高等教育和服务地方经济社会发展的主力军,地方本科高校必须适应新时代高等教育发展从大到强的新趋势、新特点和新需求,在新科技革命和产业革命蓬勃发展的新时代,主动适应新一轮的技术革命和产业变革,适应地方产业转型升级、创新发展和人才工作的最新要求,深化产教融合和校企合作,全面推进应用型大学建设,在应用型大学建设中谋求更快的发展,全面提升服务区域发展和经济转型升级的能力,为全面建成小康社会贡献自己的力量。

(二)坚持高等教育改革的基本遵循

高教大计,本科为本;本科不牢,地动山摇;人才培养为本,本科教育是根。追根溯源,自现代大学诞生以来,无论大学的职能如何演变,人才培养的本质职能从未改变,从未动摇。立足当前、面向未来,应用型地方本科高校要把本科教育放在人才培养的核心地位、教育教学的基础地位、新时代教育发展的前沿地位,加快建设一流专业、一流课程,为我国高等教育强基固本。要把回归常识、回归本分、回归初心、回归梦想作为持续改革发展的基本遵循,引导教师潜心教书育人,激励学生努力学习,努力培养德智体美全面发展的社会主义建设者和接班人,加快建设高等教育强国。

教育是民族振兴、社会进步的重要基石;人才是创新的根基,是创新的核心要素。培养人才,从根本上要依靠教育;培养什么人,是教育的首要问题。地方本科高校必须把培养社会主义建设者和接班人作为根本任务,培养拥护中国共产党领导、立志为中国特色社会主义事业奋斗的有用人才。一是着力加强学生的思想政治教育和价值引领,通过“四个坚持不懈”,提升学生的“四个正确认识”,用社会主义核心价值观引领他们人生理想的塑造,陶冶学生的家国情怀,更好承担起新时代新使命。二是以育人之新适应和引领时代之新,聚焦国家未来发展对人才素质能力的需求,深化“新工科”等系列人才培养改革,系统构建和优化知识体系,完善学科专业结构,改革人才培养模式,形成以学生发展为中心的育人体系，着力培养学生的创新精神和创新能力，促进学生德智体美全面发展。三是发挥实践的育人作用，把育人的课堂搬到社会的广袤天地中，引导学生理论联系实际，在实践锻炼中增长才干。四是以产教融合为抓手，深入推进产教融合、校企合作、协同育人的应用型人才培养模式改革。

（三）扎根中国大地办标杆特色大学

我国大学植根在中国的历史、文化和现实的土壤中，每一条根脉都与国家的政治、经济、文化、社会息息相关。新时代的中国大学，既要认真吸收世界上先进的办学治学经验，更要遵循教育教学规律，深入总结改革开放40年来逐步形成的、具有中国特色的现代大学办学理念和办学经验，坚定办好应用型大学的自信心，立足中国国情、研究中国问题，为建设科技强国、航天强国、网络强国、数字中国、智慧社会提供有力支撑。

地方本科高校应地方经济发展而产生，与地方有天然的联系，服务地方是使命所在。要努力把握新时代对高等教育的要求，突出服务地方需求导向，坚持服务国家战略和地方需求，主动适应地方产业发展、经济转型升级的需要，适应新技术、新产业、新业态、新模式对新时代人才培养的新要求，大胆改革、加快发展，形成领跑示范效应。持续深化创新创业教育改革，造就源源不断、敢闯会创的青春力量。坚持创新发展、内涵发展和特色发展，更好地发挥对地方经济社会发展的支撑和引领作用，努力将自己建设成为新时代中国特色社会主义应用型高校的标杆和特色大学。

（四）厚植沃土以文化人、以文育人

文化是一个国家、一个民族的灵魂，文化自信，是更基础、更广泛、更深厚的自信。大学是文化的高地，大学文化是培育创新人才的重要环境，大学的育人过程从某种意义上说，就是接受大学文化熏陶和感染的过程。在新时代，地方本科高校要传承创新大学文化精神，坚守大学人共同的精神家园，以中国特色社会主义文化引领大学文化的创新发展，创新大学文化建设的载体和形式，把大学人的理想和追求熔铸其中，营造更加良好的育人氛围，深入推进以文化人、以文育人，构筑文化高地，发挥大学文化的重要辐射引领作用。

深入推动习近平新时代中国特色社会主义思想进教材、进课堂、进头脑,构建德智体美劳全面培养的教育体系和更高水平的人才培养体系,健全学校、家庭、社会的协同育人机制,厚植文化沃土,以文化人、以文育人,形成全员育人、全过程育人、全方位育人的新格局。着力在坚定理想信念、厚植爱国情怀、加强品德修养、增长科学知识、培养奋斗精神、增强综合素质上下大功夫,培养一代又一代拥护中国共产党领导和我国社会主义制度、立志为中国特色社会主义奋斗的有用人才。

(五) 为世界高等教育贡献中国方案

当前我国高等教育总体发展水平已经步入世界中上等行列,开始与国际高等教育最新发展的潮流同频共振,国际地位由跟跑向并跑、领跑转变。站在高等教育发展的历史新方位、时空新坐标,面对高等教育发展的新征程、新使命,为更好建设现代教育体系,更加凸显中国特色办学方向,国家提出两条路,一是加快一流大学和一流学科的"双一流"建设,二是引导鼓励地方普通本科高校向应用型转变。我国高等教育建设和发展处在了分类办学、特色发展的十字路口。

这就要求地方应用型高校必须坚持产教融合、协同育人办学路径,加快内部治理体系和治理能力现代化,持续创新教育培养模式、组织形态和服务供给,主动引入行业企业参与办学,坚定不移走开放多元办学之路,更好发挥高等教育对产业转型升级的支撑引领作用,进一步推动高等教育与经济社会的协调发展,发出中国声音,建设中国的、人民的、世界一流的、新时代的中国特色社会主义高等教育,成为世界高等教育改革发展的推动者和引领者。坚持中国学术的主体性,立足现实、提炼现实,弘扬传统、超越传统,借鉴国外、跳出国外,为世界高等教育发展贡献中国模式、中国智慧、中国方案。

二、转型是地方本科高校发展的必然

(一) 是优化我国高等教育结构的需要

高等教育结构是指构成高等教育系统的各组成部分、各部分之间的衔接方式及其比例关系,是一个多维、多层的综合系统。从宏观层面来看,高等教育的结构主要包括高等教育的层次结构、科类结构、形式结构、能级结构、地域结构和管理体制结构等。一个国家高等教育宏观结构的调整对整个国家高等教育体系能否与政治经济社会、科技文化、人口数量等外部环境系统协调发展具有先导性的作用和影响。

我国已经建成了世界上规模最大的高等教育体系，为我国的现代化建设做出了巨大贡献。但不可否认是，我国高等教育的结构性问题也随之凸显，社会上普遍存在企业用工荒和毕业生毕业即失业的情况。一方面高等教育大众化的快速推进使高校毕业生逐年增加，2014 年应届大学毕业生人数已达到 713 万人；另一方面大学生就业难现象日益突出，毕业生就业形势严峻，各地企业难以找到所需的应用型人才。这一问题说明高等学校培养的毕业生与社会对人才的需求之间存在着较大差距，主要原因是人才供给与需求在人才培养规格上的错位对接，其制度性根源来自现有的高等教育结构体系。

我国高校毕业生中 40%是应用型人才，60%是学术型人才，造成了“大学生过剩”与“技工严重缺乏”的反差局面；而美国和欧盟的高校毕业生中 80%是应用型人才，学术型人才只占 20%，与社会经济发展对人才需求的结构比较吻合。域外以高水平技术创新为实体经济的国家和地区已经于 20 世界 70 年代开始构建合理的高等教育结构和完整的现代职业教育体系，其中应用技术大学对这些国家实体经济的发展发挥着重要作用。我国现阶段处于经济社会转型发展时期，国外高等教育结构的合理构建给予我们很大启示，也促使我国地方本科院校开启转型发展的大幕。

从现实角度看，大学生结构性失业反映出高等教育和社会政治经济、文化传统、科学技术这些外部关系的失调，要求高等院校要根据社会经济科技等方面的具体要求，在专业设置、人才培养、课程体系、教学模式等方面做出相应的重大变革。英国学者巴巴德波勒斯在回顾发达国家教育改革的经验时说：“调整教育目标以适应数量上的新压力及新的社会需求，主要的途径是进行教育结构的改革。”《国家中长期教育改革和发展规划纲要（2010～2020 年）》明确提出“适应国家和区域经济社会发展需要，建立动态调整机制，不断优化高等教育结构。优化学科专业、类型、层次结构，促进多学科交叉和融合。重点扩大应用型、复合型、技能型人才培养规模。”我国已经进入高等教育大众化阶段，但由于受传统的“重理论轻应用”的思想和政策导向不明等影响，许多原来单科性学院纷纷改为学科门类齐全的综合型、学术型高等学校,许多专科学校一经被批准升为学院后,就沿着前者的思路办学,失去了原有学科的优势。然而随着我国产业结构快速升级,人才市场越来越需要的却是多层次、多规格、实践能力强的应用型人才。

从国际经验看,欧洲国家对应用型高等教育普遍重视。在新工业革命和产业变革中,欧洲发达国家都及时对高等教育结构进行了调整,通过高等教育结构与经济产业结构的匹配,使高等教育对社会经济发展和国家竞争力提供了更加有力的支撑。在多元化扩张阶段,政府对高等教育的改革主要侧重于增加招生人数,扩大办学规模;在横向整合阶段,侧重推动高等教育机构的横向合并与重组,着力发展应用型大学;在纵向整合阶段,侧重于强化综合性大学和应用型大学之间的联系,促进二者之间的融合发展。总体来看,其改革的主导力量是政府,目标是提高高等教育机构的管理效率和对经济社会发展的服务能力。如今,瑞士、芬兰、荷兰等国家应用型高校的在校生占高等教育在校生的比例分别达到34%、46%、65%,有效地支撑了实体经济的发展。据统计,德国三分之二的工程师、三分之二的企业经济师、二分之一的计算机工程师都是应用技术大学的毕业生,他们在产品开发和技术创新方面都发挥着重要作用,为促进德国的技术进步、提升国家创新能力和国际竞争能力、保持德国高技术产品出口大国的地位做出了巨大贡献。

因此,引导高校分类发展,优化我国高等教育结构,解决多样化的社会需求与单一化的发展目标的矛盾,已成为当前中国高等教育事业发展中急待解决的难题,也是一项复杂而艰巨的任务。

(二)是建立现代职业教育体系的需要

在我国目前的高等教育体系中,研究型大学和高职高专院校的定位比较明确,而数量众多的地方本科高校往往定位模糊,在精英教育思想的影响下,沿着研究型大学的轨迹前进,造成了我国高等教育同质化倾向严重,人才培养规格与市场需求的结构性矛盾日益突出。

目前,我国的职业教育体系还处于不完整、不完善阶段。从纵向上的办学层次看,高职上面"断头",从横向上的办学关系看,职教普教"断绝",而解决这两个问题的关键点是地方高校。引导地方高校向应用技术大学转型,一方面打通了职业教育的内部上升渠道,另一方面也是在高等教育本科层次建立了普教和职教沟通的立交桥。因此，地方高校向应用技术大学的转型，既是我国高等教育类型结构与培养层次结构分离的结果，也是建立现代职业教育体系的迫切需要，以便更好地服务地方经济社会发展。

高等教育结构调整、现代职教体系建设和学习型社会建设交汇在应用型高校的发展上。在技术进步和产业升级的推动下，高等教育需要解决人才培养类型与人才需求类型的断裂问题，现代职业体系建设需要解决本科阶段职业教育的断层问题，继续教育需要解决一线技术技能人才的成长断点问题。因此，建立现代职业教育体系需要融合高等教育、职业教育和继续教育等多个层次，这是转型发展的基本定位。转型后的应用型高校重点举办本科职业教育，既是高等教育体系的重要组成部分，同时又是现代职业教育体系的重要组成部分，在中职、高职和专业学位研究生教育之间架起了一座桥梁，成为整个职业教育体系中的重要环节。

（三）是主动服务经济社会发展的需要

转型发展是经济发展方式转变、产业转型升级的客观要求。金融危机以后，世界经济形势和产业格局发生了重大变化，“低碳经济”和“绿色增长”成为时代发展的主题，我国以往在低碳制造业市场凭借资源成本、特别是低廉人力成本所形成的成本优势受到东南亚各国的巨大冲击。在这样的经济形势下，转变经济发展方式，优化调整产业结构，减少劳动密集型产业、低附加值产业，增加技术密集型产业、高附加值产业、高新技术产业就成为我国经济发展的必然趋势。

当前，产业结构调整和生产方式的变革使社会职业岗位发生了重大变化，人才培养结构需要进行战略性调整，对我国的高等教育提出了新的要求。我国正处在转变经济发展方式、推动产业结构调整升级、全面深化改革的关键时期，高等教育必须主动适应经济社会发展的要求，通过高等教育人才培养体系的调整使高等教育结构与经济产业结构相匹配，培养出更多高端创新型、应用型人才，满足我国社会经济转型升级对人才的需求。

与此同时，行业企业也加大了对高层次应用型人才的需求。据麦肯锡全球研究院发布的报告显示，到 2020 年，中国用人单位将需要 1.

42亿受过高等教育的高技能人才,如果劳动者的技能不能进一步得以提升,我国将面临2400万的人才供应缺口。但是,招生规模最大、人才培养最多的地方高校却陷入发展困境。有资料显示,地方高校的毕业生出现“三低”现象:就业率低、专业对口率低、就业质量低。地方高校应适应国民经济各行业对掌握新技术、具备高技能的新型专业人才的迫切需求,加快转型发展步伐,培养高素质应用型人才,全面融入区域经济社会发展和产业转型升级进程。

从国家发展战略看,特别是2015年5月8日国务院发布的《中国制造2025》中,在健全多层次人才培养体系一节中专门提出,要引导一批普通本科高等学校向应用技术类高等学校转型,建立一批实训基地,鼓励企业与学校合作,培养制造业急需的科研人员、技术技能人才与复合型人才,深化相关领域工程博士、硕士专业学位研究生招生和培养模式改革,积极推进产学研结合。因此,引导部分地方普通本科高校向应用型转变既是经济转型的需要,又是产业升级的需要,更是时代发展的呼唤。作为高等教育的生力军,地方本科高校只有积极顺应经济社会发展对高等教育提出的新要求,面向实现转型发展的国家需求进行根本性的变革,以培养既掌握现代科学技术又接受系统技能训练的应用型人才为己任,实现从教学型向应用型的转型,才能更好地完成高等教育适应经济社会发展、服务社会发展的历史重任。

高等教育发展战略的转变,为地方本科高校转型发展提供了坚实的政策保障与理论基础。进入21世纪,我国的经济发展格局日趋区域化,而地方本科高校具有明显的地域性特征,区域经济的发展及产业结构的调整升级需要地方本科高校深度参与。一方面,要对本区域应用型教育发挥重要的引领作用,围绕地方经济发展调整专业布局,培养与当地经济社会发展相对接、相匹配的高层次应用型人才;另一方面,要成为行业、区域的技术中心,深度参与以企业为主体的技术创新。

因此,转型是适应经济发展方式转变的需要,是产业升级的需要,是国家战略。推动和引导部分地方新建本科高校向应用技术类型高校转型发展,无疑对于我国教育改革发展和现代化建设具有重要的意义。

第二节　转型是地方本科高校内涵发展的重大机遇

一、根据国家战略完善顶层设计

在高等教育大众化的进程中，由于缺乏分类指导和政策引导，我国地方本科高校在一定程度上出现了分类不清、目标趋同、定位不准、特色不显、模式单一的局面。不少地方本科高校的办学条件薄弱、师资问题突出、资金投入不足、服务能力不高，获取社会资源的能力也很有限，没有必要也没有实力走传统大学的发展之路，难以跟进老牌大学学术追求的步伐。因此，地方本科高校必须主动服务地方经济社会发展，在服务中寻求合理定位，在服务中拓展发展空间，这是地方本科高校获得发展的机遇，也是地方高校生存发展、特色办学的内在诉求。

2013年初，部分本科院校就已经启动了转型发展工作，教育部采取“示范引领、试点先行”的方法，首批确定37所高校作为试点。2013年6月，天津职业技术师范大学等35所高校发起成立了应用技术大学(学院)联盟，致力于促进中国高等教育的分类管理，完善现代职业技术教育体系，定位于培养应用型人才。应用技术大学(学院)联盟和地方高校转型发展研究中心的成立，说明一些地方本科高校在转型发展的道路上已经起跑，地方本科高校转型发展的序幕已经拉开。

2014年4月，在河南省驻马店召开了由应用技术大学(学院)联盟、中国教育国际交流协会主办，以“建设中国特色应用技术大学”为主题的首届“产教融合发展战略国际论坛”。全国共有178所高校参加了这次盛会，并通过了《驻马店共识》。2014年5月，为贯彻落实国务院关于加快建立现代职业教育体系、引导一批普通本科高校向应用技术型高校转型的战略部署，教育部又推出《关于地方本科高校转型发展的指导意见》(征求意见稿)，为我国应用技术大学建设工作指明了方向。2014年6月，国务院印发的《关于加快发展现代职业教育的决定》提出：“采取试点推动、示范引领等方式，引导一批普通本科高等学校向应用技术类型高等学校转型，重点举办本科职业教育。”

2015年10月，教育部、国家发展改革委、财政部印发了《关于引导部分地方普通本科高校向应用型转变的指导意见》(教发〔2015〕7号),提出了引导本科高校转型发展的指导思想、基本思路,安排部署了普通本科高校向应用型转变的主要任务。将通过对高等教育体系中600多所地方新建本科高校的转型,实现我国应用型大学发展的目标。

正在进行的地方高校转型发展,必须要结合学校发展和地方经济社会发展的实际,把握好"为何转、转什么、怎么转"这三个根本环节,实施全方位转型,推动学校由传统形态向应用型的转型发展。按照学科专业结构来划分,600多所地方本科高校大致可以分为两大类。一类是以文理学科专业为主体的综合性高校,这批院校主要由师专合并升格而来;另一类是多科类高校,以独立学院为主,也包括一些民办本科和中外合作办学本科高校,这类院校主要设置应用文科类和工科类学科专业。

地方本科高校转型发展有两种模式,第一种是整体转型,即学校整体转型为应用型高校,培养应用型人才;第二种是学校的部分学科专业转型为应用型,形成"一校两型"的格局,既有学术型学科专业又有应用型学科专业,既培养学术型人才,也培养应用型人才。但无论采取哪种模式,地方本科高校转型发展都面临着重大挑战和困难,需要充分认识学校转型发展的艰巨性。

高校面临挑战与问题较多,譬如,办学理念转型问题、办学定位转型问题、师资建设转型问题、专业建设转型问题、科学研究转型问题、资源配置转型问题、管理方式等转型问题。转型高校要考虑解决问题的复杂性、不确定性及社会需求的多样性,完善顶层设计,坚持系统推进。

二、进一步坚定应用型办学定位

应用型是人才培养上一种新的规格,是对传统办学理念的一种突破和挑战,更多地表现为对"社会需求"的响应、而非对"学术需求"的响应。统看地方新建本科高校的发展轨迹,从升本到现在,实现了从探索到形成一定的规模,从走应用型道路到向应用型深度转变,经历了探索、示范带动、推广三个阶段,经过近20年的发展,一部分地方新建本科高校发展已经成为成熟的本科高校,而还有一部分地方新建本科高校发展缓慢,其主要原因就在于是否选择了应用型建设之路。

发展比较快的地方新建本科高校，在升本之初即确立了应用型的办学定位，且多年来坚守初心，应用型的理念一直贯穿其中，始终走在应用型高校的轨道上，凭着对于应用型人才培养的矢志不渝，在办应用型大学、育应用型人才的道路上一路高歌。在这一办学定位的指导下，这些高校取得了一系列里程碑式的成果，应用型办学定位更加清晰，服务地方发展的办学理念更加明确，办学特色更加彰显，初步形成了应用型办学的制度体系和硬件支撑体系，通过全面深化改革，加快转型发展，努力建设特色鲜明的高水平应用型综合大学。发展缓慢的地方新建本科高校，由于定位不准，发展目标不清，从而延缓了发展的步伐。

利用近 20 年时间迅速发展成为一所成熟本科高校的成效说明，作为地方新建本科高校，一定要坚持“错位发展，差异竞争”，一定要走符合社会需求和自身实际的创新发展之路。其中，合理确定办学定位和发展目标非常重要，而抢抓发展机遇推动改革同样非常重要。在新的形势下必须增强道路的自信和自觉，更加坚定地走应用型道路，更加坚定地服务地方发展需求，加强内涵建设，向高水平发展目标迈进。

党中央关于全面深化改革的战略部署，体现在高等教育领域的任务之一就是推进地方本科高校转型发展。教育部、国家发展改革委、财政部联合印发的《关于引导部分地方普通本科高校向应用型转变的指导意见》使加快地方应用型高水平大学建设成为当前和今后一个时期推进高等教育结构战略性调整的重要任务。走应用型办学道路代表着一个办学方向，最重要的内涵是应用型高校要更好地具备服务地方、服务产业发展的能力，培养的学生要更加符合社会发展的需要，落脚点是办社会满意的教育。

地方本科高校走应用型办学之路，要突出应用的特征，在竞争日益激烈的高等教育发展格局中，咬定青山不放松，一张蓝图绘到底。在人才培养目标上，要以应用型人才为主；在专业设置上，更加注重以社会需求为导向；在科学研究上，以应用型科研为主；在队伍建设上，建设双师双能型教师队伍。以区域经济社会发展对人才的需求为导向，继承和发扬学校特色鲜明的办学传统，采取校企联动、跨界协同、错位竞争等策略，把学校先期探索的有益经验制度化、常态化，为应用型示范高校建设提供可借鉴的经验。

建成高水平应用型大学是地方本科高校的目标和追求,涉及高校内在特质、顶层设计、内涵建设等各方面的综合改革,从注重外延发展转向注重内涵完善,从注重条件建设走向注重质量提升,将“应用型”做实,将“地方性”做实。地方新建本科高校要积极推进转型发展,坚定应用型发展道路,在新时代树立新理念、掌握新标准、建立新文化,科学把握从“新建”到“新型”的发展大势,在服务与促进地方经济社会发展中实现由“新建”到“新型”的跨越发展。

三、实施转型发展提升办学实力

转型是一种痛苦的蜕变、是自己主动的求新,转型的过程也是一个理念重构、组织重塑和制度重建的过程。转型发展是转变发展方式,重在内涵建设。转型发展就其本质来说,是高等教育供给侧的结构性改革。转型的关键是调整专业设置,核心是改革人才培养模式,方法是试点推动、典型示范。地方本科高校转型发展是已有办学思想、办学模式的调整,不是“挂牌”、“更名”,也不是争资源、要资金,而是向应用型办学的根本转变。

要更好地完成转型发展,根本途径还在于体制改革,要从外部环境和系统内部两个方面齐头并进、相向而行,才能最终走通这条转型发展之路,真正把办学思路转到服务地方经济社会发展上来,转到产教融合校企合作上来,转到培养应用型人才上来,转到增强学生就业创业能力上来。

应用型高校重在培养应用型人才,服务地方经济社会发展,其主要特征是:学校办学与地方经济社会发展对接,专业设置契合产业需求,人才培养目标契合工作岗位要求,注重技术应用,突出实践能力;人才培养过程体现产教融合、校企合作,企业参与人才培养方案制定的全过程;科学研究以解决企业生产实际问题的应用技术研究为主。

引导部分地方本科高校转型发展是一项系统工程,涉及学校的各个方面和人才培养的各个环节,需要统筹谋划、综合施策、整体推进。要深化基于产教融合的人才培养模式改革,深化注重实践能力培养的课程体系改革,深化提升学生创业就业能力的创新创业教育改革,建立行业企业深度参与的学校治理结构,建立紧密对接产业链、创新链的应用型学科专业体系，建设高素质“双师双能型”教师队伍，建立以支撑力和贡献率为导向的综合评价体系，加强紧密对接行业企业生产一线实际的实践教学资源建设，着力提升服务地方经济社会发展的应用研究和技术创新能力。

早转早得“利”。就在全国大部分地方本科高校在纠结“要不要转型”和“如何转型”时，我国不少地方本科高校如常熟理工学院、上海电机学院、合肥学院、天津职业技术师范大学，如河南省的黄淮学院、南阳理工学院、黄河科技学院等，已经在应用型人才培养模式、契合地方发展需求的专业结构调整、注重施加能力培养的课程体系建设、“双师双能型”教师队伍结构优化等方面开始了深度转型。校企合作、订单培养、聘请企业兼职教师、建设校外实训基地……转向应用型的举措纷纷出台，并取得了一些较高价值的建设经验，为其他地方本科高校的转型发展提供了很好的学习借鉴经验，打下了坚实的工作基础。

高校转型发展在我国是一件新生事物，注定是一个艰巨的过程，势必要经历阵痛。在任何一次重大变革中，机遇永远只有短暂的时间窗。我国高等教育改革的窗口已经打开，每一所学校尤其是地方新建本科高校的领导者要站在对历史负责的高度来重新思考学校未来的发展。率先转型的高校会得到更多的政策支持和宣传机会，早日转型、取得先机，对于学校未来的发展非常重要。当前的主要问题已经不是高校要不要转型、应不应该转型的问题，而是如何实现转型、如何更好地建设应用型高校的问题。

在经济发展方式快速转变、产业结构深度调整、实体经济迅速壮大的时代背景下，社会对人才需求的规模、质量发生了新的变化，从而对高等教育服务经济社会发展的能力提出了新的要求，成为我国高等教育分类管理和结构调整的外在动因。只有不断调整和完善高等教育的结构体系，才能用不同类型、不同层次的高等教育来满足人们不同的需要。地方高校只有主动求新求变，顺应经济社会发展和高等教育改革的新形势，及时做出向应用型转型发展的决策，紧紧抓住转型机遇，与研究型大学及“老牌本科院校”错位发展，才能拓展发展空间，保证自身的存在和可持续发展。

第三章　河南省地方本科高校的转型发展

引导和推动地方普通本科高校向应用型高校转变是国务院做出的重要战略部署，是构建我国现代职业教育体系和高等教育结构调整的迫切需要。河南省地方本科高校的转型发展直接关系到全省经济建设的转型升级，直接关系到全省大学生的切身利益。河南省委、省政府对此高度重视，把推动河南省地方本科高校向应用型高校转型发展作为贯彻落实全面深化改革、加快现代职业教育发展的一项重要政治任务，科学进行顶层设计，指导高校分类发展，积极推动产教融合和校企合作，采取多种有力措施，不断提升河南地方本科高校服务河南经济社会发展的能力和水平。

第一节　河南省地方本科高校转型发展背景

一、是积极响应国家战略部署的具体行动

当前，我国正处在全面建成小康社会的决定性阶段，紧紧围绕创新驱动发展、中国制造 2025、互联网＋、大众创业万众创新等国家重大战略，增强地方本科高校为地方经济社会发展服务的能力、为行业企业技术升级服务的能力已经成为高等教育改革发展的一项重要任务。

在多年探索的基础上，2015 年，教育部、国家发展改革委、财政部联合出台了《关于引导部分地方普通本科高校向应用型转变的指导意见》，明确提出要“主动适应我国经济发展新常态，主动融入产业转型升级和创新驱动发展，坚持试点引领、示范推动，转变发展理念，增强改革

动力，强化评价引导，推动转型发展高校把办学思路真正转到服务地方经济社会发展上来，转到产教融合校企合作上来，转到培养应用型技术技能型人才上来，转到增强学生就业创业能力上来，全面提高学校服务区域经济社会发展和创新驱动发展的能力”。

2015 年 11 月，河南省政府办公厅批转了省教育厅《关于促进普通高等学校分类发展的指导意见》（豫政办〔2015〕148 号），确立了引导河南省地方高校在不同层次、不同领域办出特色、争创一流，建立类别清晰、结构合理、面向经济社会发展和人力资源市场多样化需求、具有河南特色的高等教育体系的工作思路，明确了加强应用型高校内涵建设的要求。

2016 年 8 月，河南省教育厅、发展改革委、财政厅联合印发《关于引导部分本科高校向应用型转变的实施意见》（豫教发规〔2016〕95 号），为河南省应用型高校建设指明了方向。随后，河南省结合实际情况，又出台了一系列文件、制度，进一步指导和规范河南省地方本科高校的转型发展工作，积极响应“促进普通高等学校分类发展、引导部分本科高校向应用型高校转型”的国家战略。

二、是推动河南经济社会发展的必然要求

近年来，河南省委、省政府着力推进区域经济结构战略性调整和产业升级，成功实现了由传统农业大省向全国重要经济大省、新兴工业大省和有影响的文化大省的历史性转变，粮食生产核心区、中原经济区、郑州航空港经济综合实验区均已上升为国家战略。

河南省委、省政府对地方本科高校的转型发展高度重视，时任省委书记谢伏瞻同志曾反复强调，要采取有力措施，引导和推动河南省一批本科高校转型发展，增强高等教育服务河南经济社会发展的能力。2016 年 10 月，河南省召开了省十次党代会，确立了建设经济强省、打造“三个高地”、实现“三大提升”的目标。在 2017 年的全省经济工作会上，省委提出了适应把握引领经济发展新常态，突出以推进供给侧结构性改革为主线，促进经济平稳健康发展和社会和谐稳定。今后一个时期，河南省将围绕中原崛起、河南振兴、富民强省总目标，着力推动供给侧结构改革，加快产业转型升级、大力实施创新驱动发展战略，打造升

级版的河南经济。

经济发展是一切发展的基础，在经济发展基础上，协调推进其他方面的发展，既是经济发展的内在需要，也是不断满足人民群众日益增长的物质文化需要的必然要求。高等教育是为经济社会发展服务的，教育需求的基本面发生变化，决定了高等教育的供给结构和体系也必须加快调整的步伐，促使人才培养结构要更好地适应产业向中高端升级的要求。在河南经济结构调整和产业升级的过程中，需要大量的技能型、应用型、复合型人才，必然要求地方本科高校向应用型高校转型发展，加快培养面向服务生产、管理一线的高层次应用型人才。

三、是调整河南高等教育结构的内在需求

随着河南高等教育事业的快速发展，随之而来的也存在许多问题和危机，只有更好地认识到河南本科高校发展的现状，从问题出发，结合实际，找准转型发展的突破口，才能更好地推动河南高等教育健康、快速、有序的发展。

高等教育的结构调整不仅关乎宏观结构的改革，而且还涉及微观结构的调整。高等教育的宏观结构，主要是指高等学校的科类结构、层次结构、区域布局结构等；而微观结构主要是指学校内部的组成构成状态与联系，包括行政管理结构、学科专业结构、课程教材结构、师资队伍结构等。如果处理不好宏观结构和微观结构的关系，就会直接影响人才培养质量，制约学校的发展。

2014 年，河南省共有普通高等学校 129 所（含 8 所举办本科教育的独立学院），高等教育总规模约 276 万人，高等教育毛入学率约 34%。普通高校中按照隶属关系分，中央部门所属院校 1 所，省属高校 55 所，市属高校 36 所，民办高校 37 所；按层次分，本科高校 52 所，高职高专院校 77 所。本科高校中，按照举办本科教育的成立时间划分，2000 年及以前组建的 16 所，占 30.8%；2000 年以后组建的 36 所，占 69.2%。本科高校中按办学性质类别结构分（见表 1 2014 年河南省本科高校办学性质类别结构），理工类 18 所，是最大的一类，占 34.6%，其次是师范类 15 所，占 28.8%，其他还有财经类 7 所，占 13.5%；综合类 4 所，占 7.7%；农林类、医药类均为 3 所，占 5.8%；政法类 2 所，占 3.8%。

与全国相比，师范类院校比例相对偏高，工科、商科、医科类高校比例明显偏低。

表 1　2014 年河南省本科高校办学性质类别结构

比例 \ 类别		合计	综合类	理工类	农林类	医药类	师范类	财经类	政法类	体育类	艺术类
总计	校数(所)	52	4	18	3	3	15	7	2	0	0
	占比(%)	100	7.7	34.6	5.8	5.8	28.8	13.5	3.8	0	0
公办	校数(所)	35	3	12	3	2	12	1	2	0	0
	占比(%)	100	8.6	34.3	8.6	5.7	34.3	2.9	5.7	0	0
民办	校数(所)	17	1	6	0	1	3	6	0	0	0
	占比(%)	100	5.9	35.3	0	5.9	17.6	35.3	0	0	0

注：数据选自河南省教育厅编印的《河南省教育事业统计年鉴》(2014)。

从普通本科学生结构看(见表 2 2014 年河南省本科学生结构)，全省规模最大的科类为工学，约占整个在校生的 30.45%，比全国平均水平低 2.77 个百分点，其次是管理学占 17.38%，比全国平均水平低 1.17 个百分点；艺术学占 11.54%，比全国平均水平高 2.29 个百分点。

表 2　2014 年河南省本科学生结构

比例 \ 学科		哲学	经济学	法学	教育学	文学	历史学	理学	工学	农学	医学	管理学	艺术学
招生	人数(人)	59	12619	9074	11384	22193	1429	17913	81493	5899	15243	50081	30183
	占比(%)	0.02	4.70	3.38	4.24	8.27	0.53	6.67	30.35	2.20	5.68	18.65	11.24
在校生	人数(人)	196	47400	3225	39851	8400	5654	6941	3039	1984	6391	17347	11525
	占比(%)	0.02	4.75	3.23	3.99	8.41	0.57	6.95	30.45	1.99	6.40	17.38	11.54

注：数据选自河南省教育厅编印的《河南省教育事业统计年鉴》(2014)

本科高等教育的结构主要包括高校布局结构、高校类型结构以及人才培养结构等。合理的结构能够促使不同高校确定不同的办学定位，使得所有高校能够在一段相对较长的时间内按照既定目标进行发展，形成合理竞争、共同发展的良性局面，最终达到各个学校发展目标的全覆盖，在各个方面、各个领域、各个层次实现最优化，构建一个符合各方需求的高等教育体系，协同推动区域经济的健康、快速发展。

当前，本科高校结构失衡主要表现在以下几个方面：一是在布局结构方面还存在着区域性不均衡，三门峡、濮阳、鹤壁、济源等 4 个地市虽然有高职院校，但没有布局本科高校，这些地区吸引本科及以上人才能力有限，导致这些地区无法充分利用高等教育对经济发展的促进作用，经济发展也相对落后。二是在类型结构方面还存在着师范类院校明显偏多的现象，全省公办本科高校 35 所，其中 8 所冠名“师范学院”，另外还有诸黄淮学院、许昌学院、平顶山学院、新乡学院等 4 所本科高校是近十年来从师范专科升格而来的本科高校，总体上师范性质的高校占到了 1/3 还多，这一比例是明显偏高的。三是在科类结构方面主要表现在人才培养结构调整与区域重点产业的不协调，河南省下一步的经济发展目标是“做大服务业、做强工业、做优农业”，而目前河南省 95 万本科在校生中，81 个专业小类中工商管理类、计算机类、设计学类等 3 个在校生最大的科类总人数达到了 22 万人，占了将近 1/4，而河南省制造业、战略性新兴产业、现代服务业、现代农业等急需的专业人才培养相对偏少，不利于促进区域重点产业的发展。

我们在看到地方本科高校为河南省经济发展提供重要智力支持和人才保障的同时，也应该清醒地看到河南省还有相当一部分地方本科高校存在着定位模糊、学科专业趋同、人才培养同质化、师资队伍实践能力不能满足人才培养需求等问题，不少本科高校的人才培养供给与经济社会发展需求相脱节，造成了一部分高校毕业生就业率低、就业质量不高等问题。从河南高等教育结构来说，还有诸多不适应的地方，教育结构还有待进一步优化，离“人民满意的教育”目标还有一定的差距。

推动河南地方本科高校服务区域和行业需要，向应用型高校转型发展，实现高校科学定位、特色发展，培养高层次应用型人才，促进经济转型升级，不仅是经济社会发展对高等教育提出的要求，更重要的也是现代职业教育体系的完善和高等教育的重大结构调整的内在动力，推动本科高校转型发展，已成为当前和今后一段时期河南教育领域综合改革、推进教育体系现代化的重要任务之一。

四、是构建河南现代职业教育体系的需要

河南省一直把大力发展职业教育作为推进河南经济跨越式发展和促进中原崛起的一项重要举措。2008 年，河南省人民政府与教育部签

署共建国家职业教育改革实验区协议，共同打造具有河南特色的现代职业教育体系，并于2009年正式联合制定了《共建国家职业教育改革试验区实施方案》。2013年，河南省教育厅以“探索具有河南特色的现代职业教育体系”为主题，召开了第四届河南省职业教育专家论坛，围绕怎样建设河南特色现代职业教育体系进行了专题研讨。

党的十八大明确提出要加快发展现代职业教育，推动高等教育内涵式发展。十八届三中全会决定明确提出要深化教育领域综合改革，深入推进产教融合、校企合作，加快建设现代职业教育体系。2014年5月，国务院出台了《关于加快发展现代职业教育的决定》(国发〔2014〕19号)，提出要“探索发展本科层次职业教育”、“引导普通本科高等学校转型发展”；6月，教育部印发了《现代职业教育体系建设规划(2014～2020年)》，提出要“引导一批本科高等学校转型发展”。

河南省人民政府随即于2014年6月印发了《关于实施职业教育攻坚二期工程的意见》(豫政〔2014〕48号)，提出要“重点扶持一批普通本科院校向应用技术型本科院校转型发展”；7月，河南省教育厅印发了《关于启动第二批本科院校转型发展试点工作的通知》(教发规〔2014〕620号)，决定继续试点推动本科高校转型发展；9月，河南省政府印发了《关于加快发展现代职业教育的意见》(豫政〔2014〕75号)、省教育厅等六部门印发了《河南省现代职业教育体系建设规划(2014～2020)》，均提出要“积极引导普通本科高等学校转型发展”，“重点建设10所示范性应用技术类型本科院校”。

地方本科高校转型发展既是提高河南高等教育质量的使命所在，更是构建河南现代职业教育体系的必然需要。河南省已经把推动地方本科高校向应用型高校转型发展作为构建现代职业教育体系的一项重要内容，河南地方本科高校只有加快向应用型高校的转型步伐，不断深化教育教学改革，及时调整人才培养结构，才能培养出服务生产一线的应用型人才，满足河南各类产业转型升级的需求，满足河南经济社会发展的需求。

第二节　河南省地方本科高校转型发展概况

一、河南本科高校转型发展的基本原则

推动河南省地方本科高校转型发展,要以习近平新时代中国特色的社会主义思想为指导,全面贯彻党的十九大精神,认真做好统筹规划。通过地方本科高校的转型发展,构建河南省现代职业教育体系,实行河南省高等教育的分类发展。河南省地方本科高校要主动适应河南省经济社会发展新常态,主动融入产业转型升级和创新驱动发展,找准高等教育自身发展和地方经济发展实际需要的结合点,积极推动产教融合和校企合作,不断提升河南本科高等教育服务经济社会发展的能力。

推动河南省地方本科高校转型发展,要科学设计,分步实施。在推动过程中要注重理论指导与实践探索相结合,注重特色办学与协调发展相结合,推动人才培养与经济社会发展相结合,培养适应经济社会转型和产业升级需要的高层次应用型人才。

推动河南省地方本科高校转型发展,应坚持以下三个原则:

一是坚持试点先行、示范引领的原则。转型发展工作是一项全新的工作,缺乏实践经验,在推动过程中要注重整体性和局部性相结合,按照"摸着石头过河"的思路,逐步进行探索完善,最终形成一种成熟的、稳定的发展模式,切忌一蹴而就、一哄而上,导致从一个极端走向另一个极端情况的发生。在推动过程中应按照试点先行、稳步推进的思路,通过在全省范围内进行遴选,选择一批思想统一、条件合适的高校先进行试点探索,重点建设一批本科转型发展示范学校和示范专业群,形成一批高质量的应用型人才培养基地,通过示范学校的探索,形成一批可供借鉴的转型发展成果,在全省范围内进行逐步推广,利用示范学校的引领作用,带动全省本科高校主动转型发展,增强服务产业转型升级的能力。

二是坚持需求导向、分类推进的原则。高等教育服务社会的功能更加强调社会需求,有什么样的社会需求,就会有什么样的高等教育。

如果高等教育培养的人才或者进行的科学研究不能够适应社会需求，那么所举办的高等教育无疑是失败的，甚至培养的人才有可能会成为阻碍社会进步的障碍。因此，推动本科高校的转型发展，要以社会需求为导向，面向产业转型升级和发展战略性新兴产业需要，改善转型高校的内部治理结构、专业结构、人才培养结构、师资结构等，以突出学校的学科专业、课程体系、人才培养、师资队伍等与河南经济社会发展的适应性为重点，扶持一批高校在急需人才、优势专业、特殊行业领域做大做强，使不同类型的高校在各自的定位上办出水平、办出特色、办成一流，推动全省教育资源向服务区域主导产业和特色产业的专业群集聚。同时，要避免出现所有高校都盲目进行转型，这对高等教育整体来说将会出现新的不平衡，会产生新的“千校一面”现象，注意分类推进。

三是坚持顶层设计、综合改革的原则。顶层设计是对整个工作推动的宏观指导，加强顶层设计，增强改革的系统性、整体性和协调性，对于转型发展成功与否有着巨大的影响。在推动河南全省本科高校转型发展过程中，要坚持改革创新，围绕内涵提升改造传统专业，创新人才培养模式，优化教师队伍结构，改革教育评价机制，增强学校适应人力资源市场变化的能力，提高学校服务地方产业升级和技术进步的能力。顶层设计要把握好改革的方向，使转型发展工作与经济社会发展的方向相一致，避免出现背道而驰或者跑偏现象，要立足整体，统筹全局，实现整体转型过程的最优化。在做好顶层设计的同时，要处理好顶层设计与试点推动之间的关系，避免顶层设计过多干预试点情况的发生，避免束缚试点院校手脚。

二、河南本科高校转型发展的推进路径

（一）认真做好顶层设计

2015 年 10 月，教育部、国家发展改革委、财政部印发了《关于引导部分地方普通本科高校向应用型转变的指导意见》（教发〔2015〕7 号），提出了引导本科高校转型发展的指导思想和基本思路，安排部署了普通本科高校向应用型转变的主要任务。2015 年 11 月，河南省政府办公厅批转了省教育厅《关于促进普通高等学校分类发展的指导意见》（豫政办〔2015〕148 号），确立了引导高校在不同层次、不同领域办出特

色、争创一流,建立类别清晰、结构合理,面向经济社会发展和人力资源市场多样化需求的具有河南特色的高等教育体系的工作思路,并明确了加强应用型高校内涵建设的要求。

2016年8月,河南省教育厅、发展改革委、财政厅联合印发《关于引导部分本科高校向应用型转变的实施意见》(豫教发规〔2016〕95号),指导各个学校确定明确的、符合自身发展实际和社会需要的办学定位,逐步在人才分类培养、学科专业结构调整、科研分类管理、教师分类发展等方面进行改革,省级层面还将重点在建立普通高校的分类拨款机制、建立质量分类评价体系以及实施高校分类发展计划等方面开展有益探索,为河南省应用型高校建设指明了方向。

2018年8月,为贯彻落实《国务院办公厅关于深化产教融合的若干意见》(国发办〔2017〕95号),河南省人民政府办公厅印发了《关于深化产教融合的实施意见》,要构建河南高等教育和产业深度融合发展的新格局,逐步提高行业企业参与办学程度,健全多元化办学体制机制,全面推行校企协同育人,建立紧密对接产业链、创新链的学科专业体系。深化"引企入教"改革,支持引导企业深度参与高校教育教学改革,推行面向企业真实生产环境的任务式培养模式。

(二)积极调动各方力量

地方本科高校转型的重要任务就是为区域经济社会发展服务,同时,地方本科高校的转型发展也离不开所在地的政府支持。在推动地方本科学校转型发展的过程中,各级政府提供了大力支持,形成了推动地方本科高校转型发展的合力。许昌市政府、周口市政府分别与河南省教育厅签署了省市共建许昌学院、周口师院的协议,驻马店市政府出台了《关于大力支持黄淮学院建设应用技术大学的意见》和《驻马店市人民政府关于进一步加大支持黄淮学院财政投入和人才队伍建设的意见》,助推黄淮学院转型发展;平顶山市政府印发了《关于支持平顶山学院转型发展服务我市经济社会发展的指导意见》,支持学院建设成为服务区域经济社会发展需要,特色鲜明、优势突出、教育质量上乘的多科性、应用型本科院校;商丘师范学院与商丘市政府、商丘市发改委、梁园区、睢阳区等分别签订了战略合作协议,切实推动了地方高校服务地方能力的提升。

（三）抓好转型发展试点

为引导普通本科学校向应用型高校转型发展，河南省启动了本科学校转型发展试点计划，先后两批共确定了15所本科转型发展试点学校，充分发挥其先行先试的作用。2013年，首批确定了黄淮学院、许昌学院、洛阳理工学院、安阳工学院、黄河科技学院5所本科学校作为试点学校；2014年9月，又确定了10所试点学校，其中，整体转型试点的有河南工程学院、南阳理工学院、南阳师范学院、周口师范学院、商丘师范学院、平顶山学院、河南牧业经济学院，专业（集群）转型试点有安阳师范学院、郑州轻工业学院、信阳师范学院。

转型发展试点学校解放思想，更新观念，充分发挥试点探索带动作用，按照“围绕产业办专业、办好专业促产业”的思路，践行“产教融合、校企合作”人才培养模式，紧跟区域经济转型和行业科技进步改造传统专业，强力推进教学改革，通过与行业企业共建二级学院、冠名班以及共建校内外实践教学基地等形式，吸引行业企业全程参与学校管理、专业建设和人才培养，并为学生提供真实的实践环境，推进应用技术研发与转化和校企合作培养人应用型人才，促使产教深层次的融合。

（四）持续推进内涵建设

一是着力加强学科专业建设。适应全省经济结构调整和产业结构转型升级需要，坚持存量调整和增量优化，支持高校新增一批战略新兴产业、传统产业改造升级和社会民生急需的专业点，2017年全省新设置143个本科专业点和282个专科专业点。加强专业规划，做好普通高等学校“十三五”专业建设与发展规划编制工作，主动适应全省经济结构战略性调整和产业转型升级需要，构建与河南省产业需求、新型城镇化建设、民生改善需要更加适应、结构更加合理、特色更加鲜明的学科专业体系。

二是推动人才培养模式改革。大力推进卓越人才教育培养计划，支持高校与有关部门、科研院所、行业企业协同育人，实现资源共享、合作办学、合作育人、合作发展。推动高校结合办学定位、学科特色和服务面向，明确专业培养目标和建设重点，推进人才培养模式、基层教学组织建设、课程体系建设、教材建设、教育教学方法、教学管理等综合改革，促进人才培养水平的整体提升。

三是深化创新创业教育改革。把创新创业教育改革作为推进高等教育综合改革的突破口和重要抓手,提高学生的创新精神、创业意识和创新创业能力。2017年印发了《河南省教育厅深化高等学校创新创业教育改革的实施方案》,加快推进高校创新创业教育改革。河南科技大学、河南农业大学、中原工学院和黄河水利职业技术学院4所高校获批教育部第二批深化创新创业教育改革示范校。在全国"互联网+"大学生创新创业大赛全国总决赛中,河南省高校累计获得4银、24铜的好成绩。全省有379个项目入选全国大学生创新创业训练计划项目,立项建设了710项省级大学生创新创业训练计划项目。郑州大学、河南大学、河南师范大学、郑州轻工业学院4所高校的8个项目入围教育部大学生创新年会展示项目。

四是加强实验实训建设。引进企业科研、生产基地,建立校企一体、产学研一体的实验实训实习中心。完善学生校内实验实训、企业实训实习和假期实习制度。根据生产、服务的真实技术和流程构建知识教育体系、技术技能训练体系和实验实训实习环境。加快实践教学改革,2017年全省立项建设省级实验教学示范中心40个,虚拟仿真实验教学中心16个。

(五)筹措安排专项资金

河南省委省政府历来高度重视地方本科高校转型发展工作,着力统筹推进本科高校转型发展工作,继续凝聚转型发展共识,推动和引导有条件的本科高校向应用型转变。近年来,不断加大资金投入,强化政策支持,积极引导地方本科高校向应用型转变,仅在本科高校转型发展试点和示范性应用技术类型本科院校建设方面,近四年省政府投入的资金就达到了4亿元,并先后涌现了黄淮学院等国家级转型发展典型,河南省也成为全国首家连续三年承办"产教融合国际论坛"的省份,对河南省本科学校的转型发展工作起到了推动、推广作用,在省内外产生了较大反响。

三、河南本科高校转型发展的工作难点

地方本科高校转型发展是系统工程,需要探索和创新的领域很多,越是转到深处,遇到的问题越多,概括起来主要有五大困难。

一是观念转变难。学校的办学定位、办学理念是在长期办学过程中所沉淀、总结出来的,学校现有的办学理念是经过几代人长期的办学摸索、在不断调整过程中实现的。新升格本科的高校主要有两类不利转型的思想。一种留恋专科办学成绩的保守思想,那就是沉浸在还对专科阶段办学成绩、办学理念、办学方式等的留恋当中,并理所当然地认为这些历史积淀是学校升本的前提和基础,也应该是将来学校继续发展的方向;这种观念是受到惯性思维和传统思想的束缚,反映了许多老师特别是一些长期在学校工作、见证学校一步步从专科变成本科过程的老教师,对学校办学历史荣誉的一种依恋,但这种思想同时也可能成为学校在新的历史起点、新的历史发展阶段进行改革和创新的思想包袱,不利于在新形势下找准学校的办学定位和办学方向,长时间在这种思想的影响下,学校可能就会出现安于现状、不思进取、畏惧改革、不愿创新等诸多不良风气,甚至影响到许多新进的老师,从客观上容易使学校内部形成一种固化的组织惰性。另一种是片面的激进思想,那就是学校升格成为本科以后,认为自己就应该向清华大学、北京大学看齐,把他们当成自己追求的目标,走研究型、学术型道路,将自身建成综合性、研究性大学,认为培养应用型人才不是自身应该干的事情,这种偏离了实际、定位不准的想法也较难在短时间内转变。

二是结构调整难。学校现有的专业结构是由与之相匹配的师资队伍、教学仪器设备等办学条件作为支撑的,是在长期的不断调整过程中形成的一种相对稳定状态。新建本科高校都是在高等教育规模快速扩张时期成长起来的,招生规模的快速扩张导致专业数量的快速增长,专业设置过程中容易受短期效益因素影响,部分专业缺乏科学论证,设置时有一定的盲目性。而许多高等学校长期受到封闭办学的思想影响,在高等教育这个象牙塔中,面对这种相对稳定的结构,出现了安于现状的现象。较大幅度改变现有的学科专业结构是一个艰难的过程,改造的周期较长,改造的难度较大。在这个改造的过程中,不仅需要投入大量的资金购买仪器设备、改造现有基本建设等,而且还要考虑削减专业数量、原有专业教师心理承受和转岗安置等一系列现实问题。因此,在专业结构调整方面,如果没有外来的压力,学校往往也缺乏自身的内生动力,表现为消极应对,或者是只说不做。

三是队伍建设难。这里所说的队伍建设主要指教师队伍建设。培养应用型人才的关键是教师，应用型人才主要是应用知识而非科学发现，相关专业教师应能熟练掌握一线生产活动的基础知识和基本技能，在促进科技成果、规划设计等知识形态向生产力、产品和市场的转化工作方面具备较强能力。而在现实当中，受原有师资结构影响，地方高校普遍存在"理论教学师资多、应用教学师资少"的现象，多数学校的"双师双能型"教师不足，部分学校还缺乏"双师双能型"教师培养的政策和措施，导致教师特别是青年教师缺乏必要的行业企业锻炼背景，实践创新能力不强。在"双师双能型"教师队伍建设方面，主要表现为"引进难、晋升难、留住难"。"引进难"指现行的师资补充机制当中，更多对学历、学识水平等有很高要求，而对于侧重于技术技能操作的技能型师资来说是相当不利的，使"双师双能型"教师比例难以达标。"晋升难"指在现有的教师职称晋升以及教师评价体系当中，更多的是侧重于学术论文发表数量、承担科研课题数量等，对技能提升的要求涉猎较少，"双师双能型"教师晋升通道较窄，不利于"双师双能型"教师的培养。"留住难"指许多高技能的"双师双能型"教师由于不能作为正式人员引进学校，上升通道又比较窄，加之许多高技能受到企业的高薪吸引，造成了这类师资的不稳定。

四是校企融合难。教育部、发展改革委、财政部《关于引导部分地方本科高校向应用型转变的指导意见》把"全面深化校地、校企合作"作为试点高校的重要任务。应该说，河南省地方本科高校对产教融合、校企合作十分重视，大多地方本科高校把服务地方和行业经济发展写入了学校的发展规划，但是要真正地进行深度的产教融合、校企合作绝非易事，主要表现在双方合作的深度和广度都不够。比如说许多高校虽与当地政府、行业企业建立广泛的联系与合作，但产教融合、校企合作还未形成长效机制，部分学校还仅仅停留在"纸上谈合作"。还有部分学校为了合作而合作，盲目、无原则地选择一些层次低、规模小、对接性差的企业合作，数量虽多，但效果却很差。究其原因，主要有以下几个方面：一是学校和企业的目标追求存在差异。企业的根本目标是追求利润最大化，大多数企业特别是一些中小企业更加看重的是短期和即得收益。由于人才培养具有一定周期性，在当前人才培养供给充足的情况下，企业参与长期人才培养的主动性较低，不愿意参与到对未知收益的长期等待过程中。二是高校吸引企业参与办学能力有限。在推动校企合作过程中，企业一直在问学校一个问题："你能给企业带来什么?"这是我们必须要面对的。新建本科院校由于本科人才培养时间比较短，进行校企合作最初是为寻找学生实习基地来满足实践教学环节的需要，且大多新建本科高校的知名度不高，社会影响力有限，不能为企业提供其所需要的科研技术支持和管理咨询服务等增值服务，很难找到合适的合作企业。三是部分高校内部存在分歧。在职业教育层面，大家一直在强调"以就业为导向"的办学理念；但在高等教育本科阶段，许多人对"以就业为导向"的教育教学理念还没有完全理解、认可和接受，一些教育工作人员甚至认为开展校企合作不利于教学和科学研究，还有一些人担心引企入校会导致学校教育教学的混乱，所以参与和促进校企合作的积极性不高。

五是教材建设难。普通教学型本科院校向应用型高校转变，如果与人才培养关系最密切的教材不跟着转变，那一定是纸上谈兵，一定会事倍功半。不注重教材改革更新，地方本科高校教学质量就无法保证实现。有些专业所使用的教材，比如说物理、化学等基础学科，用五年前、十年前出版的教材还可以理解；但是像计算机等许多知识更新替代比较快的专业，你还用老的教材就说不过去了，可能学校用前年甚至去年的教材就已经跟不上时代了。据了解，许多高校在教材建设上并没有质的改变，仍在沿用学术型高校的课本，顶多是在原来课本上稍稍加以修改，有些老师上课所使用的课件几年都不用换。有的老师在教学中经常抱怨学校在教材选用上有问题，指明相关内容与实际需求脱节，编排又不合理，这对于老师传授新知识和学生接受新知识带来很大问题。

四、河南本科高校转型发展的深度思考

今后一个时期，引导更多的本科高校向应用型转变依然是河南省的一项重要工作，要重点做好以下工作：

一要高度重视。2017 年 4 月，河南省委、省政府召开了全省转型发展攻坚推进会，时任省委书记谢伏瞻同志提出了"加快转变思想观

念、加快转变发展方式、加快转变政府职能、加快转变工作作风”的“四个转变”工作任务；省长陈润儿同志在讲话中指出，要清醒地认识到，转型发展已是大势所趋、刻不容缓，并提出了要实现“高端化、绿色化、智能化、融合化”的“四化”发展目标。本科高校是经济社会发展不可割裂的一部分，各高校要认真学习、全面领会全省转型发展攻坚推进会精神，重点围绕省委、省政府的工作部署，充分认识到地方本科高校转型发展的重要性和紧迫感，以更大的决心冲破固有的观念、制度、体制和机制的束缚，克服改革动力不足、缺乏有效措施手段的想法和做法，加大攻坚力度，大胆探索，形成推动地方高校转型发展、深化教育改革的强大合力。力争通过若干年的努力，建设若干所产业贡献力大、价值创造力高、结构带动力强的应用型高校，成为提升区域竞争力和产业竞争力的重要支撑力量。

二要强化宣传。相对而言，推动地方本科高校向应用型高校转型发展还属于新兴事物，普通民众对应用型高校的诸多内涵不甚了解，加强宣传和舆论引导、充分发挥社会舆论的辅助推动作用则显得尤为重要，其作用也是不言而喻的。俗话说“酒香不怕巷子深”，这句话本身不假，在古代也有很多典故，可是在当今社会，如果从市场角度分析的话，必然要遵循市场经济的发展规律，做好宣传，避免出现“深巷好酒卖不出”的现象。许多高校在转型发展方面进行了卓有成效的实践探索，取得了不少经验，要加大宣传力度，营造转型的良好氛围。地方本科高校特别是河南省示范性应用技术类型本科高校要加大正面宣传报道力度，避免出现以考研率作为评价标准去评价应用型高校教学质量的现象，更多的关注那些没有考上研究生的大众群体，更多的关注创新创业典型，更多的关注高质量就业典型，以此激发在校大学生学习职业技能的积极性。当前，

三要加快速度。服务经济社会发展是高等教育的历史使命，长期以来，虽然也强调高校的社会服务职能，但服务能力与经济社会发展的要求相比还有一定差距。高校自身有了能力，才能服务发展，才能高水平地服务发展，才能服务新常态的发展。所以说，地方本科高校要进一步加快转型发展步伐，心往一处想，劲往一处使，形成转型合力，创造更大价值。在新的历史发展阶段，各高校要把服务发展摆在突出问题，放

在中心位置，切实与经济社会发展结合起来，与企业、产业和行业搞好协同创新、共建学科专业、联合培养人才，在此基础上打造特色学科专业，以特色学科专业建设带动学校整体发展。

四要调整结构。调整结构的目的是为了优化结构，使教育结构与经济社会发展更加适应，人才培养更贴近社会、贴近需求、贴近实际。当然，调整结构也不能走极端，不能简单化，不能搞短期行为，对于办学实力比较强的基础学科，也不能盲目地进行削减，因为他们是应用学科发展的基础，短期内很难见成效。在调整结构过程中，要遵循学科特点和教育规律，对有条件、有基础、有优势的基础学科要尽力发展。河南省示范性应用技术类型本科高校要站在转型发展前沿，充分发挥示范带动作用，主动争取地方政府的支持，深化产教融合和校企合作，加快改造传统专业的步伐。其他本科高校要切实增强转型发展的使命感、责任感，充分考虑办学历史、办学条件、发展水平的实际情况，进一步明确办学定位，研究制订切实可行的转型发展工作方案，加快与企业、产业和行业共建专业、联合培养应用型人才的步伐，在此基础上打造特色学科专业，以特色学科专业带动学校整体发展。

五要创新服务。高等教育之所以能够受人尊重，高校之所以能够受到重视，其核心问题就是高校对于社会具有较高的贡献度。如何创新高校服务经济社会发展内容，如何提升学校服务水平，如何提高学校自身对社会的贡献度，都是每所高校应该深入思考的问题。各高校要认真研究地方经济发展状况和本校学科专业的发展情况，坚持以应用性科研为导向，积极融入以企业为主体的区域、行业技术创新体系，加大应用性科研投入力度，通过校企合作、协同创新，不断加强技术积累，促进新技术的转化应用，推动先进技术转移和创新，积极探索先进技术辐射扩散和产业化途径。改革科研绩效评价和考核机制，建立以技术成果突破性、带动性、成果转化情况和社会服务实际贡献为导向的评价体系，健全由市场和用户广泛参与的开放评价机制。建立创业教育体系，将专业教育和创业教育有机结合，毕业论文（设计）逐步过渡到技术革新、成果转化、项目设计、作品创作等创新课题。

六要追求实效。引导地方本科高校转型发展最终是要落实在行动上，各高校不要把转型发展停留在口头上、文件上，要实实在在为学生求未来、为学校谋发展、为社会做贡献,让政府放心、让社会满意、让学生受益。转型发展是一场攻坚战,每个阶段都有每个阶段的任务,要求我们既要善于打持久战,更要善于打攻坚战。从目前河南省高校转型发展的现状来看,高校内部好转的都转了,留下的都是硬骨头,转型高校要以敢为人先的勇气、一抓到底的决心、成就事业的激情、敢打硬仗的精神,真抓实干,追求实效,真正把转型发展工作落到实处。

第二编　南阳理工学院转型发展之路

第四章　南阳理工学院发展历程

第一节　学校发展历程

一、历史沿革

南阳理工学院是全日制公办普通本科院校，位于历史文化名城河南南阳，是商圣范蠡、科圣张衡、医圣张仲景故里，楚风汉韵荟萃之所。南阳理工学院前身是1987年5月河南省人民政府批准筹建的南阳大学。20世纪80年代，南阳地区各级各类人才缺乏，技术落后，教育结构不合理，成为制约南阳地区经济和社会发展的关键因素之一。为彻底改变这种状况，南阳地委和行署确立了依靠科技振兴南阳的战略思想和多种形式搞好人才开发的方针。1986年10月7日，南阳地区行署印发《关于成立南阳职业大学筹备领导小组的通知》(宛署〔1986〕160号)，决定成立南阳职业大学筹备领导小组，南阳行署副专员郭贵仓任组长，地委宣传部副部长薛谦让任副组长兼筹备小组办公室主任。1986年11月29日，地委书记李金明主持召开南阳地委会议，决定创办南阳大学，规格定为副专级，由地委副书记杨凤岗同志兼任南阳大学党委书记，行署专员张洪华同志兼任南阳大学校长；专业设置以工科为主，逐步发展成理、工、管、文相结合的综合性大学；毕业生实行“计划指导、学校推荐、择优录用”；校本部设在白河岸南。

1987年5月8日，河南省人民政府印发《关于筹建南阳大学的批复》(豫政文〔1987〕58号)，同意南阳地区筹建南阳大学。南阳大学系专科层次的高等职业技术学院,属南阳地区行政公署领导,校本部设在南阳市白河岸南,筹建投资和正常运行经费由南阳地区自行解决。同年,学校借用南阳电大普通班指标首次招生,招收工业与民用建筑、工业企业管理、化工工艺等3个专科专业共计128名学生。

1992年4月7日,南阳地区行署决定南阳电大分校与南阳大学合并办学。1993年12月25日,南阳地区行署决定两校分开办学,合并时原南阳电大分校的人员、物产一律撤回到原办学场所。

1993年1月21日,国家教委印发《关于同意建立南阳理工学院的通知》(教计〔1993〕4号),同意建立南阳理工学院。原张仲景国医大学撤销建制,并入南阳理工学院。南阳理工学院属专科层次的普通高等学校,由河南省领导,办学所需的经费和基建投资由河南省负责安排解决。

1993年4月12日,河南省人民政府印发《关于建立南阳理工学院有关问题的批复》(豫政文〔1993〕173号),进一步明确,南阳理工学院隶属南阳地区行政公署,业务上受河南省教委指导,正常办学经费和基建投资由南阳地区负责筹措,河南省按有关规定给予适当补助。

1994年7月撤地设市后,南阳市做出了"到20世纪末,把南阳理工学院办成一所名副其实的本科高校"的决策;1995年8月,批准了投资3亿多元的南阳理工学院"千亩土地、万人规模"的长远发展规划;2000年3月,南阳市二届一次人代会做出了"集中力量,支持南阳理工学院的建设和发展"的决议,同时把学校的扩建工程列为当年投资最大的社会事业发展项目。

为探索实施本科教育,为南阳地区培养更多高层次人才,2000年,学校与南阳师范学院联办机械制造及自动化本科专业获得批准,当年首次招收本科生30余名;2001年,市委、市政府成立了由市长何东成任组长的"南阳理工学院申办本科工作领导小组";2002年1月,南阳市二届四次人代会通过的《南阳市国民经济和社会发展"十五"计划纲要》明确指出:"努力把南阳理工学院建成以工科为主的综合性本科院校",把南阳理工学院"3年投资两亿元"列入南阳市"十五"重点建设项目。

2004年5月13日,教育部印发《关于同意南阳理工学院(专科)升格为本科院校的通知》(教发函〔2004〕105 号),同意学校升格为本科院校。南阳理工学院系本科层次的普通高等学校,由河南省领导和管理,实行省、市(南阳市)共建,以市为主的办学体制。学校发展所需经费由河南省统筹解决,望河南省加强对学校的领导,改善办学条件,加强学科、专业建设,不断提高教育质量和办学效益,为河南省的经济建设和社会发展做出更大贡献。

2005 年 3 月 22 日,南阳市委在南阳市第一师范学校召开会议,宣布南阳市第一师范学校正式并入南阳理工学院,成立南阳理工学院基础教育学院。

升本后,学校致力于“加强内涵建设,提高教学质量”,走“地方性、应用型、开放式”办学之路,为南阳经济社会发展提供人才支持和科技支撑。2005 年,先于同批升本高校取得学士学位授予权。2006 年,经教育部评估增设中医学本科专业,成为河南省第二所具有举办中医学本科教育资格的高校。2007 年,在同类高校中率先招收外国留学生。2008 年,在韩国建立分校,成为国内为数不多的在国外办有分校的高校之一。“2008 中国大学竞争力排行榜”显示,学校在全国 584 所一般大学中位居 272 位,在理工类院校中居 88 位,在河南省高校中居第 9 位,核心竞争力进一步攀升。

学校事业发展继续受到南阳市的重视和支持。2010 年,南阳市将“促进院校建设与地方经济社会发展更紧密地结合”列入《南阳市国民经济和社会发展十二五规划纲要》。2013 年,将“支持南阳理工学院顺利通过教育部本科教学工作合格评估”写入《南阳市政府工作报告》。2015 年《南阳市政府工作报告》明确提出:支持南阳理工学院示范性应用技术类本科院校试点建设。2016 年,南阳市印发《关于支持南阳理工学院转型发展建设示范性应用技术类型本科院校的实施意见》,并将“推进南阳理工等高校转型升级工作”列入《南阳市国民经济和社会发展第十三个五年规划纲要》。

2015 年 1 月,河南省委决定,刘荣英同志任南阳理工学院院长、党委副书记;2015 年 5 月,河南省委决定,邢勇同志任南阳理工学院党委书记。

二、学校现状

目前学校占地面积1760余亩，建筑面积59万平方米，有大型运动场2个，综合体育馆1座，2012年成功承办第七届全国农民运动会男篮赛事。教学科研仪器设备固定资产总值3.5亿元，拥有1个国家级大学生校外实践教育基地，5个中央财政支持地方高校发展专项资金建设实验室，20个省、市级重点实验室以及实验教学示范中心。馆藏图书137万册，电子图书15000GB，自建有“南工文库”“仲景文献数据库”“建筑科学专题库”等特色数据库。主干带宽2万兆、出口带宽4300M的校园网覆盖全校，在全省高校率先实现大二层扁平化网络架构，有线、无线、IPV4、IPV6统一身份认证，终端计算机21000余台。

学校牢固确立人才培养在学校工作中的中心地位，资源配置优先保障人才培养。构建产教融合、校企合作人才培养模式，强化学生创新创业就业能力，致力于为地方经济社会发展培养高素质应用型人才，日渐形成结构优化、特色鲜明、面向产业的专业集群，逐步形成以本科教育为主、兼有联合培养研究生和留学生教育，以全日制教育为主、兼有继续教育的多层次、开放型办学格局。

学校现有机械与汽车工程学院、计算机与信息工程学院、电子与电气工程学院、土木工程学院、建筑与城市规划学院、艺术设计学院、经济管理学院、电子商务学院、外国语学院、数学与统计学院、音乐学院、文法学院、生物与化学工程学院、张仲景国医国药学院、软件学院、师范学院、继续教育学院、体育教学部、政治理论教学部等19个教学院部，覆盖理、工、管、文、经、教育、法、医、艺术等九大学科，拥有52个本科专业，全日制普通在校生和留学生近2.4万人，来自全国31个省、市、自治区。近年来学生报考率和报到率持续走高，本科二批招生计划全部第一次投档完成。

学校坚持契合区域产业发展需要，打造学科专业集群，做强传统工科，发展新兴工科，做优特色学科，首批培育了光电信息类、智能制造类、康养护理类等6大应用型专业集群，初步形成了专业群、产业群、人才链的有机对接。目前拥有9个教育部、省教育厅“卓越计划”试点专业，18个省级重点学科、特色专业以及专业综合改革试点，10门国家级、省级精品课程以及精品资源共享课程。

学校坚持“高起点、分步走、双师型、可持续”的教师队伍建设指导思想，培养与引进相结合、专职与兼职相结合、理论教师与实践教师相结合、学校教师与企业工程师相结合，建设一支结构合理、素质优良的专业化教师队伍。现有教职工 1500 余人，其中高级专业技术职务教师 560 人，博士、硕士学位教师 938 人。拥有河南省优秀专家、省政府特殊津贴专家、省学术技术带头人、省教育厅学术技术带头人 22 人，设有“河南省博士后研发基地”，聘请多位两院院士、知名专家学者为兼职教授。

学校坚持“教学为重，教学与科研并举，以教学带动科研、以科研服务教学质量”的理念，鼓励教师将最新科研成果应用到教学实践，促进教学内容更新，形成科研与教学的良性互动。累计获批国家自然科学基金项目 17 项，省部级科研项目 287 项，横向课题 50 余项，到账经费累计达到 3000 余万元；荣获了地厅级以上科研成果奖励 243 项，发表论文 2600 余篇，被三大索引收录 400 余篇，出版学术著作、教材 100 余部；拥有省校级创新型科技团队、优秀教学团队 20 个。承办了全国现代结构工程技术交流会、全国中医药科技创新与产业化发展高层论坛、全国高校心理委员工作研讨会、中国高校科学与艺术创意联盟中原分盟成立大会等重大学术类会议，校园学术氛围日臻浓厚。

学校坚持产教融合、校企协同育人，主动适应地方需要，深入实施创新驱动、应用驱动、实践驱动发展战略，为地方经济社会发展提供人才和科技支撑。成立有河南省制造业信息化服务中心、南阳协同创新研究院、张仲景国医研究院、建筑设计研究院、结构仿真与设计研究所和光电技术研究所。建立南阳高校第一个院士工作站——河南省水资源与生态环境保护院士工作站；组建南阳电商联盟，先后被授予省、市“电子商务人才培训基地”“电商继续教育基地”“电子商务示范基地”。与美国通用电气、德国博世、长城计算机等共建多个实验室，与中兴通讯签约共建“南阳理工·中兴新思学院”ICT 产教融合创新基地，开办有九州通班、宇通班、理光班、二机国贸班等多个校企联合班。先后与企业联合申报应用性研究课题 140 余项，参与企业技术革新、技术改造、新产品研发 170 余项，获省、市成果奖励 500 余项。与陆德筑机联合开发的“产品图纸自动审核及智能拼图软件”获第四届河南省青年创新软件设计大赛金奖,是该奖项设立以来河南省地方高校荣获金奖的第一次;与张仲景大厨房合作研发的发酵型香菇酱“仲景香菇酱”畅销国内外;与南阳防爆联合攻克减小电机振动和降低噪声关键技术等项目。

学校坚持“创新引领创业,创业带动就业”,深入实施新概念就业基地建设,在逐年严峻的就业形势下,毕业生就业率连年保持高位企稳,就业质量稳步提升。在河南高校中率先实施《大学生创业引领计划实施意见》,支持创业成功的优秀校友注册成立南工毕业生创新创业促进会,设立了大学生创新创业孵化园,共建了南阳创业学院,举办校友创业论坛。先后获得了国家级众创空间、省首批双创基地、省大学生创业示范基地、省大学生创业教育示范校、省十大创新创业典范学校等荣誉;连年荣获省普通大中专毕业生就业工作先进集体。我校的创新创业工作被作为典型案例,写入了国务院办公厅督查报告。

近3年来,在各级各类学科大赛中,学校学生累计荣获了国际级奖项27项,国家级奖项211项,省部级奖项468项。代表河南高校出征ACM国际大学生程序设计大赛,获亚洲区铜奖13项;第五、六、七、八届河南省ACM大学生程序设计竞赛四连冠;第三届全国软件专业人才设计与开发大赛,获一等奖,总排名第三,奖牌总数在河南省14所参赛高校中居第一位;全国第七届信息技术应用水平大赛,获特等奖1个,一等奖4个,并列全国本科组第一;百度首届全国高校搜索营销大赛,获一等奖,总排名第二;2017年第八届“蓝桥杯”国际软件大赛,与麻省理工、清华、北大等知名高校学生同台竞技,瓜分了赛事所设的10个一等奖,其中麻省理工获一等奖3个,清华、北大各1个,南阳理工2个。南工学子屡次在国家乃至国际级大赛中摘金夺银,大放异彩,被主流媒体誉为“南阳理工现象”。

学校坚持走开放多元办学之路,积极开展对外交流与合作。搭借京豫高等教育合作平台,与北京信息科技大学结对共建;参与组建全国部分新建理工类本科院校联盟,加入全国应用技术大学联盟,参与组建汉江流域大学联盟;与郑州大学、河南大学分别签订校际战略框架合作协议,开创校际合作新局面。在韩国设立2个分院,招收中医学韩国留学生。与新西兰惠灵顿维多利亚大学、英国北安普顿大学合作办学，培养具有国际视野和专业背景的复合型人才；与台湾静宜大学、美国东斯特拉兹堡大学等开展交换生项目，与美国天普大学、英国诺森比亚大学等建立校际合作关系；设有中原中韩文化交流中心、南阳中日文化交流中心，成为南阳市对外开放交流的重要窗口之一。

学校坚持“立本、立真、立特、立新”的办学理念，坚定“应用型、地方性、服务型、开放式”的办学定位，秉承“厚德、博学、求真、至善”的校训，弘扬“不甘示弱”的南工精神，坚持植根南阳、服务河南、面向全国，积极探索实施“精准教育”，主动适应区域经济社会发展需求，全面深化转型发展，扎实做好人才培养、科学研究、社会服务、文化传承创新、国际交流与合作各项工作。积极探索地方高校内涵发展、特色发展和创新发展之路，致力于建设特色鲜明的高水平应用型理工大学。

2011 年被批准为河南省新建本科院校唯一一所教育部“卓越工程师教育培养计划”学校；2012 年被评为“中原经济区最佳服务高校”；2013 年通过教育部本科教学工作合格评估；2014 年成为河南省整体转型发展试点学校；2015 年被授予“全国文明单位”称号；2016 年成为河南省示范性应用技术类型本科院校、国家教育现代化推进工程应用型本科产教融合项目学校 100 所之一；2017 年获批“河南省立项建设硕士专业学位授予单位”，中医学专业通过教育部专业认证；2018 年成功入选全国创新创业典型经验高校 50 强。

第二节　学校发展规划

学校一直重视发展规划的编制和实施，自建校至 2015 年期间，学校的发展规划均由校长（院长）办公室负责组织编制和实施，先后编制了《南阳理工学院 1995 年～2010 年事业发展规划》《南阳理工学院“十二五”发展总体规划》等。2016 年 1 月，学校成立发展规划处，负责规划编制、实施及转型发展等工作，先后编制了《南阳理工学院“十三五”事业发展规划》《南阳理工学院河南省示范性应用技术类型本科院校 2016～2020 年建设规划》等。

一、筹建时期发展规划

1986 年 11 月 29 日，中共南阳地委在讨论决定创办南阳大学时，就对筹建中的南阳大学做出了较详细的规划，主要内容如下：

（一）校名与规格

校名定为“南阳大学”，规格定为副专级，隶属于南阳地委、行署领导，由地委副书记杨凤岗同志任校党委书记，行署专员张洪华同志任校长。从中央、省、地聘请名誉校长和若干顾问。

（二）专业设置与学制

根据南阳地区经济建设的现状和发展需要，专业设置以工为主，逐步发展成理、工、管、文相结合的综合性大学。目前暂设工业与民用建筑、化工、食品、建材、企业管理五个专业。学制，近期以大学专科为主，工科三年，其他专业二年，以后逐步发展四年制专业。

（三）学校规模、招生对象与培养目标

按在校学生 2000 人规划。1987 年五个专业计划招生 200 人，五年内招生规模争取达到 1500 人。各专业的培养目标是德、智、体全面发展，具有必要的理论基础、较宽的知识面、较强的专业适应性、在生产和工作第一线从事技术工作和管理工作的高级专门应用人才。

招生对象，在国家高招统考学生中第三批录取；对南阳地区各县（市）和驻宛两属企业实行委托代培或定向培养。从农村招来的学生，被录用的，其户口问题由地区解决。毕业生去向，原则上不包分配，实行计划指导、学校推荐、择优录用的办法。录用后一律享受大专、国家干部待遇。

（四）内设机构与编制

1987 年暂定编制 45 人（其中行政机构 15 人，教师 30 人），行政机构暂设教务处、总务处、党委办公室、校长办公室。党委副书记、副校长及教务处长、总务处长、党委办公室主任、校长办公室主任人选，由地委组织部考核、选配。

（五）教师问题

解决办法，一是选调少量高中教师教基础课；二是从企业选调部分

专业课教师;三是聘请兼职教师;四是从 1987 年起,在大学毕业生中择优分配,并向省有关部门上报需求计划。1987 年先选调 30 名专职教师,其余暂且聘请或兼职。教育局、经委等部门要给予支持。

二、1995 年～2010 年事业发展规划

1993 年 1 月 21 日,国家教育委员会在全国高等学校设置评议委员会认真评议的基础上,同意建立南阳理工学院。学校及时开展了办学思想大讨论,编制了 1995 年～2010 年事业发展规划,主要内容如下:

(一) 规划原则

1. 适应未来"大南阳"建设和发展的需要,兼顾周边地区和参与全省全国竞争的需要。学科和专业设置、办学层次、办学规模,均需考虑大南阳建设和发展的新体制、新需求。

2. 坚持长远战略眼光,坚决对历史负责。贯彻近期市委市政府领导同志的讲话精神,坚决不留历史遗憾。按照市委主要领导同志指出的"20 世纪末要把南阳理工学院建设成为一所名副其实的本科院校"的要求,把南阳理工学院列入新南阳市的总体规划设计方案,保证事业发展的充分余地。

3. 充分考虑南阳理工学院目前已有的基础。

4. 按长远(2010 年前)要求规划,但要分步实施。

(二) 发展目标

建成为豫西南培养高层次科技专门人才的最主要的区域性中心综合高校,成为全省最强的市属一流大学之一。

为实现这个奋斗目标,计划分步走:到本世纪末,全面完善办学条件,在规模、结构上力争初步达到与"学院"名称相符的水准,实现"初具水平"的目标;从 20 世纪末到 2010 年,进一步大幅度完善办学条件,完全达到以理工科为主的区域性中心综合高校的本科水准,在质量和效益上实现"初具特色"的目标。到 2010 年预计在校普通生(数量)近万人,教职工总数 800 人,学院占地 1000 亩。设置十几个系,近 30 个专业。

(三) 办学规模

到2010年,在校普通生达到约7000人(工科3000人,经济和管理学科2000人,工艺美术300人,农学和医学各800人),其中在校普通专科生2000—3000人,本科生4000—5000人。有研究生招生权和多个硕士点。成人教育多层次:有学历和非学历班,有大专层次和本科层次,兼有上岗证书授予权,争取2010年在籍学生达到5000人左右。

根据南阳及周边地区的支柱产业发展需要,可在机械电子类、生化和化工类、土木工程类、计算机类、经济和管理类、医学类、农学类、艺术类等几大学科领域里设置新专业,如汽车工程、机电一体化、工业自动化、化工机械、纺织机械、通信工程、系统工程、建筑设备、城镇建设、建筑学、给水与排水工程、供热通风与空调工程、装潢艺术设计、环境艺术设计、工业造型设计、市场营销、金融、专门用途外语、外语、投资经济管理、中西医及中西药、农副产品加工等专业。近期以工科为主,适当时候发展一些应用理科专业,如应用物理、应用化学、应用数学、力学等专业,从而形成一所以应用性学科为主,适当有研究性学科的一所多学科综合性普通高校。届时将有十几个系,30余个专业方向。也可考虑组建以下分院:化工学院、机电学院、建工学院、信息工程学院、商学院、管理学院、工艺美术学院、医学院和农学院。

服务范围要重点立足南阳,兼顾周边地区,跨省区辐射;交流范围要面向全省和全国,逐步参与全省和全国的同层次高校竞争,并且要以适当形式走出国界,与多所国外的大学建立稳定的关系,互派留学生和访问学者。到2010年,要发展同国内相关高等学校之间的友好协作关系,加强人员和学术交流,争取同境外的多所高校建立正式合作关系,互派留学生,为本区域参与国际经济竞争提供强有力的服务。

三、“十二五”发展总体规划

2011年1月17日,学校印发《关于做好“十二五”发展规划编制工作的通知》,正式启动“十二五”发展规划编制工作。经反复讨论、修改,《南阳理工学院“十二五”总体发展规划》经学校研究同意,于2011年10月27日印发实施,主要内容如下:

(一) 发展目标

紧紧围绕教学工作日常性“一个中心”任务毫不动摇，坚持走产学研用一体化和开放办学“两条道路”坚定不移，推进思维方式、领导方式和发展方式“三大转变”毫不懈怠，实现办学实力、管理水平、人才质量、创新科研能力、社会服务能力“五大提升”毫不放松。到2015年，把南阳理工学院建成一所以工科教育为主导，以应用型人才为培养目标，在全国同类高校中办学特色鲜明、学科专业优势突出、综合竞争力较强的一流应用型理工大学。

(二) 发展战略

1. 守正出奇战略。守正出奇就是既清晰地意识到自己的竞争位置，又不甘居这一位置；敢于竞争，但不搞同轨竞争。要在遵循办学基本规律的前提下，超越现在，出奇制胜，在未来的发展时空中去超前谋划学校的发展。

2. 质量固本战略。建立以提高教育质量为导向的管理制度和工作机制，把教育资源配置和学校工作重点集中到强化教学环节、提高教育质量上来，确保顺利通过教育部本科教学工作合格评估。着力提高学生的学习能力、实践动手能力、创新能力。

3. 人才支撑战略。加快人才发展体制机制改革和政策创新，形成尊重人才、尊重知识、尊重创造的良好氛围，创造人才能干事、干成事的良好环境，以一流的人才队伍推动学校教育教学质量的提高、创新科研能力和社会服务能力的提升。

4. 科研引领战略。进一步完善科研管理机制，形成良好的创新环境。实施“星月计划”，重点推进科技创新的组织化管理模式，通过学校层面的研究平台和大项目管理模式，选准方向、重点突破，促进科研工作上水平、出成果，提升创新能力和服务社会能力。

5. 特色制胜战略。本着“扶优、扶特、扶强”的原则，巩固已有特色学科和专业，全力推动特色学科和专业交叉融合，构建新的优势特色学科和专业，形成若干具有特色的优势学科群，做到人无我有、人有我新，人新我深，在若干专业领域打造我校的特色品牌。

6. 蓝海生态战略。在激烈的高校竞争中明确定位，扬长避短，错位发展，有所为，有所不为，在差异化中扩展办学空间，赢得竞争优势，实现有序竞争。要建设生态校园,实现学校和教职工个人的共同发展、可持续发展。

(三) 主要任务

按照学科建设定位,注重学科方向凝练,注重特色专业培养,注重学科群形成,充分发挥学科群在教学、科研资源共享方面的优势,打造品牌专业,增强办学竞争力。实施学科分类建设,形成"面向社会、重点突出、特色鲜明、结构合理"的学科专业体系。

围绕服务河南省和南阳市支柱产业,整合学校科研资源,构建与区域资源优势、重点产业发展、资源开发相匹配的科技创新体系。不断提升科研平台层次,实现高层次平台零的突破。全力实施校企合作"星月计划",促进科研成果转化,增强学校自主创新、服务社会能力。

打造一支"师德高尚、业务精湛、治学严谨、结构合理"的教师队伍。不断优化学历、职称结构,2015 年专任教师达到 1200 人,具有博士、硕士学位专任教师比例不低于 70%,教授、副教授职称教师比例达到 45%,建设一支以博士为主导的中青年教师队伍。

按照"扩大、充实、提升"的方针,加大公共服务体系和校园建设力度,实现校园的网络化、信息化、数字化。理顺学校后勤管理体制,深入挖潜,厉行节约,注重效益,全面提高服务质量及水平。

四、"十三五"事业发展规划

2015 年 9 月 28 日,学校印发《南阳理工学院"十三五"规划编制工作方案》,2016 年 1 月发展规划处成立后,正式启动"十三五"发展规划编制工作。学校"十三五"发展规划是以总体规划为顶层、专项规划和专项行动计划为支撑、院(部)发展规划和专业建设与发展规划为根基的规划体系,共计 89 个,涵括《南阳理工学院"十三五"事业发展规划》、《南阳理工学院"十三五"学科与专业建设规划》等 8 个专项规划、《南阳理工学院"十三五"专业认证与专业评估行动计划》等 6 个专项行动计划、19 个教学院(部)发展规划和 55 个专业(方向)建设与发展规划。

《南阳理工学院"十三五"事业发展规划》在深入调研、充分论证的基础上形成草案,2016 年 3 月 25 日～26 日提交学校 2016 年度"双代会"征求意见,2016 年 4 月 13 日学校第 18 次校长办公会议审议通过,

2016 年 4 月 21 日学校第 21 次党委会议审定，2016 年 4 月 22 日学校印发实施。主要内容如下：

（一）发展目标

积极探索实施“精准教育”，着力提高人才培养目标与培养效果的达成度、学校定位和人才培养目标与社会需求的适应度、教师和教学资源对人才培养的保障度、教学和质量保障体系运行的有效度、学生和社会用人单位的满意度，使学校综合实力在河南省新建本科院校中名列前茅，进入全国新建本科院校前列。

（二）发展战略

1. 融入南阳战略。围绕南阳定位，找准南阳需求，制定行动计划，不断调整优化专业结构布局；建立健全互动机制、服务平台，提升服务南阳经济社会发展的能力和水平；提高毕业生在南阳的就业率，为南阳经济社会发展培养更多应用型人才。

2. 质量固本战略。巩固并强化人才培养在学校工作中的中心地位，建立健全以提高质量为导向的管理制度和工作机制，完善教学质量保障体系，切实把资源配置和工作重点集中到提高学生培养质量上来。

3. 人才强校战略。加强人才培养和人才引进，建设一支结构合理、素质优良的教师队伍；挖掘人才潜力、激发人才活力，让人才的作用得以充分发挥，使人才的价值得到充分体现，依靠人才实现学校事业持续、协调、快速发展。

4. 科技引领战略。以科技创新为龙头，着力构建以应用研究为主体、自然科学和人文社会科学并重、科技成果转化率较高的科技创新体系。凝聚科技资源优势，组建高水平研究中心和科研团队，选准方向，实现科研项目和科研经费的新突破，不断提升科技创新能力和服务地方经济社会发展能力。

5. 特色立校战略。弘扬不甘示弱的学校精神，培育校园文化特色；做大做强工科，兼顾其他学科，培育学科专业特色；围绕地方经济社会发展，突出应用性，找准突破口，培育科研特色；拓宽以“一带一路”为重点的对外合作办学项目，培育开放办学特色。

（三）主要任务

全面贯彻党的教育方针，紧紧围绕“提高人才培养质量”主题，完善党委领导、校长负责、教授治学、民主管理、依法治校的现代大学治理结构。全面提高党建思政和精神文明建设工作水平,为学校持续良性发展提供坚强的思想、政治、组织保证和精神支撑。

围绕地方经济社会发展需要,重点做大做强工科,积极发展特色学科,稳步发展应用理科和人文学科,形成结构优化、特色鲜明、契合地方经济发展需要的专业集群,本科专业数量达到55个左右。确保成功申报“河南省第二批示范性应用技术类型本科院校”。

坚持“服务地方、突出特色、强化应用”的学科建设理念,形成1～2个水平较高、优势突出、特色鲜明的优势学科,力争“硕士专业学位研究生培养试点单位”申报成功。

通过专业认证和专业评估促使专业加强内涵建设,至2020年,中医学及2～4个工程教育类专业通过专业认证机构的认证,省教育厅安排参评的本科专业全部通过省级专业评估,10～15个本科专业通过校内专业评估,确保顺利通过本科教学工作审核评估。

加强人才培养和人才引进,建设一支结构合理、素质优良的专业化教师队伍。到“十三五”末,按生师比为18:1左右,使专任教师总数达到1200人左右。具有博士学位教师达到300余人;教授等正高级职称教师160人;双师双能型教师800人左右,占专任教师的比例达到65%以上;具有海外学习工作背景的教师200人以上,占专任教师的比例达到15%以上。

凝聚科技资源,组建高水平科研平台和科技创新团队,完善科研激励机制,不断提高师生的科技创新能力和服务地方经济建设实力。充分发挥“河南省省级众创空间”的示范引领作用,积极创建国家级众创空间,规划建设大学生科技创新创业园区。积极开展校地校企深度合作,全面服务南阳经济社会发展。

优化现有校区的整体布局,全面推进学校公共服务保障体系现代化建设,构建“功能完善、安全高效、绿色节能”的新型高校公共服务保障体系。加快数字化校园建设,全面实现系统的互联互通,为师生提供一站式信息化服务。

（四）主要指标（见表3学校“十三五”事业发展规划主要指标）

表3　学校“十三五”事业发展规划主要指标

序号	主要指标	“十二五”末情况	“十三五”计划目标	备注
1	在校生规模（人）	22097	23000	
2	本科专业数（个）	49	55	
3	新增合作教育项目（个）	3	1—2	
4	专任教师总数（人）	953	1200	
5	专任教师中博士总数（人）	144	300	
6	教授等正高职称教师总数（人）	124	160	
7	双师双能型教师总数（人）	300	800	
8	校区建筑面积（万平方米）	58	73	
9	教学仪器设备总值（万元）	21640	36640	
10	纸质图书总量（万册）	130.2	183.2	
11	国家级科研项目（项）	14	25—30	新增
12	省部级科研项目（项）	228	250	新增
13	三大检索收录论文总量（篇）	425	500	新增
14	发明专利授权（件）	24	100	新增
15	横向项目（项）	52	100	新增
16	累计科研经费（万元）	1500	2500	新增
17	科研成果获国家级奖（项）	0	突破	
18	科研成果获省部级奖（项）	14	25—30	新增
19	国家重点实验室、工程中心（个）	0	突破	
20	省级重点实验室、工程实验室（个）	2	1—2	新增
21	市级重点实验室、工程中心（个）	2	2—4	新增
22	国家级实验教学示范中心（个）	0	1—2	
23	省级实验教学示范中心（个）	4	2—4	新增
24	教学成果获国家级奖（项）	0	突破	
25	教学成果获省部级奖（项）	4	5	新增

续表

序号	主要指标	“十二五”末情况	“十三五”计划目标	备注
26	省级优势特色学科(个)	0	1—2	
27	国家级特色专业(个)	0	2	
28	省级特色专业(个)	7	10	
29	通过国家工程教育认证专业(个)	0	2—4	
30	国家级教学团队(个)	0	突破	
31	省级教学团队(个)	3	5	新增
32	国家级教学名师(个)	0	突破	
33	省级教学名师(个)	0	1—2	
34	国家级精品资源共享课程(门)	0	突破	
35	省级精品资源共享课程(门)	4	5	新增
36	政产学研合作平台(个)		10	
37	和行业共建策划研究院(个)		10	
38	服务南阳支柱产业协同创新团队(个)		10	
39	重点企业共建实训基地(个)		20	

第五章　南阳理工学院转型发展整体思路

思路决定方向和成效。2014 年成为河南省整体转型发展试点学校以后，为全面推进转型发展工作，学校坚持应用型办学定位，围绕“如何推进整体转型”和“怎样建设提升南阳理工学院”等核心问题，组织调研，反复研究，提出了把“应用型做真、做实、做深”的总体要求，编制了《南阳理工学院推进整体转型发展工作实施方案》，逐步形成了“围绕一个目标、抓住两个关键、搭建四个平台、提升四种能力”的“1244”转型发展整体思路，即围绕“建设高水平应用型理工大学”一个目标，抓住“教师队伍建设”和“课程体系建设”两个关键，搭建“教师发展平台”，提升“教师教育教学能力”；搭建“学科建设平台”，提升“师生应用研究能力”；搭建“实践教学平台”，提升“学生实践创新能力”；搭建“协同创新平台”，提升“服务地方发展能力”。

第一节　围绕一个目标

基于我国高等教育发展过程中各时期、各阶段主要目标任务的演变，基于对高校应用型转型发展的文件、政策研判，立足于我校的办学历史和发展现状，我们提出转型发展工作要围绕“建设高水平应用型理工大学”一个目标展开和推进。

一、高等教育的目标

高等教育是我国教育事业的重要组成部分，是国家科研发展和人才培养的主要力量。我国普通高等教育分为研究生教育、本科教育和专科教育等层次,其中研究生教育又分为博士和硕士两个层次。不同层次的高等教育对人才培养的要求是不一样的,本科教育的培养目标是要求学生较好地掌握本专业的基础理论、专业知识和基本技能,使其具有从事本专业工作的能力和初步的科学研究能力,成为合格的中国特色社会主义的建设者和接班人。

1949年新中国成立以后,关于高等教育培养目标的明确表述,最早见之于政府法规文献的是1950年7月政务院批准的《高等学校暂行规程》。其中规定:"中华人民共和国高等学校的宗旨为根据中国人民政治协商会议共同纲领第五章的规定,以理论与实际一致的教育方法,培养具有高级文化水平、掌握现代科学和技术的成就,全心全意为人民服务的建设人才。"核心内容是"培养具有高级文化水平、掌握现代科学和技术成就的建设人才"。与民国时期高等教育的培养目标相比较,政治上提出了不同的要求,这是十分自然的;应该说,作为高等教育的特点是体现出来了,"高级建设人才"的提法也可以说涵盖了学术人才与专门技术人才。在课程体系方面,特别强调了废除国民党政府开设的政治教育课程,代之以马克思列宁主义理论著作为基础的新的课程体系。进一步发展的结果,则是全面地照搬苏联的课程体系。

1961年,《中华人民共和国教育部直属高等学校暂行工作条例(草案)》(简称《高教六十条》)颁布,对高等学校的培养目标作了前所未有的详细规定:"高等学校学生的培养目标是:具有爱国主义和国际主义精神,具有共产主义道德品质,拥护共产党的领导,拥护社会主义,愿为社会主义事业服务、为人民服务;通过马克思列宁主义、毛泽东著作的学习,和一定的生产劳动、实际工作的锻炼,逐步树立无产阶级的阶级观点、劳动观点、群众观点、辩证唯物主义观点;掌握本专业所需要的基础理论、专业知识和实际技能,尽可能了解本专业范围内科学的新发展;具有健全的体魄。"这是近代以来关于高等教育培养目标的字数最多的一次表述,并对专业有一定的要求。

但是,这种状况没有持续多久,随着"千万不要忘记阶级斗争"口号的提出,高等教育培养目标的泛政治化倾向愈演愈烈,直至"文革"十年,高等教育的培养目标变成了"反修、防修,培养革命事业接班人"一句政治标语。与此相适应,在课程体系、教学内容等方面,在大量突出政治学习、触及灵魂、思想改造的同时，专业知识被压缩至最低程度，大学变成了短训班。

1978 年 4 月召开的全国教育工作会议，否定和抛弃了“文革”中以阶级斗争为纲的教育目的，将现代化的实现确立为教育的主要目标。同年 10 月，教育部对 1961 年颁布的《高教六十条》略作修改，印发全国高校组织讨论，关于高等教育的培养目标完全是原来的表述。尽管如此，至少说明在改革开放的初期，注重专业知识的问题已被提到议事日程之上。1980 年 2 月，全国人大颁布了《中华人民共和国学位条例》，规定对在高等学校和科研机构的毕业生和科研人员经过严格考核，分别授予学士、硕士和博士学位，其目的是为了促进科学专门人才的成长，促进各门学科学术水平的提高和教育、科学事业的发展。

1985 年 5 月，中共中央颁布了《关于教育体制改革的决定》。《决定》指出，“高等学校担负着培养高级专门人才和发展科学技术文化的重大任务。”这是中华人民共和国建立以来第一次如此明确地把高等教育的任务归结为培养高级专门人才和发展科学技术文化。这次会议的另一项与高等教育理念有关的重大决定是，明确提出要扩大高等学校的办学自主权，改变政府对高等学校“统的过多的管理体制”，使高等学校具有主动适应经济和社会发展需要的积极性和能力。”此外，《决定》还强调高等学校是教学、科研中心，强调改革教学内容、教学方法、教学制度，强调提高教学质量，开展教学改革试验，改变专业过窄的状况，增加选修课，实行学分制和双学位制等，努力借鉴和移植先进国家高等教育的课程体系和教学内容。

进入 90 年代，随着改革开放的深入和经济体制的转变，中国高等教育的发展进入一个新的历史时期。1994 年 7 月，国务院颁发《关于中国教育改革和发展纲要的实施意见》，提出要进一步发挥高等学校在国家科学技术工作中的重要作用，实施“211”工程，面向 21 世纪，重点建设 100 所左右的高等学校和一批重点学科。1998 年 8 月，全国人大制定并颁布了《中华人民共和国高等教育法》。《高等教育法》规定：“高等教育的任务是培养具有创新精神和实践能力的高级专门人才，发展科学技术文化，促进社会主义现代化建设”，“高等学校应当面向社会，依法自主办学，实行民主管理”，突出强调了培养高级专门人才和办学自主权。这是新中国成立以来制定颁布的第一部高等教育法，它全面肯定了改革开放20年来我们在高等教育办学理念、培养目标、管理体制等方面所取得的共识。

与此同时，随着经济的发展和人民群众接受高等教育要求的不断高涨，西方发达国家高等教育大众化的理念正在日益被人们所接受，并转化为我国的教育政策，我国高等教育面向社会精英阶层的传统正在成为历史，开始走向高等教育大众化时代。

二、高校转型的目标

近年来，我国已经建成了世界上最大规模的高等教育体系，为现代化建设做出了巨大贡献，但随着我国经济社会的不断发展，应用型人才的培养逐渐成为高等教育关注的热点。我国经济发展进入新常态后，人才供给与需求关系深刻变化，面对经济结构深刻调整、产业升级加快步伐、社会文化建设不断推进特别是创新驱动发展战略的实施，高等教育结构性矛盾更加突出，同质化倾向严重，毕业生就业难和就业质量低的问题仍未有效缓解，生产服务一线紧缺的应用型、复合型、创新型人才培养机制尚未完全建立，人才培养结构和质量尚不适应经济结构调整和产业升级的要求。

2013年6月，中国应用技术大学(学院)联盟、地方高校转型发展研究中心在天津职业技术师范大学成立，《地方本科院校转型发展研究报告》随即发布，许多地方本科高校开始探索符合本校实际情况的转型发展之路，实践先进的办学理念，谋求创新的发展思路。

2014年4月，由中国应用技术大学(学院)联盟和中国教育国际交流协会主办，驻马店市人民政府、黄淮学院承办的产教融合发展战略国际论坛(IFIE)在驻马店举行，参加论坛的178所高等学校共同发布《驻马店共识》。在这次论坛上，时任教育部副部长鲁昕指出:“地方本科高校转型发展既是经济发展方式转变、产业结构转型升级的迫切需要，也是解决新增劳动力就业结构性矛盾的紧迫要求，也是贯彻落实国务院加快教育领域综合改革、建设现代教育体系的重大举措。”地方本科院校转型发展是国家战略之一，发展现代职业教育，不单单是一个教育问题，还是推动工业化、信息化、城镇化、农业现代化同步发展的重要一环，更事关中国制造业的核心竞争力、中国装备的市场竞争力。

2015年10月，教育部、国家发展改革委、财政部联合印发《关于引导部分地方普通本科高校向应用型转变的指导意见》（教发〔2015〕7号），在此背景下，全国各省也陆续揭开了转型发展、创建应用技术型本科院校的序幕。

地方本科高校转型发展，不是单项改革措施的简单相加，也不是简单的更名，而是整体性系统性的改革，必须要明确转型发展的目标和标准，整体推动转型高校的实质性改革创新。转型发展高校要主动适应我国经济发展新常态，主动融入产业转型升级和创新驱动发展，转变发展理念，把办学思路真正转到服务地方经济社会发展上来，转到产教融合校企合作上来，转到培养应用型技术技能型人才上来，转到增强学生就业创业能力上来，全面提高学校服务区域经济社会发展和创新驱动发展的能力。

三、南阳理工学院转型发展目标

南阳理工学院是一所地方性高校，实行的是省市（南阳市）共建、以市为主的办学体制。学校成立的初心是为了破解当时南阳各级各类人才缺乏、技术落后、教育结构不合理的局面，因此从建校伊始就确立了“应用型”的办学定位，致力为南阳区域经济社会发展培养各类应用型人才，毕业生原则上不包分配，实行“计划指导，学校推荐，择优录用”。

2004年学校升格为普通本科高校后，进一步坚定了应用型办学定位，大力弘扬“不甘示弱”的南工精神，坚持以人为本、立德树人，突出应用型培养理念，强化学生创新精神和实践能力培养，以社会发展需求为导向，为地方经济社会发展培养高素质应用技术型人才。明确了“全面贯彻党的教育方针，为地方经济社会发展培养高素质应用技术型人才，把学校建成全国同类高校中特色鲜明的高水平应用型理工大学”的办学目标。

2014年成为河南省整体转型发展试点学校以后，根据教育部、省教育厅有关要求，学校提出了植根南阳、服务河南，面向全国，把“应用型”“做真、做实、做深”的工作要求，制定了“系统转型、稳步推进、项目管理、责任落实”的转型发展工作原则，提出了“切实提升服务地方经济社会发展的能力和水平,努力建设高水平应用型理工大学”的转型发展总体目标,切实加强实验、实训、实习环节,建立产教融合、协同育人的人才培养模式,实现专业链与产业链、课程内容与职业标准、教学过程与生产过程对接,解放思想,更新理念,汇集全校师生的智慧和力量,促进学校内涵发展、特色发展和创新发展,进入全国应用型高校前列。

第二节　抓住两个关键

转型发展是一项系统工程,是一个不断持续、深化的过程。高校转型既是高等教育向大众化、普及化发展背景下的高校分类改革,也是完善现代职业教育体系的重要举措,还要在终身教育体系下促进高等教育、职业教育和继续教育的融合发展,其治理结构、办学方式、学科专业体系、人才培养的体制机制流程模式乃至学校的空间结构、组织方式都面临深刻的变革。越是转到深处,遇到的挑战越多,需要解决的问题越多,需要探索和创新的领域越多。高校转型发展要结合各自实际情况,因地制宜,因校而异。在高校转型发展过程中,教师队伍建设和课程体系建设尤为重要,“转到难处是教师,转到深处是课程”已经成为共识。因此,必须紧紧抓住“教师队伍建设”和“课程体系建设”两个关键,转型工作方能事半功倍,水到渠成。

一、教师队伍建设

高校转型发展的核心使命是契合区域产业发展需要,为地方经济社会发展培养应用型人才;应用型人才培养的关键取决于教师,必须建设一支专兼结合的“双师双能型”教师队伍。这支队伍既要具备扎实的基础理论知识、一定的科研能力和较高的教学水平,又要具有与专业相关的实践工作经历和丰富的实际工作经验。所以,建设一支专兼职相结合、教学能力和实践能力兼备的高素质“双师双能型”教师队伍,是学校转型发展的核心任务和关键所在,对学校转型发展具有重要意义。

在“双师双能型”教师队伍建设实践中,学校坚持以应用能力提升为重点,把提升教师专业实践能力作为重要突破口和切入点,构建多种“双师双能型”教师队伍培养模式,鼓励教师走出教室,深入行业产业,储备转型发展所必需的知识和技能，真正做到产教融合。积极实施“青年教师赴企事业锻炼计划”，近 3 年安排 200 余名教师到企业挂职锻炼，逐年提升学校专任教师中“双师双能型”教师比例。2017 年 6 月，学校举行首次“双师双能型”教师认证，共有 311 名教师通过认证，获得“双师双能型”教师资格。同时，突破原有“唯学历”引进人才的机制，柔性引进具有实践能力的行业企业人才来校工作，积极探索校企混编教师队伍建设新模式。

近年来，学校先后出台了《南阳理工学院双师双能型教师资格认定办法》、《南阳理工学院教师职业生涯规划实施意见》、《南阳理工学院教师赴企事业单位实践锻炼暂行办法》、《南阳理工学院新进教师岗位培训管理办法》、《南阳理工学院教师国外进修培训管理办法》、《南阳理工学院青年教师发展培训工作实施办法》等制度，为提高教师实践能力和整体素质提供制度保障。通过走出去、引进来，加速理论教师与实践教师边界的模糊化，全面培养“双师双能型”教师队伍，已初步建成了一支理论水平较高、实践能力较强的专兼结合的教师队伍，为转型发展打通了最为关键的基础性环节。

二、课程体系建设

课程是转型发展的最后一公里，是实现教育目标的最基本单元，也是实现学生中心理念的重中之重。根据人才培养目标和地方产业结构特点，以社会需求为导向，以学科专业为背景，构建了面向产业链的岗位群课程模块和以岗位群、产品群、企业群为导向的课程体系，引入产业、行业优质资源，力求课程内容、教学环节与相关群体的核心能力需求相对应，实现课程设置及内容与岗位需求的有机对接；依据学生所面向的职业标准和岗位能力要求，与行业、企业共同进行课程开发和设计，把职业标准和岗位能力要求转化成课程目标。

院（部）和相关企业联合开发课程逐渐成为常态，校企双方以工作情境为依据构建教学内容，以工作项目为载体实施教学过程，近两年生物与化学工程学院、机械与汽车工程学院、计算机与信息工程学院、软件学院、电子商务学院等与企业联合开发课程近 30 门，一些学院还将合作开发的课程制作成在线课程或在线微课。一些专业的核心课程则直接由业界导师来讲授,或由校内教师和业界导师共同讲授。

在专业主干课程建设中积极推进校企合作教材的编写工作,支持教师编写特色突出的校本教材或讲义。2016～2017学年,我校教师公开出版教材40余部,其中一般教材20部,应用型培养教材10部,专著5部,实验实训教材5部;与GE公司联合出版了《组态软件实用技术教程》《IFIX基础教程》《电气控制与可编程自动化控制器应用技术——GEPAC》等3部教材。

面对个性化、多样化的学习和发展需求,2017年6月,我校和河南财政金融学院等省内高校共同发起组建了中原在线课程联盟,共建教学资源共享平台,共享优质在线课程;我校的国家级精品资源共享课《教育活动的设计与实施》在"爱课程"网免费向社会开放。完善了学生选课机制,重新修订了《南阳理工学院学生选课管理办法》。

2016年6月,学校立项建设了181门专业核心课程(见表4 2016年立项建设的本科专业核心课程一览),以核心课程改革为突破口,以课程教学内容、教学方法、教学评价改革为重点,以改革创新为动力,通过不断探索、实践,培育了一批在教学内容、教学方法、考核方式等方面具有清晰改革思路和突出实践成效的课程教学成果,荣获了河南省优秀教学成果一等奖2项,二等奖3项。

表4 2016年立项建设的本科专业核心课程一览

序号	项目名称	项目依托单位	立项时间
1	机械制造工艺工装课程设计	机械与汽车工程学院	2016.6
2	机械制造工艺学	机械与汽车工程学院	2016.6
3	机械制图	机械与汽车工程学院	2016.6
4	机械测绘与先进成图技术	机械与汽车工程学院	2016.6
5	机械原理(双语)	机械与汽车工程学院	2016.6
6	毕业设计	机械与汽车工程学院	2016.6
7	铸造模具设计一体化课程	机械与汽车工程学院	2016.6
8	金属材料及热处理	机械与汽车工程学院	2016.6
9	铸造工艺学一体化课程	机械与汽车工程学院	2016.6
10	汽车机械基础	机械与汽车工程学院	2016.6

续表

序号	项目名称	项目依托单位	立项时间
11	汽车检测与故障诊断技术	机械与汽车工程学院	2016.6
12	汽车构造一体化	机械与汽车工程学院	2016.6
13	机械工程控制基础	机械与汽车工程学院	2016.6
14	机械产品检测一体化课程	机械与汽车工程学院	2016.6
15	传感器与测试技术一体化课程	机械与汽车工程学院	2016.6
16	光电检测技术及应用	电子与电气工程学院	2016.6
17	FPGA 技术及应用	电子与电气工程学院	2016.6
18	半导体物理	电子与电气工程学院	2016.6
19	模糊控制	电子与电气工程学院	2016.6
20	自动控制原理 I	电子与电气工程学院	2016.6
21	自动控制原理 II	电子与电气工程学院	2016.6
22	伺服运动控制	电子与电气工程学院	2016.6
23	可编程序控制器	电子与电气工程学院	2016.6
24	计算机控制技术	电子与电气工程学院	2016.6
25	电力电子技术	电子与电气工程学院	2016.6
26	电力拖动自动控制系统	电子与电气工程学院	2016.6
27	电力系统分析基础	电子与电气工程学院	2016.6
28	电子 CAD	电子与电气工程学院	2016.6
29	传感与检测技术	电子与电气工程学院	2016.6
30	通信原理	电子与电气工程学院	2016.6
31	模拟电子技术	电子与电气工程学院	2016.6
32	数字电子技术	电子与电气工程学院	2016.6
33	电子设计自动化	电子与电气工程学院	2016.6
34	物理光学	电子与电气工程学院	2016.6
35	数字图像处理	电子与电气工程学院	2016.6
36	光通信技术	电子与电气工程学院	2016.6
37	理论力学	土木工程学院	2016.6
38	结构力学	土木工程学院	2016.6

续表

序号	项目名称	项目依托单位	立项时间
39	钢结构	土木工程学院	2016.6
40	钢筋混凝土结构	土木工程学院	2016.6
41	基础工程	土木工程学院	2016.6
42	工程测量	土木工程学院	2016.6
43	工程估价	土木工程学院	2016.6
44	工程项目管理	土木工程学院	2016.6
45	工程经济学	土木工程学院	2016.6
46	桥梁工程	土木工程学院	2016.6
47	道路勘测设计	土木工程学院	2016.6
48	路基路面工程	土木工程学院	2016.6
49	水处理微生物学	土木工程学院	2016.6
50	水质工程学	土木工程学院	2016.6
51	建筑给排水工程	土木工程学院	2016.6
52	数据结构与算法	软件学院	2016.6
53	面向对象程序设计	软件学院	2016.6
54	软件测试	软件学院	2016.6
55	计算机操作系统	软件学院	2016.6
56	数据库原理及应用	软件学院	2016.6
57	软件工程	软件学院	2016.6
58	计算机网络原理	软件学院	2016.6
59	TCP/IP 协议分析与设计	软件学院	2016.6
60	计算机网络安全	软件学院	2016.6
61	计算机组成原理	计算机与信息工程学院	2016.6
62	数据库原理	计算机与信息工程学院	2016.6
63	数据结构	计算机与信息工程学院	2016.6
64	计算机网络	计算机与信息工程学院	2016.6
65	软件工程	计算机与信息工程学院	2016.6
66	操作系统原理	计算机与信息工程学院	2016.6

续表

序号	项目名称	项目依托单位	立项时间
67	信号与系统	计算机与信息工程学院	2016.6
68	通信原理	计算机与信息工程学院	2016.6
69	数字信号处理	计算机与信息工程学院	2016.6
70	传感与检测技术	计算机与信息工程学院	2016.6
71	无线传感器网络	计算机与信息工程学院	2016.6
72	嵌入式系统原理	计算机与信息工程学院	2016.6
73	三维造型	计算机信息与工程学院	2016.6
74	Python 语言程序设计	计算机信息与工程学院	2016.6
75	影视制作与合成	计算机信息与工程学院	2016.6
76	财务管理	经济管理学院	2016.6
77	管理学	经济管理学院	2016.6
78	基础会计学	经济管理学院	2016.6
79	管理会计	经济管理学院	2016.6
80	中级会计	经济管理学院	2016.6
81	税法	经济管理学院	2016.6
82	薪酬管理	经济管理学院	2016.6
83	人力资源管理	经济管理学院	2016.6
84	经济学	经济管理学院	2016.6
85	常微分方程	数学与统计学院	2016.6
86	解析几何	数学与统计学院	2016.6
87	概率论	数学与统计学院	2016.6
88	计算方法	数学与统计学院	2016.6
89	数学模型	数学与统计学院	2016.6
90	实变函数与泛函分析	数学与统计学院	2016.6
91	高等代数与解析几何	数学与统计学院	2016.6
92	数理统计	数学与统计学院	2016.6
93	多元统计分析	数学与统计学院	2016.6
94	高级英语	外国语学院	2016.6

续表

序号	项目名称	项目依托单位	立项时间
95	英语国家社会文化	外国语学院	2016.6
96	商务英语翻译	外国语学院	2016.6
97	综合日语	外国语学院	2016.6
98	日语泛读	外国语学院	2016.6
99	日语听力	外国语学院	2016.6
100	幼儿园教育活动的设计与实施	师范学院	2016.6
101	学前心理学	师范学院	2016.6
102	儿童文学理论与实践	师范学院	2016.6
103	小学数学教学设计	师范学院	2016.6
104	小学语文教学设计	师范学院	2016.6
105	课程与教学论	师范学院	2016.6
106	化工热力学	生物与化学工程学院	2016.6
107	有机化学	生物与化学工程学院	2016.6
108	化工设计与CAD	生物与化学工程学院	2016.6
109	高分子化学	生物与化学工程学院	2016.6
110	无机化学	生物与化学工程学院	2016.6
111	物理化学	生物与化学工程学院	2016.6
112	生物工程设备	生物与化学工程学院	2016.6
113	生物工程下游技术	生物与化学工程学院	2016.6
114	分子生物学	生物与化学工程学院	2016.6
115	发酵工厂设计	生物与化学工程学院	2016.6
116	细胞生物学	生物与化学工程学院	2016.6
117	生物工艺学	生物与化学工程学院	2016.6
118	食品机械与设备	生物与化学工程学院	2016.6
119	食品生物技术	生物与化学工程学院	2016.6
120	食品分析	生物与化学工程学院	2016.6
121	食品加工概论	生物与化学工程学院	2016.6
122	食品添加剂	生物与化学工程学院	2016.6

续表

序号	项目名称	项目依托单位	立项时间
123	剧本创作	艺术设计学院	2016.6
124	角色及造型设计	艺术设计学院	2016.6
125	原动画设计	艺术设计学院	2016.6
126	环境雕塑	艺术设计学院	2016.6
127	办公空间设计	艺术设计学院	2016.6
128	餐饮空间设计	艺术设计学院	2016.6
129	包装设计	艺术设计学院	2016.6
130	案例项目设计	艺术设计学院	2016.6
131	画册设计	艺术设计学院	2016.6
132	病理学与病理生理学	张仲景国医国药学院	2016.6
133	内科护理学	张仲景国医国药学院	2016.6
134	基础护理学	张仲景国医国药学院	2016.6
135	伤寒论	张仲景国医国药学院	2016.6
136	金匮要略	张仲景国医国药学院	2016.6
137	方剂学	张仲景国医国药学院	2016.6
138	针灸学	张仲景国医国药学院	2016.6
139	中医外科学	张仲景国医国药学院	2016.6
140	中医儿科学	张仲景国医国药学院	2016.6
141	中药鉴定学	张仲景国医国药学院	2016.6
142	中药药剂学	张仲景国医国药学院	2016.6
143	中药药理学	张仲景国医国药学院	2016.6
144	建筑结构与选型	建筑与城市规划学院	2016.6
145	毕业设计	建筑与城市规划学院	2016.6
146	建筑构造	建筑与城市规划学院	2016.6
147	《城市社会学》	建筑与城市规划学院	2016.6
148	城市规划设计 I—居住区规划设计	建筑与城市规划学院	2016.6
149	城市规划设计Ⅳ—城市设计	建筑与城市规划学院	2016.6
150	建筑历史	建筑与城市规划学院	2016.6

续表

序号	项目名称	项目依托单位	立项时间
151	建筑制图	建筑与城市规划学院	2016.6
152	民族民间舞	音乐学院	2016.6
153	声乐	音乐学院	2016.6
154	合奏	音乐学院	2016.6
155	合唱与指挥	音乐学院	2016.6
156	视唱练耳	音乐学院	2016.6
157	基础钢琴	音乐学院	2016.6
158	即兴口语表达	文法学院	2016.6
159	播音基础与创作	文法学院	2016.6
160	新闻学概论	文法学院	2016.6
161	视听语言	文法学院	2016.6
162	广播电视节目策划	文法学院	2016.6
163	电视剪辑理论与实务	文法学院	2016.6
164	中国法制史	文法学院	2016.6
165	经济法	文法学院	2016.6
166	民法	文法学院	2016.6
167	中国古代文学	文法学院	2016.6
168	古代汉语	文法学院	2016.6
169	中国当代文学	文法学院	2016.6
170	国际贸易单证	电子商务学院	2016.6
171	国际商务函电	电子商务学院	2016.6
172	国际金融	电子商务学院	2016.6
173	国际贸易	电子商务学院	2016.6
174	国际贸易实务	电子商务学院	2016.6
175	国际市场营销	电子商务学院	2016.6
176	电子商务概论	电子商务学院	2016.6
177	PHP 编程	电子商务学院	2016.6
178	Photoshop 平面设计	电子商务学院	2016.6

续表

序号	项目名称	项目依托单位	立项时间
179	营销策划	电子商务学院	2016.6
180	网络营销	电子商务学院	2016.6
181	市场营销学	电子商务学院	2016.6

第三节　搭建四个平台，提升四种能力

一、搭建教师发展平台，提升教师教育教学能力

应用型人才培养的关键在于教师，学校转型发展的核心任务之一就是建设一支专兼职相结合、教学能力和实践能力兼备的高素质“双师双能型”教师队伍。为加强教师队伍建设，促进教师转型发展，学校于2016年成立了教师发展中心，与人事处合署办公，专门从事教师发展工作。教师发展中心按照“以教师为中心”的服务理念，搭建各种平台，开展教师专业能力培训、实践能力培训、教学能力培训等培训项目，提升了教师的理论教学水平、实践教学能力和教育教学水平。

一是建设多种平台，提升教师的理论教学水平。在大量引进博士的同时，学校还制订了《南阳理工学院学历学位提升实施办法》，支持、督促教师提升学位、提高专业水平。为鼓励教师在职攻读学位，给予在职攻读博士学位的教师以一定待遇：教师考取博士，若与学校签订协议，在攻读博士学位期间，发放基本工资，每年报销一次往返路费；若在写作论文期间能完成教学工作量，发放全额工资；学成返校后和引进博士一样享受博士津贴，双证博士享受学校当年引进博士安家费80%的待遇，单证博士享受学校当年引进博士安家费50%的待遇。学校还出台了《南阳理工学院“淯阳学者”岗位实施办法（试行）》、《南阳理工学院学术带头人遴选和管理办法》和《南阳理工学院青年教师学术骨干选拔和管理办法》等制度，选拔培养“淯阳学者”、学术带头人、青年学术骨干等高层次人才。对聘为淯阳学者的教师，除正常工资津贴外，享受15万元的淯阳学者岗位津贴；选拔为学术带头人的教师，学校给予5万元

资助经费和3万元奖励;选拔为学术骨干的教师,学校给予3万元资助经费和2万元奖励。同时,积极构建高水平的国际交流学习平台和国内交流学习平台,定期选拔青年骨干教师教师到国内外高校和科研机构进修学习,提高理论教学水平;支持教师参加国内外学术交流活动,开阔视野、掌握新知。

二是拓展多种渠道,提升教师的实践教学能力。2014年以来,学校每年单列"双师双能型"教师建设专项经费,要求各教学单位要高度重视教师的实践能力培养,中青年教师把实践能力提升纳入个人职业发展规划。出台了《南阳理工学院关于教师赴企事业单位实践锻炼暂行办法》,鼓励教师赴企事业单位进行实践锻炼。每年选派5%~10%的专任教师到企事业单位进行不少于6个月的实践锻炼,并予以适当补贴。通过实践锻炼,增加实践经历,提高实践能力。鼓励教师参加行业资格考试,取得中级及以上行业资格证书的教师可以直接认定为"双师双能型"教师。健全"校地合作、校企合作、产学研互动"机制,支持教师积极参加校企合作的应用技术课题研究,不断提高教师解决实际问题的能力和水平。

三是采用多种方法,提升教师的教育教学水平。一名合格的教师,不仅要具有较高的专业能力和实践能力,而且还要具有较高的教育教学水平。学校高度重视教师教育教学水平的提升,教师发展中心定期举办"教师工作坊""教师研习营"等活动,诚邀国内外教育名家、教育大家,分批次对全体教师进行教育教学技能培训,让教师掌握最先进的教学理念及教学方法,不断提高自己的教育教学水平。要求教师在教学活动中要充分应用现代信息技术,丰富自己的课堂授课内容,注重学生实践创新能力的培养;支持教师结合自己的教学工作实际,积极进行教学方法改革,提高课堂教学质量。对于通识课程和专业基础课程,要求以教研室教学小组为单位进行集体备课,充分发挥群体优势,弥补个体不足。学校还建立了青年教师听课制度和学生教学信息员定期反馈制度,要求青年教师利用自己敏锐的眼光,善于发现优秀教师课堂上的闪光之处,慢慢品味、仔细揣摩,不断提高教学水平;要认真听取学生教学信息员队伍反馈的信息、意见和建议,及时更新教学观念,切实提高教学质量。

二、搭建学科建设平台，提升师生应用研究能力

应用型本科院校要不要搞科研？科研在应用型高校的各项工作中处于一个什么位置？它与教学工作是一个什么样的关系？如何正确处理好应用型本科院校教学与科研两大主体职能的关系，事关学校的长远发展和办学水平的提高。

高等教育系统里有不同类型、不同层次的高校，培养不同的人才，发挥各自应有的作用。应用型本科院校以教学为主，以应用型本科人才培养为主要目标，但是这并不意味着不需要科研。与研究型大学强调科研在学校中占据主导地位不同，应用型本科院校的科研主要是为教学服务，是为应用型人才培养服务，为地方经济社会发展服务。在应用型高校的建设中，科研工作不是弱化而是要强化。应用型本科院校坚持应用性科研导向，突出科研的实用性和区域性，科研主要集中于应用研究和开发研究，着重于将科学认识和科学规律转化为现实生产力。

学校通过强化省级重点学科建设，努力提升学科建设质量，并持续强化学科平台建设，为凝聚学科方向、汇聚学科队伍、提升学科建设水平奠定基础。坚持统筹规划、突出重点、开放共享的原则，加大对省市重点实验室等科研平台经费投入。自 2014 年成为河南省整体转型发展试点学校以来，学校通过努力新建了 17 个省市级高水平科研平台（见表 5 学校 2014 年以来新建省市级科研平台一览），并制定相关制度，出台相关文件，支持教师跨专业组建应用型科研团队，鼓励学生参与教师科研项目，不断提升师生应用研究能力，增强学校服务地方经济社会发展能力和水平，为学校整体转型发展提供特色鲜明的学科支撑。

表 5　学校 **2014** 年以来新建省市级科研平台一览

序号	科研平台名称	认定（组建）部门（时间）
1	云计算虚拟化技术河南省工程实验室	河南省发改委（2015）
2	河南省张仲景方药与免疫调节重点实验室	河南省科技厅（2017）
3	河南省工业微生物资源与发酵技术重点实验室	河南省科技厅（2017）
4	信息感知与机器人应用技术河南省工程实验室	河南省发改委（2017）
5	张仲景方药大数据产业技术研究院	河南省发改委（2017）

续表

序号	科研平台名称	认定（组建）部门（时间）
6	河南省黄酒工程技术研究中心	河南省科技厅(2017)
7	电机振动与噪声河南省高校工程技术研究中心	河南省教育厅(2015)
8	南阳市电机减振降噪重点实验室	南阳市科技局(2016)
9	南阳市中医免疫学重点实验室	南阳市科技局(2016)
10	南阳市土木工程检测重点实验室	南阳市科技局(2016)
11	南阳市功能食品工程技术研究中心	南阳市科技局(2016)
12	南阳市水处理与循环利用工程技术研究中心	南阳市科技局(2016)
13	南阳市装配式建筑工程技术研究中心	南阳市科技局(2016)
14	南阳市精酿啤酒工程技术研究中心	南阳市科技局(2016)
15	南阳市工业微生物菌种保藏工程技术研究中心	南阳市科技局(2017)
16	南阳市基因测序与功能分析技术研究中心	南阳市科技局(2017)
17	南阳市催化功能材料重点实验室	南阳市科技局(2017)

学校2014年以来新建省级科研平台具体情况如下：

一是云计算虚拟化技术河南省工程实验室。2015年经河南省发改委批准建立，主要任务是致力于“虚拟化技术与云计算”的工程应用研究、技术推广和人才培养工作。实验室以校企联合平台为主要依托，为企业提供云计算服务器虚拟化、应用虚拟化、云桌面虚拟化技术等服务，结合相关领域发展的前沿趋势与国家战略需求，围绕企业信息化建设、云计算建设和大数据建设等领域，全面助力企业的信息化建设与发展。

二是河南省张仲景方药与免疫调节重点实验室。2017年被河南省科技厅批准为省级重点实验室，实验室学术委员会主任委员为姚新生院士。实验室设有仲景方药调节免疫的物质研究、仲景方药调节免疫的作用机制研究和张仲景方药大数据的构建与研究三个研究方向。实验室在张仲景古籍文献整理研究方面达到国内领先水平，在仲景方药物质基础及作用机制研究、中药资源开发利用研究方面形成了鲜明特色，取得了一定成绩，创新、发展仲景学说。

三是河南省工业微生物资源与发酵技术重点实验室。2017年获得河南省科技厅批准成立。实验室本着创新性、应用性原则，围绕河南省工业微生物领域的基础性、关键性和应用性的技术问题，集合省内外工业微生物及相关领域人才，开展前瞻性工业微生物学科应用基础研究，结合工业微生物学科发展的趋势，确立了工业微生物菌种资源发掘与遗传改造、生物质微生物转化与废弃物处理和食品发酵技术与应用三个主要研究方向。

四是信息感知与机器人应用技术河南省工程实验室。2017 年由河南省发改委批准成立。实验室围绕信息感知与机器人应用技术产业发展的检测、控制方面的理论、技术问题，针对信息感知，智能控制装备等技术的迫切需求，开展生产现场实时监控系统，养殖业清洁机器人系统，农业病虫害精准识别系统方面的研究，突破机器人控制技术，声表面波传感器，机器视觉系统等关键技术。主要研究方向包括新型传感与检测技术、机器视觉和智能控制等。

五是张仲景方药大数据产业技术研究院。2017 年由河南省发改委批准成立。主要围绕张仲景方药大数据研究领域，聚焦我省张仲景方药大数据产业，构建张仲景方药大数据服务平台，依靠大数据分析、数据挖掘和深度学习等人工智能技术和方法研究中医药大数据分析挖掘和多元疾病预测，为广大民众提供个性化的智能中医诊疗和预测服务，加快中医药大数据技术成果向现实生产力的转化，提升产业持续发展能力。

六是河南省黄酒工程技术研究中心。2017 年 12 月获得河南省科技厅批准成立，旨在沿着黄酒产业现代化、精酿化的发展方向，采用“产学研”全面合作的模式，从黄酒酿造工艺入手，切实抓好人才队伍建设和基础设施建设，通过研发、创新、集成、配套，持续孵化出科技含量和现代化程度高的黄酒酿造的新方法、新设备、新技术、新工艺，待工艺和技术成型后投入产业化开发，迅速形成规模化效益。通过对黄酒酿造中核心技术的攻关，逐步建设成为河南省乃至全国黄酒行业的原创技术开发基地、信息交流平台、人才培养基地和技术孵化及产业化基地，带动行业整体技术水平提高。

三、搭建实践教学平台,提升学生实践创新能力

实践教学开放平台建设是学校顺利实现转型发展的重要物质基础条件,事关应用型人才培养目标的实现,事关学生实践创新能力的提升。

在应用型人才培养过程中,实践教学平台建设尤为重要。自2014年成为河南省整体转型发展试点学校以来,学校进一步加大了对校内实验教学平台建设的投入,并在各教学院增设了综合创新实训中心,构建了从基础实验到应用科学研究、从实践实习到创新创业的全方位实践育人体系,并出台激励师生参与实践创新的系列政策措施,提高了学生的实践创新意识、团队协作精神和解决实际问题的能力,提升了大学生就业核心竞争力。仅2016年、2017年两年,学校就投入9800余万元,建设了22个实训室、8个实验实训平台、18个实验中心,5个设在校内的校企合作实验室。目前校内实验实训基地达到170个,校外实习实训基地达到133个,已覆盖全校52个本科专业,建成了较为完备的校内外实践教学平台,为我校高质量的应用型人才培养提供了坚实的条件保障。

在校内实践教学平台建设过程中,按照企业实际生产流程大力开展实验室工程化改造是我校转型发展的又一亮点。将工程实景引入学校,校企共同制订培养目标,共同建设课程体系和教学内容,共同组建产教融合教师队伍,共同评价人才培养质量。通过工程化实验室的建设和运行,强化了实践教学的职业针对性和实验实训真实性,实现了学生学业和就业的无缝对接,同时弥补了现有部分教师生产实践经验的不足,提高了教师的实践教学能力和水平。在校外实习实训基地建设过程中,制定了校外实习实训基地建设、管理与运行的规章制度,注重各专业基地建设的均衡性,确保每个本科专业至少拥有两个稳固的实习实训基地,以满足校外实践教学的需要。

学校成立了大学生科技创新指导委员会,加强对大学生科技创新工作的指导和支持,依托学科专业竞赛平台和创新创业平台,培养学生的创新精神和实践能力。实施学科专业竞赛单项奖学金制度、创新创业活动学分转化认定制度等,引导、鼓励学生踊跃参与学术科技创新及

学科专业竞赛。先后承办了首届中国大学生程序设计竞赛、河南省ACM大学生程序设计竞赛、首届南阳青年IT创新大赛等活动。同时，学校还立足学科专业建设、面向产业市场需求，组建协同创新联合体，为学生提供了丰富的实战项目，鼓励学生积极参与其中，从而提升学生的实践创新能力。

辛勤的耕耘换来丰硕成果。近几年，我校学生实践创新能力得到显著提高，师生创新创业典型案例不胜枚举。臧晋教授科研团队，带领师生历经3年校企联合科技攻关，与仲景大厨房股份有限公司共同开发的国内首创的发酵型“仲景”香菇酱，获得国家发明专利10项，年销售额达12亿元，带动2000多人就业，促进了南阳西部山区农民脱贫致富和经济发展，也为我校探索了一种科技服务带动卓越人才培养的新模式，取得了显著的社会效益和经济效益。学校三融众创空间在孵企业南阳中衡科技有限公司，依托学校设立研发中心，研发的焊接机器人项目在邓州市落地生根，与邓州市农神公司合作，2017年实现产值2800万元，利税530万元；在孵企业河南维京电子科技有限公司制造的3D打印机，热销国内外，被“央视财经评论”报道；出园企业她旅网络科技有限公司获得天使投资900万元。

四、搭建协同创新平台，提升服务地方发展能力

高校是城市的灵魂，城市是高校的沃土。南阳理工学院顺应南阳区域经济社会发展需求而产生，服务地方经济社会发展理应是南阳理工学院的使命所在。学校的“根”在南阳，发展的“魂”也在南阳。2014年成为河南省整体转型发展试点学校以后，学校进一步转变观念，明确了“植根南阳、服务河南、面向全国”的发展定位，把“南阳”作为最根本的服务区域，融入于此、服务于此、贡献于此，以有为争有位，以服务求支持，以贡献促发展，积极搭建各类协同创新集聚平台，不断提升服务地方经济社会发展的能力和水平。

一是学校和政府共同组建南阳协同创新研究院，直接服务地方经济社会发展。为更好地服务南阳经济社会发展，学校与南阳市人民政府于2015年6月共同组建了“南阳协同创新研究院”，以学校各教学院（部）为依托，下设13个二级协同创新机构，汇聚了南阳市各领域优势

力量,集人才、学科、科研三位一体,根据南阳市的统一规划从事各领域的系统性协同创新工作,已经成为南阳经济文化改革的思想库、南阳经济文化产业发展的设计师、南阳区域经济改革发展的智囊团和南阳协同创新的大平台。

二是和行业企业组建战略联盟,协同发展。为加速建立以企业为主体、市场为导向、产学研相结合的技术创新体系平台,学校还和相关行业、企业、科研院所联合组建技术创新战略联盟,充分发挥各方的资源优势,推进产学研合作,携手科技攻关,联合培养人才,服务地方经济社会发展。2014 年 10 月,学校和南阳市工业与信息化局、科学技术局、教育局共同发起,吸纳南阳市相关学校和企业成立了南阳市校企合作联盟";2017 年 1 月,学校和河南省西峡汽车水泵有限公司牵头发起,联合南阳 20 余家企业和科研院所成立了"河南省汽车零部件产业技术创新战略联盟。通过联盟成员的优势互补、协同创新和互利共赢,形成了长效、稳定的利益共同体,以产业技术创新需求为基础,突破产业关键技术,构建共性技术平台,凝聚和培育创新人才,加速技术推广应用和产业化发展。

三是校企共建产教融合创新平台,联合培养应用型人才。学校于 2015 年 4 月入选"教育部—中兴通讯 ICT 产教融合创新基地项目"首批合作意向院校,成为全国获批该项目的 30 所高校之一,也是河南省入选的 3 所高校之一。2016 年以来,该项目共投资 1280 万元,其中企业方捐赠 770 万,学校投资 510 万元,共建成 LTE4G 无线通信系统平台、基础网络平台、通信相关实验室、业务应用系统、大数据科研创新平台等五大实践创新平台。2017 年 9 月,该创新平台建成并通过校级验收和教育部学校规划建设发展中心评估,正式投入使用,满足了通信工程、物联网工程两个校企合作专业的学生和计算机科学与技术专业学生的理论教学、实习实训、师生科研创新团队的创新创业项目孵化等需求,为培养 ICT 领域高新技术应用型人才提供了保障,也为我校其他专业开展校企合作、产教深度融合新模式起到示范、引领作用。

四是建立稳定的人才培训机制,为地方经济发展提供人才支撑服务。学校利用完善的基础设施、优越的办学条件和雄厚的教师力量,大力开展非学历教育,长期为地方党政机关、各类学校、企事业单位等开展计算机应用、行政管理、企业管理、社交礼仪及各相关专业知识培训，先后与几十个单位和部门建立了良好的合作关系，为他们培养、培训了大批岗位急需人才，受到培训单位的一致好评。学校还先后与南京理工大学、武汉理工大学、西南大学、河南大学等联合开展了在职研究生教育，为地方培养了一批高层次人才；同时还积极承办每年的南阳市乡镇（街道）党政干部培训工作，为南阳及周边城市的经济社会发展提供了强有力的人才支撑服务。

近几年来，学校服务地方经济社会发展的能力得到进一步提升，应用研究和服务社会能力进一步增强，技术服务、成果转化、决策咨询和社会培训生产一线人员均取得较好成果。与张仲景大厨房合作研发的发酵型香菇酱“仲景香菇酱”，首创生物酶法预处理和多种益生菌优化组合生态发酵生产香菇酱新技术，获发明专利多项；与南阳防爆联合攻克减小电机振动和降低噪声关键技术，解决长期困扰企业发展的技术难题……。据统计，学校2016届毕业生中，在南阳就业2110人，占已就业毕业生总数的37.78%，成为南阳生产服务一线的技术技能骨干的主要来源。

第六章　南阳理工学院转型发展之路

第一节　持续完善顶层设计

一、坚定应用办学定位

自建校以来，学校始终坚持应用型办学定位，致力于应用型人才培养，持续进行理论研究和实践探索。特别是成为河南省整体转型发展试点学校和示范性应用技术类型本科高校以来，对应用型高校办学内涵、外延、实现路径的认识和理解进一步深化，对应用型高校办学定位和培养目标更加坚定、自信。

2016 年 10 月 10 日～12 日，学校举办了“深化转型发展和省示范校建设研讨会”，邀请教育部、省教育厅领导和转型发展专家做了 4 场高端讲座、进行了 4 次专题研讨，进一步深化了转型发展、省示范校建设的理念、内涵、特征、目标、路径、举措及主要任务。

2017 年 5 月，以迎接建校 30 周年为契机，学校组织开展了以“建设高水平应用型理工大学”为主题的为期半年的办学思想大讨论活动。通过大讨论活动，进一步厘清了学校转型发展思路，统一思想、凝聚共识，增强了学校深化转型发展和示范校建设的定位自信、方向自信、路径自信和前景自信。全校师生树立了全新理念，进一步坚定了应用型办学定位，坚定不移为地方经济社会发展培养高素质应用型人才，真正把办学思路转到服务地方经济社会发展上来，转到产教融合校企合作上来，转到培养应用技术技能型人才上来，转到增强学生就业创业能力上来，持续全面提高学校服务区域经济社会发展和创新驱动发展的能力。

2018年6月21日～22日，学校承办了河南省应用技术类型本科院校建设工作现场会推进会。来自全省39所本科院校及省市领导100余人参加会议。通过现场观摩、专家讲座和示范校建设工作汇报等内容，交流分享了示范校建设工作经验，共同学深悟透教育部、省政府、省教育厅有关学校分类发展的文件精神和政策，聚焦重点难点，破解转型发展难题，有效推动了省示范性应用技术类型本科院校建设。

通过专家引领、学术研讨、校际交流，学校确立了“立本、立真、立特、立新”的办学理念；“应用型、地方性、服务型、开放式”的办学定位；“为地方经济社会发展培养高素质应用技术型人才”的培养目标；“围绕地方经济社会发展，契合区域产业需要，打造学科专业集群，做强传统工科，发展新兴工科，做优特色学科”的学科专业建设定位，并载入《南阳理工学院章程》《南阳理工学院“十三五”事业发展规划》和《南阳理工学院河南省示范性应用技术类型本科院校2016～2020年建设规划》等文件，以制度形式固化了建设特色鲜明的应用技术型高校的理念和路径。

二、明确发展战略举措

在2018年4月底召开的学校第三次党代会上，认真全面总结了学校近年来的办学经验，细化了学校的发展奋斗目标，提出了坚持两个阶段构想、深入实施六大战略、做好九个方面重点工作的战略举措。

（一）毫不动摇坚持和弘扬办学经验

一是必须加强党的领导，把握方向。党的领导是学校发展的最根本保障，我们始终把立德树人作为根本任务，始终把提升办学质量和效益作为党委的主要任务，始终坚持围绕中心抓党建、抓好党建促发展，形成统一思想、统一意志、统一步伐，为学校事业的持续发展提供了坚强的政治、思想和组织保证。

二是必须注重内涵发展，突出特色。内涵发展是高校发展的必由之路，我们牢固树立人才培养工作的中心地位，牢固树立教学质量生命线意识，坚持有所为、有所不为，坚持培育和凝练特色，走内涵发展、特色发展和创新发展之路,不断推进深度转型,不断提高人才培养质量。

三是必须弘扬南工精神,抢抓机遇。南工精神是支撑学校发展的不竭源泉,我们始终坚持和弘扬“不甘示弱”的南工精神,坚持“厚德、博学、求真、至善”的校训,坚持“立本、立真、立特、立新”的办学理念,因势而谋、顺势而为、趁势而上,为学校发展奠定了坚实基础。

四是必须深化改革创新,促进发展。改革创新是引领发展的第一动力,我们始终坚持解放思想和改革创新,主动适应经济社会发展新需求,不断开阔改革思路,不断更新办学观念,不断破除办学束缚,创新管理体制、机制,使学校始终充满生机和活力,不断实现新的发展突破和跨越。

五是必须推进依法办学,科学治校。依法治校是建设现代大学制度、构建新型大学关系的基本保证,我们始终坚持在完善学校顶层设计中遵守法律法规,在健全学校重大决策机制上注入法治理念,形成了以学校《章程》为核心的制度体系,搭建了依法治校的四梁八柱。领导干部运用法治思维和法治方式深化改革、推动发展、化解矛盾、维护稳定的意识和能力不断增强。

六是必须坚持以人为本,团结奋进。以人为本是科学发展的核心,我们始终坚持实施人才支撑战略和人才强校战略,营造“尊崇教学、尊崇学术、尊崇创新,尊重教授”的良好氛围;坚持做到发展为了师生、发展依靠师生、发展成果师生共享,形成了推动学校发展的强大合力。

(二) 聚焦一个奋斗目标

建成办学特色鲜明、社会服务能力突出、治理体系治理能力完备高效、在河南省域具有示范引领作用的应用型理工类本科院校,努力跻身全国高水平应用型本科院校行列。

(三) 坚持两个阶段构想

第一阶段,经过5年努力,建成省示范性应用型本科院校,通过本科教学审核评估,调整校园空间布局,使之更加合理,优化学科专业布局,使之更加科学,为建成硕士学位授予单位奠定基础;第二阶段,再经过5年努力,建成硕士学位授予单位,建成河南省域具有示范引领作用的应用型理工类本科院校,努力跻身全国高水平应用型本科院校行列。从现在到2020年,是实现学校“十三五”发展规划的攻坚期,在完成主要发展指标的同时，努力完成三大艰巨任务：一是力争达到新增硕士学位授予单位的八项基本条件；二是建成适应学校发展需要的高层次教师队伍、高素质党政管理干部队伍、高效率教辅后勤保障队伍；三是初步完成以东校区 290 亩新征地建设为主体的基本建设，启动定向开发教工住宅区。

（四）深入实施六大战略

一是融入南阳战略。围绕南阳定位，找准南阳需求，动态调整优化学科专业结构布局；建立健全互动机制、服务平台，提升服务南阳经济社会发展的能力和水平；提高毕业生对南阳经济社会发展的贡献力，培养更高质量的应用型人才。

二是质量固本战略。巩固并强化人才培养中心地位，建立健全突出学生中心、突出产出导向、突出持续改进的管理体系机制，持续完善教学质量保障和监控体系，切实把资源配置和工作重心聚焦到提高人才培养质量上。

三是人才强校战略。将高层次人才视为立校之基、兴校之源、强校之本，视为支撑学校发展的第一资源，以才引才、以才聚才、以才育才，挖掘人才潜力，激发人才活力，努力造就一支高素质专业化创新型的教师队伍。

四是科技引领战略。以科教融合为重点，着力构建以应用性研究为主体、自然科学和人文社会科学并重的科技创新体系。汇聚各方资源，建设科研集聚共享平台，组建高水平科研团队，不断提升科技创新能力和服务地方经济社会发展能力。

五是特色立校战略。弘扬不甘示弱的南工精神，培育校园文化特色；做大做强工科，培育特色学科专业；突出应用性，找准突破口，培育科研特色；拓宽以“一带一路”为重点的对外合作交流，积极推进合作办学项目，培育开放办学特色。

六是依法治校战略。遵循学校《章程》，持续健全、完善“党委领导、校长负责、教授治学、民主管理、社会参与、依法治校”的现代大学治理结构和治理体系，在法治轨道上推进治理体系、治理能力现代化，确保学校事业持续健康发展。

（五）做好九个方面重点工作

一是深化省示范校建设，强力推动内涵发展；二是推进学科专业建设，提升人才培养质量；三是优化教师队伍结构，提升教师整体素质；四是建设科技集聚平台，增强服务社会水平；五是深化创新创业教育，形成良好就业生态；六是创新学生教育管理，服务学生成长成才；七是拓展合作办学途径，构建开放办学格局；八是健全公共服务体系，夯实学校发展基础；九是持续完善治理体系，维护校园平安和谐。

为实现第三次党代会提出的发展奋斗目标，认真贯彻落实"坚持两个阶段构想、深入实施六大战略、做好九个方面重点工作"的战略举措，校党委要求全面推进党的建设，深入推进党的建设新的伟大工程，以党的高质量建设推动学校事业的高质量发展，助推中原更加精彩。

三、健全治理结构体系

近年来，学校全面实施依法治校战略，编制并遵循《南阳理工学院章程》，持续健全完善"党委领导、校长负责、教授治学、民主管理、社会参与、依法治校"的现代大学治理结构和治理体系，努力构建新型大学关系，在法治轨道上推进治理体系治理能力现代化，基本搭建了现代大学治理体系的四梁八柱，有效助推和保障了学校的转型发展、内涵发展和特色发展。

一是编制实施学校《章程》，依法规范内部权力关系。学校深刻认识到，科学编制大学章程，既是履行法定义务、落实上级教育主管部门的要求，也是实现依法治校、依法自主办学的内在必然。作为"根本大法"或"宪章"，学校章程是探索和建设中国特色现代大学制度的核心，是实现学校治理体系和治理能力现代化的重要顶层设计，是积极稳妥推进学校综合改革的纲领和指针，是建设高水平应用型理工大学的根本制度保障。章程既载明了学校的发展定位和治理结构，向社会各界宣示学校的办学理念、办学宗旨；也规定了学校事务的基本运行规范，明确了协同育人各方利益主体的权利和义务。

二是坚持党委领导下的校长负责制，持续创新管理体制机制。通过修订《中共南阳理工学院委员会议议事规则》（南理工发〔2016〕4号）、《南阳理工学院校长办公会议议事规则》（南理工字〔2016〕10号），印发《南阳理工学院关于坚持和完善党委领导下的校长负责制的实施细则》(南理工文〔2018〕57号),健全完善党委领导下的校长负责制;按照"职责明确、按需设置、精简高效、管理规范"的原则,持续优化学校治理结构,增设了发展规划处、国有资产管理处,独立设置了教学质量监控与评估处、校地合作处、电商学院,重组了后勤管理处、物业服务中心、生活服务中心,整合了党政办公室、高教研究中心、国际教育学院等内设机构;按照"统一协调、突出重点、循序渐进、分步实施"的原则,积极稳妥推进校内各项综合改革,在人力资源优化配置、目标管理及绩效考核、职称评审推荐、放管服等诸多方面探索尝试,成熟一项,实施一项,持续创新行政管理体制机制。

三是健全完善学术组织机构,有效发挥教授治学作用。依据各自章程,分别成立了学校第四届学术委员会、教学委员会、学位评定委员会,独立、自主开展相应的学术工作。其中,学术委员会为核心,指导、授权、监督教学委员会、学位评定委员会等专门委员会以及各教学院部分委员会,按章履行职责。在横向层面上,教授学术权力与党委政治权力、校长行政权力、师生民主权力并行不悖,搭建了学校内部多元主体的权力体系架构;在纵向层面上,形成了学术委员会为主体、专门委员会和教学院部分委员会为支撑的学术组织机构体系框架。使教授治学充分体现到教学育人、研究学问、学术决策等方面,有效发挥了教授的教学主导、学术引领、决策独立的治学作用。

四是发挥民主党派、群团各方优势,集聚转型发展合力。支持各民主党派、工会组织、共青团、女工委员会依照法律,遵循章程,独立自主、创新开展工作,有效发挥了统一战线作用,坚持教职工代表大会制度,构建"一心双环"团学组织格局,努力把广大师生参与学校民主管理的积极性引导好、发挥好、保护好,集聚、形成学校转型发展的合力。

五是广泛吸纳社会力量参与办学,构建协同育人共同体。为更好发挥学校对区域产业转型升级的支撑、引领作用,推动高校与区域经济社会协调发展,学校坚定了产教融合办学路径,坚持以培养高素质应用型人才为核心、以契合区域产业需求为导向、以提升社会服务贡献力为根本,积极主动对接和融入,逐步提高产业、行业、企业参与办学程度,持续健全多元化办学体制,持续创新教育培养模式、组织形态和服务供给,全面推行校企协同育人,共享协同育人成果,基本形成了产教融合协同育人共同体,溢出效应日渐彰显,强力助推了学校深度转型发展。

六是深入推进依法治校,不断提升治理能力和水平。坚持以提高师生员工的法律意识和法律素质为主线,以建立健全和落实各项规章制度为重点,以深入推进依法行政、依法治校、依法治教和专项治理为抓手,大力实施依法治校战略,在法治轨道上推进治理体系、治理能力现代化,切实把法治思维和法治方式贯穿办学治校全过程。先后依法建立并综合运用了信访、调解、申诉、仲裁等各种纠纷解决机制,持续完善师生权益保障救济制度,切实维护师生权益。各级领导干部、广大师生运用法治思维和法治方式深化改革、推动转型发展、化解矛盾、维护稳定的意识和能力不断增强。

四、实施项目驱动转型

为确保转型发展工作有序推进、稳步实施、落到实处、取得实效,学校在顶层设计伊始即确立了"实施项目驱动转型、经费配套项目"的方略。根据河南省教育厅《关于做好本科学校转型发展试点工作的通知》(教发规〔2014〕895 号)的意见和要求,于 2014 年 11 月出台了《南阳理工学院推进整体转型发展工作实施方案》;根据学校《"十三五"事业发展规划》,于 2016 年 12 月精心制定了《南阳理工学院河南省示范性应用技术类型本科院校 2016～2020 年建设规划》和《南阳理工学院河南省示范性应用技术类型本科院校 2016～2020 年建设实施方案》,按照"顶层设计、统筹谋划、项目驱动、全员参与、专家指导、专题研究、四级联动、逐级负责、分段实施、重点突破、整体推进"的原则,将省示范校建设 5 大目标分解为"7 个建设工程项目",每个"建设工程项目"分解为若干个"行动计划",列入各年度工作要点,统筹稳步推进建设。

为此,2015 年学校配套投入专项经费 251 万元,设立了 194 项转型发展综合改革研究项目;2016 年学校投入专项经费 181 万元,立项建设 181 门专业核心课程,对转型发展工作的各项任务进行专项研究;2017 年投入专项经费 32 万元,立项 26 项,专项研究示范校建设的关键问题,为示范校建设提供理论支持;2018 年学校投入专项研究经费 28 万元,立项 14 项,对我校传统工科专业升级改造及新工科建设的关键问题进行理论研究和探索。

同时,学校还出台了《南阳理工学院"双师双能"型师资队伍建设暂行办法》、《南阳理工学院横向科研项目经费管理办法》、《南阳理工学院基层教学组织建设实施办法》、《南阳理工学院关于制定 2016 版本科专业人才培养方案的指导意见》、《南阳理工学院工程教育专业认证工作实施方案》、《南阳理工学院关于进一步推进校地校企合作相关工作的实施意见》等涵括人事、科研、教学、质量监控、校企合作等方面的 22 个规章制度,为转型发展和示范校建设提供了切实可行的制度保障。

得益于实施项目驱动转型方略,2017 年学校主持的"普通高校分类建设、分类评价体系构建研究"项目,获批为省教育厅教育综合改革项目,并获批省级教学改革立项研究项目 8 项。2018 年学校主持的"地方本科院校双主体协同育人模式构建研究与实践"项目,获批为教育部首批新工科研究与实践项目;"传统专业调整升级改革"项目和"应用型本科高校产教融合发展研究"项目,获批为省教育厅教育综合改革重点项目。

截至目前,学校累计立项建设的转型发展专项研究项目已达 200 余个,具体见表 6、表 7、表 8:

表 6　**2015** 年立项建设项目一览

项目编号	项 目 名 称	项目承担单位	项目类别
NGZX201501	南阳理工学院转型发展组织结构优化的探索与实践	党委组织部 人事处	治理结构优化
NGZX201501－01	南阳理工学院转型发展管理机构组织体系优化的探索与实践(子项目)	党委组织部	治理结构优化
NGZX201501－02	南阳理工学院转型发展学生组织体系优化的探索与实践(子项目)	学生处	治理结构优化
NGZX201501－03	南阳理工学院转型发展科研组织体系优化的探索与实践(子项目)	科研处	治理结构优化
NGZX201501－04	南阳理工学院转型发展教学组织体系优化的探索与实践(子项目)	教务处	治理结构优化

续表

项目编号	项 目 名 称	项目承担单位	项目类别
NGZX201501－05	南阳理工学院转型发展后勤保障服务机构组织体系优化的探索与实践（子项目）	后勤服务与管理中心	治理结构优化
NGZX201502	服务南阳理工学院转型发展制度建设的探索与实践	党政办公室	治理结构优化
NGZX201502－01	转型背景下党务思政工作改革的探索与实践（子项目）	党政办公室	治理结构优化
NGZX201502－02	转型背景下行政管理制度改革的探索与实践（子项目）	党政办公室	治理结构优化
NGZX201502－03	转型背景下财务管理制度改革的探索与实践（子项目）	财务处	治理结构优化
NGZX201502－04	转型背景下教学管理制度改革的探索与实践（子项目）	教务处	治理结构优化
NGZX201502－05	转型背景下学生管理制度改革的探索与实践（子项目）	学生处	治理结构优化
NGZX201502－06	转型背景下组织干部管理制度改革的探索与实践（子项目）	党委组织部	治理结构优化
NGZX201502－07	转型背景下人事管理制度改革的探索与实践（子项目）	人事处	治理结构优化
NGZX201502－08	转型背景下科研与科技服务管理制度改革的探索与实践（子项目）	科研处	治理结构优化
NGZX201502－09	转型背景下招生就业管理制度改革的探索与实践（子项目）	招生就业处	治理结构优化
NGZX201502－11	转型背景下宣传思想工作创新的探索与实践（子项目）	党委宣传部	治理结构优化
NGZX201503	转型背景下南阳理工学院“十三五”发展规划研究	发展规划处	专业集群建设

续表

项目编号	项 目 名 称	项目承担单位	项目类别
NGZX201503－01	转型背景下南阳理工学院“十三五”总体发展规划研究与探索（子项目）	发展规划处	专业集群建设
NGZX201503－02	转型背景下南阳理工学院“十三五”学科与专业建设规划研究与探索（子项目）	科研处	专业集群建设
NGZX201503－03	转型背景下南阳理工学院“十三五”科技发展与服务规划研究与探索（子项目）	科研处	专业集群建设
NGZX201503－04	转型背景下南阳理工学院“十三五”师资队伍建设规划研究与探索（子项目）	人事处	专业集群建设
NGZX201503－05	转型背景下南阳理工学院“十三五”校园信息化建设规划研究与探索（子项目）	信息化建设与管理中心	专业集群建设
NGZX201503－06	转型背景下南阳理工学院“十三五”校园基本建设规划研究与探索（子项目）	基建处	专业集群建设
NGZX201503－07	转型背景下南阳理工学院“十三五”公共服务体系建设规划研究与探索（子项目）	后勤服务与管理中心	专业集群建设
NGZX201503－08	转型背景下南阳理工学院“十三五”党建思政与精神文明建设规划研究与探索（子项目）	党政办公室	专业集群建设
NGZX201503－09	转型背景下南阳理工学院“十三五”国际及港澳台交流与合作规划研究与探索（子项目）	国际交流合作处	专业集群建设
NGZX201504	南阳经济社会发展状况调查与分析		专业集群建设

续表

项目编号	项目名称	项目承担单位	项目类别
NGZX201504—01	南阳先进装备制造、汽车及零部件和冶金建材产业现状及发展趋势调研分析(子项目)	机械与汽车工程学院	专业集群建设
NGZX201504—02	南阳光电电子信息产业现状及发展趋势调研分析(子项目)	电子与电气工程学院	专业集群建设
NGZX201504—03	南阳新能源、生物医药产业、油碱化工产业和农业品综合开发利用的现状及发展趋势调研分析(子项目)	生物与化工工程学院	专业集群建设
NGZX201504—04	南阳城市建设与房地产、新兴商业态现状及发展趋势调研分析(子项目)	电子商务学院	专业集群建设
NGZX201504—05	南阳文化和文化旅游业产业现状及发展趋势调研分析(子项目)	音乐学院	专业集群建设
NGZX201504—06	南阳中医药健康服务业现状及发展趋势调研分析(子项目)	张仲景国医国药学院	专业集群建设
NGZX201504—07	南阳城乡建设现状及发展趋势调研分析(子项目)	土木工程学院	专业集群建设
NGZX201504—08	南阳智慧城市建设调研与分析(子项目)	计算机信息工程学院	专业集群建设
NGZX201504—09	南阳地方经济社会发展整体状况数据分析与研究	教务处	专业集群建设
NGZX201504—10	南阳理工学院学科专业建设现状数据分析与研究	教务处	专业集群建设
NGZX201505	转型背景下机械与汽车工程学院“十三五”学科专业发展规划研制研究与探索	机械与汽车工程学院	专业集群建设
NGZX201506	转型背景下计算机与信息工程学院“十三五”学科专业发展规划研制研究与探索	计算机与信息工程学院	专业集群建设

续表

项目编号	项 目 名 称	项目承担单位	项目类别
NGZX201507	转型背景下电子与电气学院"十三五"学科专业发展规划研制研究与探索	电子与电气工程学院	专业集群建设
NGZX201508	转型背景下土木工程学院"十三五"学科专业发展规划研制研究与探索	土木工程学院	专业集群建设
NGZX201509	转型背景下建筑与城市规划学院"十三五"学科专业发展规划研制研究与探索	建筑与城市规划学院	专业集群建设
NGZX201510	转型背景下艺术设计学院"十三五"学科专业发展规划研制研究与探索	艺术设计学院	专业集群建设
NGZX201511	转型背景下音乐学院"十三五"学科专业发展规划研制研究与探索	音乐学院	专业集群建设
NGZX201512	转型背景下经济管理学院"十三五"学科专业发展规划研制研究与探索	经济管理学院	专业集群建设
NGZX201513	转型背景下外国语学院"十三五"学科专业发展规划研制研究与探索	外国语学院	专业集群建设
NGZX201514	转型背景下数理学院"十三五"学科专业发展规划研制研究与探索	数学与统计学院	专业集群建设
NGZX201515	转型背景下文法学院"十三五"学科专业发展规划研制研究与探索	文法学院	专业集群建设
NGZX201516	转型背景下生物与化学工程学院"十三五"学科专业发展规划研制研究与探索	生物与化学工程学院	专业集群建设
NGZX201517	转型背景下张仲景国医学院"十三五"学科专业发展规划研制研究与探索	张仲景国医国药学院	专业集群建设
NGZX201518	转型背景下软件学院"十三五"学科专业发展规划研制研究与探索	软件学院	专业集群建设

续表

项目编号	项 目 名 称	项目承担单位	项目类别
NGZX201519	转型背景下师范学院“十三五”学科专业发展规划研制研究与探索	师范学院	专业集群建设
NGZX201520	转型背景下电子商务学院“十三五”学科专业发展规划研制研究与探索	电子商务学院	专业集群建设
NGZX201520.1	转型背景下继续教育学院“十三五”发展规划研制研究与探索	继续教育学院	专业集群建设
NGZX201520.2	转型背景下政治理论教学部“十三五”发展规划研制研究与探索	政治理论教学部	专业集群建设
NGZX201520.3	转型背景下体育教学部“十三五”发展规划研制研究与探索	体育教学部	专业集群建设
NGZX201521	特色优势学科专业建设评价标准及实施办法研制	教务处	专业集群建设
NGZX201523	转型背景下南阳理工学院“十三五”专项行动计划研究	发展规划处	专业集群建设
NGZX201523－01	转型背景下服务南阳经济社会发展“十三五”行动计划研究与探索(子项目)	校地合作处	专业集群建设
NGZX201523－02	转型背景下特色优势学科专业培育提升“十三五”行动计划研究与探索(子项目)	科研处	专业集群建设
NGZX201523－03	转型背景下专业认证与专业评估工作“十三五”行动计划研究与探索(子项目)	教学质量监控与评估处	专业集群建设
NGZX201523－04	转型背景下大学生创新创业“十三五”行动计划研究与探索(子项目)	招生就业处	专业集群建设
NGZX201523－05	转型背景下辅导员队伍建设“十三五”行动计划研究与探索(子项目)	学生处	专业集群建设

续表

项目编号	项 目 名 称	项目承担单位	项目类别
NGZX201523—06	转型背景下公共实验平台建设“十三五”行动计划研究与探索(子项目)	实验设备处	专业集群建设
NGZX201524	转型背景下南阳理工学院专业与课程评价改革研究	教务处	专业集群建设
NGZX201524—01	转型背景下理工类专业建设评价标准与评估实施办法研制(子项目)	机械与汽车工程学院	专业集群建设
NGZX201524—02	转型背景下文科类专业建设评价标准与评估实施办法研制(子项目)	电子商务学院	专业集群建设
NGZX201524—03	转型背景下艺术类专业建设评价标准与评估实施办法研制(子项目)	文法学院	专业集群建设
NGZX201524—04	转型背景下专业理论类课程评价标准与办法研制(子项目)	电子与电气工程学院	专业集群建设
NGZX201524—05	转型背景下实践类课程评价标准与办法研制(子项目)	生物与化学工程学院	专业集群建设
NGZX201524—06	转型背景下通识类课程评价标准与办法研制(子项目)	审计处	专业集群建设
NGZX201524—07	转型背景下理工类专业毕业综合实践教学环节综合改革途径与方法研制(子项目)	土木工程学院	专业集群建设
NGZX201524—08	转型背景下文科类专业毕业综合实践教学环节综合改革途径与方法研制(子项目)	外国语学院	专业集群建设
NGZX201524—09	转型背景下艺术类专业毕业综合实践教学环节综合改革途径与方法研制(子项目)	艺术设计学院	专业集群建设
NGZX201525	“双师型”师资队伍建设的探索与实践	发展规划处	师资队伍转型

续表

项目编号	项 目 名 称	项目承担单位	项目类别
NGZX201526	教师队伍实践能力提升路径的研究与探索	人事处	师资队伍转型
NGZX201527	应用型本科院校教师业绩考核指标体系评价标准与方法研制	人事处	师资队伍转型
NGZX201528	校企混编师资队伍建设实践与探索	人事处	师资队伍转型
NGZX201529	南阳理工学院服务南阳发展战略研究与探索		地方发展服务
NGZX201530	服务地方发展平台建设的途径与措施研究	校地合作处	地方发展服务
NGZX201531	服务地方效能评价标准体系与评价方法研制	校地合作处	地方发展服务
NGZX201532	转型背景下应用型人才培养方案改革与创新的整体设计研究	教务处	培养模式创新
NGZX201532－01	心理健康教育服务于学校转型发展的改革思路与实践探索	心理健康教育中心	培养模式创新
NGZX201532－02	转型背景下南阳理工学院公共外语课程改革的研究与探索	外国语学院	培养模式创新
NGZX201533	创新创业教育课程与平台建设实践与探索	招生就业处	培养模式创新
NGZX201534	基于产业链的校内外实践基地建设集成优化途径与方法研究	实验设备处	实践平台建设
NGZX201535	面向职业要求的实验室工程化改造的途径与方法研究	实验设备处	实践平台建设
NGZX201536	集成化多功能校外实践教育平台建设的探索与实践	招生就业处	实践平台建设
NGZX201537	转型背景下机械设计制造及其自动化专业“十三五”发展规划研制	机械与汽车工程学院	专业集群建设

续表

项目编号	项 目 名 称	项目承担单位	项目类别
NGZX201538	转型背景下测控技术与仪器专业“十三五”发展规划研制	机械与汽车工程学院	专业集群建设
NGZX201539	转型背景下汽车服务工程专业“十三五”发展规划研制	机械与汽车工程学院	专业集群建设
NGZX201540	转型背景下材料成型及控制工程专业“十三五”发展规划研制	机械与汽车工程学院	专业集群建设
NGZX201541	转型背景下土木工程专业“十三五”发展规划研制	土木工程学院	专业集群建设
NGZX201542	转型背景下工程管理专业“十三五”发展规划研制	土木工程学院	专业集群建设
NGZX201543	转型背景下给排水科学与工程专业“十三五”发展规划研制	土木工程学院	专业集群建设
NGZX201544	转型背景下道路桥梁与渡河专业“十三五”发展规划研制	土木工程学院	专业集群建设
NGZX201545	转型背景下建筑学专业“十三五”发展规划研制	建筑与城市规划学院	专业集群建设
NGZX201546	转型背景下城乡规划专业“十三五”发展规划研制	建筑与城市规划学院	专业集群建设
NGZX201547	转型背景下建筑学专业(古代建筑修缮与保护方向)“十三五”发展规划研制	建筑与城市规划学院	专业集群建设
NGZX201547.1	转型背景下历史建筑保护工程专业“十三五”发展规划研制	建筑与城市规划学院	专业集群建设
NGZX201548	转型背景下电子信息工程专业“十三五”发展规划研制	电子与电气工程学院	专业集群建设
NGZX201549	转型背景下自动化专业“十三五”发展规划研制	电子与电气工程学院	专业集群建设

续表

项目编号	项目名称	项目承担单位	项目类别
NGZX201550	转型背景下电气工程及其自动化专业“十三五”发展规划研制	电子与电气工程学院	专业集群建设
NGZX201551	转型背景下电子科学与技术专业“十三五”发展规划研制	电子与电气工程学院	专业集群建设
NGZX201552	转型背景下光电信息科学与工程专业“十三五”发展规划研制	电子与电气工程学院	专业集群建设
NGZX201553	转型背景下计算机科学与技术专业(信息对抗与管理方向)“十三五”发展规划研制	计算机与信息工程学院	专业集群建设
NGZX201554	转型背景下计算机科学与技术专业“十三五”发展规划研制	计算机与信息工程学院	专业集群建设
NGZX201555	转型背景下通信工程专业“十三五”发展规划研制	计算机与信息工程学院	专业集群建设
NGZX201556	转型背景下物联网工程专业“十三五”发展规划研制	计算机与信息工程学院	专业集群建设
NGZX201557	转型背景下软件工程专业“十三五”发展规划研制	软件学院	专业集群建设
NGZX201558	转型背景下数字媒体技术专业“十三五”发展规划研制	软件学院	专业集群建设
NGZX201559	转型背景下网络工程专业(含方向)“十三五”发展规划研制	软件学院	专业集群建设
NGZX201560	转型背景下生物工程专业“十三五”发展规划研制	生物与化学工程学院	专业集群建设
NGZX201561	转型背景下化学工程与工艺专业“十三五”发展规划研制	生物与化学工程学院	专业集群建设
NGZX201562	转型背景下应用化学专业“十三五”发展规划研制	生物与化学工程学院	专业集群建设

续表

项目编号	项 目 名 称	项目承担单位	项目类别
NGZX201563	转型背景下食品科学与工程专业“十三五”发展规划研制	生物与化学工程学院	专业集群建设
NGZX201564	转型背景下应用化学专业合作办学项目“十三五”发展规划研制	生物与化学工程学院	专业集群建设
NGZX201565	转型背景下生物工程专业合作办学项目“十三五”发展规划研制	生物与化学工程学院	专业集群建设
NGZX201566	转型背景下数学与应用数学专业“十三五”发展规划研制	数学与统计学院	专业集群建设
NGZX201567	转型背景下应用统计学专业“十三五”发展规划研制	数学与统计学院	专业集群建设
NGZX201568	转型背景下中医学专业“十三五”发展规划研制	张仲景国医国药学院	专业集群建设
NGZX201569	转型背景下中药学专业“十三五”发展规划研制	张仲景国医国药学院	专业集群建设
NGZX201570	转型背景下护理学专业“十三五”发展规划研制	张仲景国医国药学院	专业集群建设
NGZX201571	转型背景下工商管理专业“十三五”发展规划研制	经济管理学院	专业集群建设
NGZX201574	转型背景下财务管理专业“十三五”发展规划研制	经济管理学院	专业集群建设
NGZX201588	转型背景下工商管理专业合作办学项目“十三五”发展规划研制	经济管理学院	专业集群建设
NGZX201589	转型背景下财务管理专业合作办学项目“十三五”发展规划研制	经济管理学院	专业集群建设
NGZX201572	转型背景下国际经济与贸易专业“十三五”发展规划研制	电子商务学院	专业集群建设
NGZX201573	转型背景下市场营销专业“十三五”发展规划研制	电子商务学院	专业集群建设

续表

项目编号	项 目 名 称	项目承担单位	项目类别
NGZX201573.1	转型背景下电子商务专业“十三五”发展规划研制	电子商务学院	专业集群建设
NGZX201575	转型背景下法学专业“十三五”发展规划研制	文法学院	专业集群建设
NGZX201576	转型背景下汉语言文学专业“十三五”发展规划研制	文法学院	专业集群建设
NGZX201577	转型背景下播音与主持艺术专业“十三五”发展规划研制	文法学院	专业集群建设
NGZX201578	转型背景下广播电视编导专业“十三五”发展规划研制	文法学院	专业集群建设
NGZX201579	转型背景下英语专业“十三五”发展规划研制	外国语学院	专业集群建设
NGZX201580	转型背景下日语专业“十三五”发展规划研制	外国语学院	专业集群建设
NGZX201581	转型背景下视觉传达设计专业“十三五”发展规划研制	艺术设计学院	专业集群建设
NGZX201582	转型背景下动画专业“十三五”发展规划研制	艺术设计学院	专业集群建设
NGZX201583	转型背景下环境设计专业“十三五”发展规划研制	艺术设计学院	专业集群建设
NGZX201584	转型背景下音乐表演专业“十三五”发展规划研制	音乐学院	专业集群建设
NGZX201585	转型背景下音乐学专业“十三五”发展规划研制	音乐学院	专业集群建设
NGZX201586	转型背景下学前教育专业“十三五”发展规划研制	师范学院	专业集群建设
NGZX201587	转型背景下小学教育专业“十三五”发展规划研制	师范学院	专业集群建设

续表

项目编号	项 目 名 称	项目承担单位	项目类别
NGZX201590	转型背景下机械设计制造及其自动化专业人才培养方案改革与创新的研究与实践	机械与汽车工程学院	培养模式创新
NGZX201591	转型背景下测控技术与仪器专业人才培养方案改革与创新的研究与实践	机械与汽车工程学院	培养模式创新
NGZX201592	转型背景下汽车服务工程专业人才培养方案改革与创新的研究与实践	机械与汽车工程学院	培养模式创新
NGZX201593	转型背景下材料成型及控制工程专业人才培养方案改革与创新的研究与实践	机械与汽车工程学院	培养模式创新
NGZX201594	转型背景下土木工程专业人才培养方案改革与创新的研究与实践	土木工程学院	培养模式创新
NGZX201595	转型背景下工程管理专业人才培养方案改革与创新的研究与实践	土木工程学院	培养模式创新
NGZX201596	转型背景下给排水科学与工程专业人才培养方案改革与创新的研究与实践	土木工程学院	培养模式创新
NGZX201597	转型背景下道路桥梁与渡河工程专业人才培养方案改革与创新的研究与实践	土木工程学院	培养模式创新
NGZX201598	转型背景下建筑学专业人才培养方案改革与创新的研究与实践	建筑与城市规划学院	培养模式创新
NGZX201599	转型背景下城乡规划专业人才培养方案改革与创新的研究与实践	建筑与城市规划学院	培养模式创新
NGZX2015100	转型背景下建筑学专业(古代建筑修缮与保护方向)人才培养方案改革与创新的研究与实践	建筑与城市规划学院	培养模式创新

续表

项目编号	项 目 名 称	项目承担单位	项目类别
NGZX2015100.1	转型背景下历史建筑保护工程专业人才培养方案改革与创新的研究与实践	建筑与城市规划学院	培养模式创新
NGZX2015101	转型背景下电子信息工程专业人才培养方案改革与创新的研究与实践	电子与电气工程学院	培养模式创新
NGZX2015102	转型背景下自动化专业人才培养方案改革与创新的研究与实践	电子与电气工程学院	培养模式创新
NGZX2015103	转型背景下电气工程及其自动化专业人才培养方案改革与创新的研究与实践	电子与电气工程学院	培养模式创新
NGZX2015104	转型背景下电子科学与技术专业人才培养方案改革与创新的研究与实践	电子与电气工程学院	培养模式创新
NGZX2015105	转型背景下光电信息科学与工程专业人才培养方案改革与创新的研究与实践	电子与电气工程学院	培养模式创新
NGZX2015106	转型背景下计算机科学与技术专业(信息对抗与管理方向)人才培养方案改革与创新的研究与实践	计算机与信息工程学院	培养模式创新
NGZX2015107	转型背景下通信工程专业人才培养方案改革与创新的研究与实践	计算机与信息工程学院	培养模式创新
NGZX2015108	转型背景下计算机科学与技术专业人才培养方案改革与创新的研究与实践	计算机与信息工程学院	培养模式创新
NGZX2015109	转型背景下物联网工程专业人才培养方案改革与创新的研究与实践	计算机与信息工程学院	培养模式创新
NGZX2015110	转型背景下软件工程专业人才培养方案改革与创新的研究与实践	软件学院	培养模式创新

续表

项目编号	项 目 名 称	项目承担单位	项目类别
NGZX2015111	转型背景下数字媒体技术专业人才培养方案改革与创新的研究与实践	软件学院	培养模式创新
NGZX2015112	转型背景下网络工程专业(含方向)人才培养方案改革与创新的研究与实践	软件学院	培养模式创新
NGZX2015113	转型背景下生物工程专业人才培养方案改革与创新的研究与实践	生物与化学工程学院	培养模式创新
NGZX2015114	转型背景下化学工程与工艺专业人才培养方案改革与创新的研究与实践	生物与化学工程学院	培养模式创新
NGZX2015115	转型背景下应用化学专业人才培养方案改革与创新的研究与实践	生物与化学工程学院	培养模式创新
NGZX2015116	转型背景下食品科学与工程专业人才培养方案改革与创新的研究与实践	生物与化学工程学院	培养模式创新
NGZX2015117	转型背景下应用化学专业(合作办学项目)人才培养方案改革与创新的研究与实践	生物与化学工程学院	培养模式创新
NGZX2015118	转型背景下生物工程专业(合作办学项目)人才培养方案改革与创新的研究与实践	生物与化学工程学院	培养模式创新
NGZX2015119	转型背景下数学与应用数学专业人才培养方案改革与创新的研究与实践	数学与统计学院	培养模式创新
NGZX2015120	转型背景下应用统计学专业人才培养方案改革与创新的研究与实践	数学与统计学院	培养模式创新
NGZX2015121	转型背景下中医学专业人才培养方案改革与创新的研究与实践	张仲景国医国药学院	培养模式创新

续表

项目编号	项 目 名 称	项目承担单位	项目类别
NGZX2015122	转型背景下护理学专业人才培养方案改革与创新的研究与实践	张仲景国医国药学院	培养模式创新
NGZX2015123	转型背景下中药学专业人才培养方案改革与创新的研究与实践	张仲景国医国药学院	培养模式创新
NGZX2015124	转型背景下工商管理专业人才培养方案改革与创新的研究与实践	经济管理学院	培养模式创新
NGZX2015127	转型背景下财务管理专业人才培养方案改革与创新的研究与实践	经济管理学院	培养模式创新
NGZX2015141	转型背景下工商管理专业(合作办学项目)人才培养方案改革与创新的研究与实践	经济管理学院	培养模式创新
NGZX2015142	转型背景下财务管理专业(合作办学项目)人才培养方案改革与创新的研究与实践	经济管理学院	培养模式创新
NGZX2015125	转型背景下国际经济与贸易专业人才培养方案改革与创新的研究与实践	电子商务学院	培养模式创新
NGZX2015126	转型背景下市场营销专业人才培养方案改革与创新的研究与实践	电子商务学院	培养模式创新
NGZX2015126.1	转型背景下电子商务专业人才培养方案改革与创新的研究与实践	电子商务学院	培养模式创新
NGZX2015128	转型背景下法学专业人才培养方案改革与创新的研究与实践	文法学院	培养模式创新
NGZX2015129	转型背景下汉语言文学专业人才培养方案改革与创新的研究与实践	文法学院	培养模式创新
NGZX2015130	转型背景下播音与主持艺术专业人才培养方案改革与创新的研究与实践	文法学院	培养模式创新

续表

项目编号	项 目 名 称	项目承担单位	项目类别
NGZX2015131	转型背景下广播电视编导专业人才培养方案改革与创新的研究与实践	文法学院	培养模式创新
NGZX2015132	转型背景下英语专业人才培养方案改革与创新的研究与实践	外国语学院	培养模式创新
NGZX2015133	转型背景下日语专业人才培养方案改革与创新的研究与实践	外国语学院	培养模式创新
NGZX2015134	转型背景下视觉传达设计专业人才培养方案改革与创新的研究与实践	艺术设计学院	培养模式创新
NGZX2015135	转型背景下动画专业人才培养方案改革与创新的研究与实践	艺术设计学院	培养模式创新
NGZX2015136	转型背景下环境设计专业人才培养方案改革与创新的研究与实践	艺术设计学院	培养模式创新
NGZX2015137	转型背景下音乐表演专业人才培养方案改革与创新的研究与实践	音乐学院	培养模式创新
NGZX2015138	转型背景下音乐学专业人才培养方案改革与创新的研究与实践	音乐学院	培养模式创新
NGZX2015139	转型背景下学前教育专业人才培养方案改革与创新的研究与实践	师范学院	培养模式创新
NGZX2015140	转型背景下小学教育专业人才培养方案改革与创新的研究与实践	师范学院	培养模式创新

表 7　**2016** 年立项建设项目一览

项目编号	项 目 名 称	项目承担单位
NGZX201601	新建本科院校整体转型发展改革的探索与实践	党政办公室
NGZX201602	基于产教融合的专业核心课程建设的探索与实践	党政办公室
NGZX201603	新建本科院校转型发展成效评价机制及体系研究	党政办公室
NGZX201604	精准教育的研究与探索	发展规划处
NGZX201605	服务地方经济社会发展的专业集群建设与研究	教务处
NGZX201606	基于职业标准的应用技术型人才培养模式构建研究	教务处
NGZX201607	基于供给侧结构性改革的应用型本科院校专业建设研究	发展规划处

表 8　2017 年立项建设项目一览

项目编号	项　目　名　称	申报承担单位	项目类别
SFX201701	省示范校建设背景下师资队伍转型路径及评价体系研究		重点项目
SFX201702	河南省示范性应用技术类型本科院校建设路径研究	发展规划处	重点项目
SFX201703	服务南阳智能制造产业的专业集群建设研究	电子学院	重点项目
SFX201704	师范教育“U－G－S”三位一体协同育人机制研究	师范学院	重点项目
SFX201705	从产教融合中提高毕业论文质量的探索研究	土木学院	重点项目
SFX201706	中医学专业认证背景下本科生科教融合的探索与实践	国医学院	重点项目
SFX201707	转型发展背景下搞好应用型科研的思考与对策	科研处	一般项目
SFX201708	应用型本科院校科研团队培育和建设研究	科研处	一般项目
SFX201709	应用型本科高校优势特色学科建设研究与实践	科研处	一般项目
SFX201710	应用型本科高校教师职业能力提升路径研究	人事处	一般项目
SFX201711	基于供给侧改革的视角培养高水平应用型人才路径研究	发展规划处	一般项目
SFX201712	南阳汉画文化的传承与创新研究	党政办公室	一般项目
SFX201713	应用技术型本科院校“订单式教育”培养模式研究	机械学院	一般项目
SFX201714	产教融合协同育人培养模式的探索与实践	机械学院	一般项目
SFX201715	应用型本科院校教学团队建设的研究与实践	机械学院	一般项目
SFX201716	工程教育认证背景下机制专业教学改革建设研究与实践	机械学院	一般项目
SFX201717	应用技术型本科院校实践教学体系建设和运行模式研究	电子学院	一般项目
SFX201718	大学物理开放性实验教学方法与体系的研究与实践	电子学院	一般项目
SFX201719	土木工程专业多层次产教融合模式探索	土木学院	一般项目

项目编号	项 目 名 称	申报承担单位	项目类别
SFX201720	专业核心课程建设与应用效果分析研究	土木学院	一般项目
SFX201721	基于工程教育专业认证的毕业设计教学改革研究与实践	土木学院	一般项目
SFX201722	基于 PDCA 循环的中医临床教学模式的探索与实践	国医学院	一般项目
SFX201723	基于学生社团学习传承能力的实践教学模式研究	软件学院	一般项目
SFX201724	应用型高校软件类专业实践教学模式研究	软件学院	一般项目
SFX201725	服务中原经济区建设的商务文化传播研究	外国语学院	一般项目
SFX201726	基于仿真模拟平台的商科实践教学体系研究	经管学院	一般项目

2018 年立项建设项目一览表

项目编号	项 目 名 称	项目承担单位
SFX201801	新工科背景下南阳理工学院校企双主体育人模式研究	党政办公室
SFX201802	新工科背景下南阳理工学院应用型科研平台建设研究	党政办公室
SFX201803	新工科背景下转型高校新内涵建设路径研究	党政办公室
SFX201804	新工科背景下南阳理工学院工科专业设置及动态调整机制研究	教务处
SFX201805	基于新工科建设的南阳理工学院产教融合模式探索与实践	土木学院
SFX201806	新工科背景下工科数学面向工程实践的应用研究	数统学院
SFX201807	新工科背景下软件工程专业工程实践能力综合培养平台构建研究	软件学院
SFX201808	新工科背景下二级学院实践教育资源整合及共享机制研究	电子学院
SFX201809	面向我校新工科建设的图书馆文献保障与服务策略研究	图书馆
SFX201810	新工科背景下打造南阳理工学院特色优势学科专业集群建设研究	教务处
SFX201811	新工科背景下南阳理工学院传统工科专业升级改造路径研究	发展规划处
SFX201812	新工科背景下南阳理工学院材料成型及控制工程专业升级改造路径研究	机械学院

续表

项目编号	项　目　名　称	项目承担单位
SFX201813	新工科背景下南阳理工学院学生实践创新能力培养体系研究	机械学院
SFX201814	新工科背景下机制专业工程实践教育体系构建研究	机械学院

第二节　夯实办学基础条件

一、强化实践基地建设

学校持续改善学校基本办学条件,注重校内外实践基地建设,为应用型人才培养奠定了良好基础。先后与企业共建了国家级大学生校外工程实践教育基地、云计算与大数据研发中心、智能制造实验室、中关村领创空间等一大批实验、实习、实训平台。2016 年、2017 年共投入 9718.2 万元,建设了 22 个实训室、8 个实验实训平台、18 个实验中心,5 个设在校内的校企合作实验室。目前校内实验实训基地达到 170 个,校外实习实训基地达到 133 个。

坚持"扶需、扶强、扶优、扶特"原则,大力实施大型仪器设备共享平台建设和实验室工程化改造,按照企业实际生产流程大力开展实验室工程化改造,是我校转型发展的又一亮点。通过工程化实验室的建设和运行,强化了实践教学的职业针对性和实验实训真实性,实现了学生学业和就业的无缝对接,同时弥补了现有部分教师生产实践经验的不足,提高了教师的实践教学能力和水平。

大力推进国家教育现代化推进工程应用型本科高校产教融合项目—南阳理工学院实验实训综合大楼的规划和建设。该项目总投资 1.37亿元,其中中央预算内投资 8000 万元;总建筑面积 28000 平方米,建设内容包括实验实训综合大楼 1 栋,配套建设道路、给排水、消防、环保等设施;购置实验仪器设备 630 台(套)。

2017 年 9 月,南阳市发展和改革委员会对南阳理工学院实验实训综合大楼及设备购置项目可行性研究报告进行了批复(宛发改社会就业〔2017〕551 号）；2017 年 11 月，南阳市发展和改革委员会对项目初步设计进行了批复（宛发改设计〔2017〕694 号）。根据河南省发展和改革委员会《关于编报 2018 年教育现代化推进工程中央预算内投资计划建议方案的预通知》要求，学校编制并上报了《南阳理工学院 2018 年产教融合发展工程中央预算内投资计划建议方案》，目前该项目已经奠基开工，拉开了建设序幕。

通过进一步完善校内外实践教学条件，建设跨学科、综合性实习实验实训平台，创新实验室管理体制和运行机制，优化整合实验室集聚资源，加大公共试验平台建设力度，有力提高了实验室开放共享程度和仪器设备利用率，为提高学生实践创新能力、增强学校服务社会能力提供了有力保障，为转型发展夯实了基础。

二、搭建协同育人平台

2016、2017 年度，学校协同育人平台建设取得较大成绩。三融众创空间获批国家级众创空间；获批河南省张仲景方药与免疫调节重点实验室、河南省工业微生物资源与发酵技术重点实验室、信息感知与机器人应用技术河南省工程实验室、河南省黄酒工程技术研究中心、教育部一中兴通讯 ICT 产教融合创新平台、张仲景方药大数据产业技术研究院等 6 个省级创新平台。

获批南阳市电机减振降噪重点实验室、南阳市中医免疫学重点实验室、南阳市土木工程检测重点实验室、南阳市功能食品工程技术研究中心、南阳市水处理与循环利用工程技术研究中心、南阳市装配式建筑工程技术研究中心、南阳市精酿啤酒工程技术研究中心、南阳中关村领创空间等 7 个市级创新平台。

学校与南阳中关村实业有限责任公司签署合作协议，共建“南阳理工学院中关村领创空间大学生创新创业基地”；根据“中国制造 2025”发展目标要求，学校投入 1470 万元建设的智能制造创新平台于 2017 年通过校级验收；组建了“唐祖宣国医大师”工作室，继承整理唐祖宣大师的学术思想和技术专长，发扬光大仲景中医药文化，提升中医药人才培养质量，助推专业内涵发展。

三、完善公共服务体系

学校以完善公共服务体系覆盖的深度、广度和宽度为抓手,提效能,重保障,持续优化资源配置,持续增强公共服务保障能力,公共服务体系日臻完备。

牢固树立过紧日子思想,大兴"勤俭办学、反对浪费"之风;积极争取各级财政资金,多元化、多渠道筹措社会资金;成立教育发展基金会,搭建校友及社会各界反哺母校、奉献爱心的平台;精准支出,倾斜重点,确保基建、教学科研等重大项目的建设投入;严格财务预算,严格预算执行,严格财务管理,严格财务纪律,严格财务审计,形成长效机制,逐步实现学校财务"核算型"向"管理型"转变、"报账型"向"理财经营型"转变。加强国有资产管理和采购工作,开展了资产核查和报废;规范校办企业治理,强化经营意识和绩效观念,努力提高资产使用效益;有效发挥监察、审计的监督、评价、控制、咨询等职能。

紧紧围绕学校发展和学科专业建设需要,创新实验室管理体制和运行机制,持续优化整合实验室资源,为提升师生科研能力、实践创新能力、服务社会能力提供保障。体育馆、新图书馆、汇森大楼、教工四村等重大基建项目先后完工启用;千方百计发挥 120 亩新征地作用,科学编制东校区 290 亩新征地土地规划建设方案,并整体推进建设;持续调整和改善学校功能布局,努力建成布局合理、功能齐全、设施先进、环境优美的绿色校园。

加快智慧校园建设,逐步构建高速泛在、智能灵活的校园信息环境,构建以开放共享、融合创新、互动体验等为特征的智慧教学环境,构建内外融合的一体化智慧校园业务平台和面向全校师生的综合性、一站式服务模式;加强专业图书和电子文献的采购力度,强化数据库和服务平台建设,馆藏文献资源、网络资源进一步丰富;学报质量逐步提高,新设了"古建筑研究""南阳文化"等专题栏目;健全医疗保障,完善基础设施,强化健康教育,做好健康体检和传染病防治,提高突发性公共卫生事件的应急处理能力,打造精品"国医堂",校医院医疗服务、传染病防控能力逐年增强。

践行"服务为本,师生至上"宗旨,坚持"大师与大爱共存、大楼与大树同建、绿水与绿地相生"的生态校园建设理念,持续强化环境育人功能，校园绿化美化成效显著，荣获了“全国绿化模范单位”称号；健全食品安全监管体系，打造餐饮暖心工程，全面提升餐饮服务品质，荣获了“河南省文明餐桌示范学校”；构建学生公寓安全防范体系，进一步完善公寓服务设施；加强水电管理，深入推进节能减排工作；做专做优房产管理与社区服务工作，做实做细修缮工程，健全完善后勤服务保障机制，为建设美丽校园做出新贡献，荣获了“全国校园物业服务百强单位”。

建立了报警监控指挥中心，持续推进平安校园建设。语言文字、档案统计、机要保密、计划生育等工作均取得明显成效。

四、加大各类经费投入

学校始终坚持以教学为中心，经费投入保障教学、优先教学，五项主要办学条件生均指标均达到了《普通高等学校基本办学条件指标（试行）》要求，部分办学条件远高于办学条件标准。

2017 年市财政预算拨款 16058.87 万元，其中基本支出 8231.87 万元，项目支出 7827 万元，加上中央及省奖补资金 10900 万元，共计 26958.87 万元，本科生生均经费财政拨款 11934 元。2017 年教育事业生均支出总计 13741 元，其中生均实习、实训、实践经费支出达到 293 元。2017 年新增教学仪器设备达到 4788 万元，比上年度增长了 8.2%，教学科研仪器设备固定资产总值达到 3.5 亿元，近 3 年教学科研仪器设备增值均超过 10%。

通过广泛开展校企、校地合作，不断吸引企业和社会投资。近年来，南阳市汇森精密仪器有限公司投资 500 万元，九州通集团投资 500 万元，中兴通讯公司投资 1000 万元，南阳市高新产业集聚区投资 1000 万元，为学校购置先进的实验仪器设备，或者共建科研实验平台，有效补充、改善了学校的办学基础条件。

第三节　提升人才培养质量

一、着力学科专业集群建设

作为人才培养的基本单元，学科专业建设对于人才培养质量提升而言至关重要。

一是按照“围绕地方经济社会发展,契合区域产业需要,打造学科专业集群,做强传统工科,发展新兴工科,做优特色学科”的学科专业建设定位,围绕服务南阳全国高效生态经济示范市、改革创新活力城、仲景故里、中原粮仓等发展战略以及支柱、新兴产业,持续调整优化学科专业结构,建立了以就业为导向的招生计划结构调整机制,基本形成了产业群、专业群、人才链的有机对应和对接,凸显了工科特色和专业优势。目前拥有 9 个教育部、省教育厅“卓越计划”试点专业、5 个省级重点学科、7 个省级特色专业、6 个省级专业综合改革试点专业。我校的中医学、中药学、历史建筑保护工程、电子商务等专业及方向,均为豫西南唯一的本科专业。

二是实行“大舰战略”,坚持“凝练特色、强化应用、亲近产业、服务地方”的专业建设原则,着力构建契合区域产业需要、结构优化、优势突出、特色鲜明的 6 大应用型学科专业集群:整合软件、计算机、大数据等优势资源,培育信息类专业集群,服务南阳光电信息产业;整合电子、机械、自动化等优势资源,培育智能制造类专业集群,服务南阳先进装备制造业;整合国医国药、护理、食品等优势资源,培育中医护理、功能性食品类专业集群,服务南阳仲景医药和大健康大厨房产业;整合建筑学、城乡规划、历史建筑保护、土木工程等优势资源,培育建筑土木类专业集群,服务南阳城乡建设规划及建筑产业;培育电子商务、物联网工程类专业集群,服务南阳电子商务及现代物流业;培育动画、视觉传达、经管等专业集群,建设服务南阳市委、政府重大决策的智库平台,服务南阳文化创意产业,初步形成了专业群、产业群、人才链的有机对接。目前,学校已与派成国际技术服务(北京)有限公司达成协议,依托仲景故里得天独厚的中医药区位、道地优势和学校的特色优势专业集群资源,共同筹建仲景智慧康养学院,培养智慧老年护理、养生保健类专业人才,打造新的学科专业增长点。

三是以专业认证为突破口,提升专业建设水平。2017 年顺利通过了教育部中医学专业认证,以中医学专业认证为起点,启动了全校工程专业认证工程,成立了学校工程教育专业认证工作领导小组及工作机构,召开了工程教育专业认证工作动员大会,印发了《南阳理工学院工程教育专业认证工作实施方案》，对照认证标准，分期分批推进实施，力争机械设计制造及其自动化、食品科学与工程、软件工程等3个专业在2019年前后首批通过工程专业认证。

二、打造产教融合教师队伍

学校以高层次人才队伍和产教融合教师队伍建设为抓手，坚持“引进培养俱重、专任兼职并举、校内校外相济”的工作思路，构建学校主导、院部主体、教研室协同、教师深度参与的人才建设四级联动模式，打一场引得来、留得住、用得好的人才队伍建设攻坚战，确保人才数量成规模、质量有成效。

提高引进人才待遇，在安家费、住房补贴、科研启动费、配偶工作、子女入托入学等政策上实行动态调整，始终高于同类区域同类学校；知名专家、特聘教授、学科带头人等特殊需求人才，畅通绿色通道。加大柔性引进力度，加大校企联合引进和团队引进力度，探索尝试“杰出人才＋创新团队＋基金＋平台＋项目”引进模式，打造校企协同发展共同体。设立人才引进工作“伯乐奖”。

2016年成立了教师发展中心，定期举办教师工作坊等活动，选派骨干教师出国进修，提升教师的教学水平和教学技能。实施“青年教师赴企事业锻炼计划”，安排200余名教师到企业挂职锻炼，提高教师工程实践能力；组织博士与南阳企业博士后流动站对接，开展博士团进企业活动，首批50名工程类博士已深入中光学集团、西峡水泵等企业开展合作研究。

建立教师成长支持系统，搭建教师发展平台，促进产教融合教师队伍建设，推动教师转型发展。完善教师赴企事业单位锻炼管理办法，将脱产、兼职、寒暑假锻炼有机结合；鼓励引进和聘用大国工匠、知名企业家、行业高管担任兼职教师，与行业企业共建教师培训基地。贯彻落实《全面深化新时代教师队伍建设改革的意见》，实施师德师风建设工程，实行师德考核一票否决制。

为此，学校先后出台了《南阳理工学院教授和博士津贴考核及发放办法》《南阳理工学院师资队伍学历学位提升实施办法》《南阳理工学院“双师双能”型师资队伍建设暂行办法》《南阳理工学院职称评审推荐办法》《南阳理工学院教师赴企事业单位实践锻炼暂行办法》《南阳理工学院新进教师岗位培训管理办法》《南阳理工学院教师国外进修培训管理办法》《南阳理工学院青年教师发展培训工作实施办法》《南阳理工学院“淯阳学者”岗位实施办法》《南阳理工学院特聘教授管理办法》《南阳理工学院学术带头人遴选和管理办法》《南阳理工学院师资队伍学历学位提升实施办法》等制度，为提高教师实践能力和整体素质提供了制度保障。

目前学校专任教师 1133 人，其中高级专业技术职务教师 560 人，占比 49.4%；博士硕士学位教师 1041 人，占比 91.8%；双师型教师 605 人，占比 53.3%，其中拥有行业、企业累计 2 年以上工作经验的专任教师达到 114 人；聘请行业企业人才到校任教 108 人，授课时数已累计达到 15200 学时。

三、推动人才培养模式改革

转型发展的成效与应用型人才培养的质量首先取决于人才培养方案和人才培养模式的改革与创新。针对地方发展新兴产业和依托科技创新转型升级传统产业的新要求，充分考虑新经济、新业态、新产业、新技术对未来应用型人才的新需求，根据“面向应用、强化实践、凸显能力”的培养原则，注重学生创新精神和实践能力培养，形成了层层递进、四年不断线的实践教学体系，构建了行业、企业深度参与的多样化、个性化、开放性的人才培养新模式。

课程是人才培养的核心要素。基于“成果导向、学生中心、产教融合、校企合作”的人才培养理念，按照“平台＋模块＋方向”的课程结构，组织编制了 2016 版人才培养方案，将创新创业教育融入了人才培养全过程，有效解决了培养目标与社会需求脱节、毕业要求与行业岗位针对性不强、学生实践创新创业能力和跨界思维能力较低等问题，实现了专业链与产业链、课程内容与职业标准、教学过程与生产过程的对接，形成了 50 个本科专业人才培养方案。在 2016 版人才培养方案中，工科专业实践教学比例达到 40.2%，理科和其他学科专业实践教学比例达到 35.1%。

基层教学组织是高校立德树人、落实教学任务、促进教师教学发展、开展教研活动、推进教学改革的基本教学单位，是联系教师与学生、落实教学工作的“最后一公里”。学校以标准化教研室建设为抓手，积极推动课程改革和人才培养模式改革，制定了《标准化教研室建设工作规范》，组织各学院（部）开展标准化教研室建设，在此基础上评选年度建设“十佳教研室”，通过表彰先进、树立典型的方法推进教育教学改革和创新，切实将教研室建设成为教师教学经验的交流平台、教师教学技能的培训平台、教学研究和改革的合作平台和教学质量提升的支撑平台。

本着“互利共赢、优势互补、共同发展”的原则，深化产教融合，注重校企协同育人。根据行业、企业对人才知识、能力和素质结构的要求，及时更新教学内容，调整优化课程体系，改进教学方法和手段，将学生能力培养落到实处。积极探索软件工程等9个“卓越计划”专业“3＋1”人才培养新模式，落实校企双主体育人，将课堂移进企业，将工程实景引入学校，校企共同制订培养目标、共同建设课程体系和教学内容、共同参与培养过程、共同组建双师队伍、共同评价培养质量。开办了“九州通班”“宇通班”“二机国贸班”等30多个校企合作订单班，产学研结合培养应用型人才。

四、构建创新创业教育生态

把创新创业融入人才培养全过程，厚植创新创业文化土壤，致力于营造创新创业的生动氛围，让创新创业成为校园文化传统和自觉基因。坚持创新带动创业，形成就业创业特色。一是建设三支队伍，强化就业创业教育。第一支为就业创业通识教育专职队伍，按照教育部规定完成三大模块的教学任务；第二支为学校学生工作队伍，要求每人结合所在学院就业创业工作实际，每学期至少完成一个专题的就业创业教育和指导工作；第三支为专业课教师队伍，每个专业每个年级至少固定一名本专业高水平教师，每学期至少为学生做一次本专业就业创业指导专题讲座。通过精心培育名师团队，引入SIYB创业教育体系，创建了“1＋3＋X”教育模式。

二是切实发挥南阳创业学院、中关村领创空间、大学生创新创业孵化园、三融众创空间等平台优势，打造师导生创联合体，强化创新实践和项目孵化。孵化园出园项目“南阳汇达机电设备有限公司”,已在深圳前海股权交易中心挂牌上市。在孵项目中,“南阳杨扬商贸有限公司”带动在校132名大学生协同创业,成功引领超过1/3的学生实现经济收入,其中年纯收入30万元以上者5人;河南维京电子科技有限公司制造的3D打印机热销国内外,被“央视财经评论”报道;电商团队2016年“双十一”当天就为某服装公司创造1亿零348万元的营业收入,2017年“双十一”为企业创造4.37多亿元销售业绩;她旅网络科技有限公司获得天使投资200万元;创业团队设计研发的农业植保无人机,累计为18万多亩农田提供农药喷洒服务,被作为典型案例写入国务院办公厅督查报告。

三是持续推进新概念就业基地建设,在全国新建就业基地69个,将就业质量指标纳入考核评价体系,建立了就业质量年度报告制度,毕业生就业率高位企稳,就业创业质量稳步提升。2016、2017届本科毕业生初次就业率分别为88.98%和89.86%,比河南省平均水平高10.41和9.3个百分点;创业率分别为1.88%和0.3%,在本省就业的比例为55.36%和43.62%,专业对口就业率为69%和76%,毕业当年薪资待遇分别为4267元和4521元,均高于全国非“211”本科高校平均月薪。

据麦可思公司调查显示,我校2016、2017届毕业生就业现状满意度分别为67%和75%,毕业生对母校的满意度分别为94%和95%,用人单位对我校毕业生的满意度分别为95.3和95.5%。用人单位普遍反映,我校毕业生政治素质高,业务过硬,工作中吃苦耐劳,适应能力强。得益于此,学校先后被授予“河南省大学生创业教育示范校”“河南省大学生创业示范基地”“河南省众创空间”“河南省创业孵化示范基地”“河南省十大创新创业典范学校”“河南首批高校科研院所双创基地”;连续四次荣获“河南省普通大中专毕业生就业工作先进集体”荣誉称号;2016年被河南日报社评为“最具就业竞争力十佳典范高校”;2017年荣获“河南综合实力20强领军高校”“河南最具就业竞争力领军高校”。根据中国高等教育学会发布的2013—2017年中国高校创新人才培养暨学科竞赛评估结果,我校排名全国本科高校第255位、全省第10位。

第四节　服务地方经济发展

一、注重应用科学研究

科技创新是引领、驱动经济社会发展的第一动力，是建设现代化经济体系的战略支撑。为深入实施创新驱动、应用驱动、实践驱动发展战略，决胜“首个一百年全面建成小康社会”宏伟目标，学校以搭建优质高端科技集聚共享平台为抓手，校企共建重点实验室、工程研究中心、协同创新中心、产业研究院、新型智库、领创空间、众创空间等大型平台建设，汇聚校内外优秀人才、团队、项目、资源于一体，开放共享，夯实科技研发工作的根基。

以应用型科研为主攻方向，坚持“顶天立地”与“铺天盖地”相结合，有效发挥人事、职称评审、绩效管理考核等政策制度的杠杆作用，激发教师科研的内生活力。引导、鼓励和支持教师开展应用性科学研究，服务南阳区域经济社会发展。

整合教授、博士等高层次人才资源，邀约博士生导师、南阳籍全国知名专家，联合兄弟院校、科研院所，跨学科、跨专业组建科技协同创新联合体，先后组建了工程结构性能监测与控制、智能感知与导航、电机振动噪声与控制、发酵代谢工程、县域电商服务、PPP 研究等 121 个科技研发服务团队，汇聚博士 135 人、博士生导师 127 人、南阳籍国家知名专家 39 人，努力实现在宛的企事业单位，不出家门即能解决大部分的科技攻关和技术研发难题。2017 年学校签订横向科研项目 23 项，合同金额 503.6 万元，到账经费 364.2 万元；教师发表三大索引、中文核心论文 330 篇；申请各类专利 60 项，授权 56 项，其中发明专利 24 项；出版著作 23 部。

二、促进成果转化转移

为促进科技成果转化和转移，学校聚焦、面向地方支柱、骨干产业的转型升级需求，持续提升社会服务贡献力，着力在科技研发项目的吻合度、科技成果转移转化的匹配度上做文章、下功夫，为南阳区域经济社会的发展提供更加优质的人才、智力、科技成果支撑。

先后制定印发了《南阳理工学院科研成果奖励办法》《南阳理工学院纵向科研项目管理办法》《南阳理工学院纵向科研经费管理办法》《南阳理工学院横向科研项目管理办法》《南阳理工学院横向科研项目经费管理办法》等制度,建立了以应用性科研为主导的科研管理制度,并将应用性科研成果纳入教师评价体系中。

推介了一批科技研发服务项目。先后为南阳企事业单位提供技术革新、改造、新产品170余项,荣获省市成果奖励500余项,与陆德筑机联合开发的"产品图纸自动审核及智能拼图软件"荣获第四届河南省青年创新软件设计大赛金奖;与张仲景大厨房合作研发的"仲景香菇酱",带动西峡香菇食品产业飞速发展,催生加工企业200余家;与南阳中光学集团联合研发五防微机闭锁电脑钥匙;与南阳防爆合作,提升电机性能;与西峡水泵合作,降低水泵噪声;持续推进"大健康大厨房"产业研发服务,先后与牧原集团、东营海跃水产、上海麦格理公司、南阳王府、淅川川江缘、南阳艾制品企业等合作研发中医食方食材,助推南阳大健康大厨房产业发展。以"资金+技术"的合作方式,与上海元素金服基金管理公司签订合作协议,由上海元素公司提供10亿元资金,南阳理工学院提供技术,河南融智负责运营,协同服务南阳经济发展,目前已落地4.5亿资金,投产于桐柏县专用橡胶新材料项目。

加强合作,落地了一批县区共建合作项目。通过市政府转发《转型发展全面服务南阳经济社会发展行动计划》,举办校地校企合作推介暨集中签约大会,推动桐柏、西峡、社旗、唐河4县的校地共建合作项目落地生根,探索了一批可复制、可移植、可推广的成功经验和典型范例。目前桐柏、西峡的合作项目已被列为县委书记工程,桐柏确定的县域农副产品线上销售、物流仓储信息共享平台建设等若干个重点项目正在实施运行;西峡、唐河、社旗的合作也已进入项目需求对接。

与南阳市商务局共建立南阳理工学院县域电商研究院,打造县域电商领域集科研、应用和服务于一体的专业智库。与南阳市商务局、社旗县商务局、淅川县商务局等9家单位开展12个校地合作项目,编制了《南阳市电子商务产业发展规划(2017～2022)》《社旗县电子商务发展规划(2017～2022)》《淅川县国家级电子商务进农村综合示范县申报书》等。2016 年以来拥有专利 53 项，技术推广与转让 79 项，金额 3000 余万元。

三、开展各类社会培训

面向社会大力开展各类社会培训，根据不同行业、不同对象的需求，量身定制，为社会培养了一大批专业实用人才。依托我校电子商务学院组建的南阳电商联盟，积极开展社会服务，先后为唐河、内乡、镇平、桐柏等县区开展培训，累计 1500 余人，被授予“南阳市电子商务人才培训基地”“河南省电子商务继续教育基地南阳基地”和“南阳市电子商务示范基地”；承担了南阳市、淅川县、社旗县的电子商务产业发展规划的编制工作。先后与南阳卷烟厂、南阳市地税局、南阳邮政储蓄银行等 30 余家企事业单位建立了长期培训合作关系，持续为地方党政机关、各类学校、企事业单位等开展计算机应用、行政管理、企业管理、社交礼仪等各类专业知识培训，2016 年共举办各类培训班 16 期，培训人员 59012 人次；2017 年共举办各类培训班 14 期，培训人员 36800 人次。由学校负责软件开发、运行维护的南阳市专业技术人员公需科目培训平台自 2016 年 4 月开始论证研发，7 月底正式投入使用，2016 年、2017 年共有 9 万余人次完成了在线学习。

四、提升社会服务质量

一是打造科技创新高端平台，全力实现优质资源的集群、集约、集聚。主动融入南阳国家创新型城市建设，协同共建南阳协同创新研究院，下设有光电技术、装备制造、生物化工、电子商务、大数据等 13 个协同研发中心，深度融合企业、高校、政府多方力量，进一步激发和释放人才、资本、信息、技术等创新活力，希冀打造南阳改革发展的智囊团、技术革新的设计院、协同创新的大平台；与南阳高新区协同共建“南阳中关村领创空间”，共享各方优质资源，打造、形成集聚人才、信息、科研三位一体的协同创新高端平台。

积极响应国家“大众创业、万众创新”号召，成立“南阳理工学院大学科技园”，设立大学生创新创业孵化园，先后获批市大学生创业孵化示范基地、省大学生创业示范基地；组建三融众创空间，成为南阳首个省级众创空间,被推荐为国家级众创空间;协同共建南阳创业学院,引进国际劳工组织研发的 SIYB 教育课程,采用 PBGS、行动导向和计算机仿真模拟实训等前沿教学模式,开启南阳高校大学生 SIYB 创业培训先河。

围绕服务南阳特色农产品电子商务营销战略,适时成立学校电子商务学院,协同组建南阳电商联盟,大力开展农村电商、跨境电商等社会类培训近 2000 余人次,先后被市政府、省商务厅、市商务局分别授予“市电子商务人才培训基地”、“省电商继续教育基地·南阳基地”、“市电子商务示范基地”,成为南阳区域电商人才培养、成长的摇篮。

二是构建服务社会创新机制,务求实现深度转型的共建、共享、共赢。近年来,大力推进校企合作、产教融合,主动邀约行业、企业全方位参与学校应用技术型人才培养,构建协同育人、产教融合新机制。探索“卓越计划”专业“3+1”人才培养模式,落实校企双主体,将课堂移到企业、工程实景引入学校,校企共同制订培养目标,共同建设课程体系和教学内容,共同组建双师双能型教师队伍,共同评价人才培养质量。

与集团共建“九州通教育部大学生校外工程实践教育基地”,共建专业实验室、校内联合研发中心、企业工程实践教育中心;与郑州宇通合作举办“宇通重工班”,与南阳二机合作举办“二机国贸班”,应用技术型人才培养迈向新领域;与中兴通讯签约共建“南阳理工·中兴新思学院”ICT 产教融合创新基地,以通信工程、物联网工程专业为依托,探索“企业主导、学校主体、师生参与、实景育人”的教学、科研协同发展工程教育模式,同步面向豫西南开展技术研发、转让、信息咨询等社会服务。近 3 年来,学校教授、博士在南阳初步形成“星火燎原”之势。

三是厚植办学优势和特色,确保实现服务社会的协调、协作、协同。围绕南阳支柱产业、新兴产业,加大核心专业集群建设。对接南阳经济、产业和行业需要,建立与地方经济社会发展联动的专业动态调整机制;围绕服务南阳先进装备制造、光电信息、电商及物流、“楚风汉韵”古建筑遗存保护、仲景品牌医药等支柱、新兴产业,打造一批核心专业集群,初步形成产业群、专业群、人才链与南阳经济社会发展的有机对应和对接。

制订实施了“服务南阳经济社会发展行动计划”,利用学校理工科专业集群优势，支持县区职业教育再提升、再升级；利用、发挥南工校友组织的网络体系，打造服务南阳招商推介的优质平台；利用学校积淀的“全国部分理工类地方本科院校联盟”、全国“应用技术大学（学院）联盟”、“汉江流域大学联盟”等校际合作资源优势，在科技创新领域进一步发挥学校服务南阳经济社会发展的作用。

第五节　注重开放多元办学

一、深度推进产教融合

以落实《关于深化产教融合的若干意见》为抓手，努力开创产教融合、校企协同育人工作新局面。坚持将产教融合贯穿人才培养全过程，大力促进人才培养供给侧和产业需求侧结构要素全方位融合；积极主动对接和融入，逐步提高产业、行业、企业参与办学程度，持续健全多元化办学体制，持续创新教育培养模式、组织形态和服务供给，全面推行校企协同育人，共享协同育人成果，基本形成了产教融合协同育人共同体，溢出效应日渐彰显，强力助推了学校深度转型发展。

一是共同完善顶层设计；二是共同组建专业集群，着力促进学科专业的交叉融合，优化学科专业结构；三是共同修订培养方案，共同编制专业人才培养方案；四是共同开发应用课程；五是共同推进师生创新创业，厚植创新创业文化土壤，共同筑牢创新创业教育平台，夯实创新创业实践平台，搭建创新创业孵化平台；六是共同建设产教融合教师队伍，提高教师的专业实践能力；七是共同构筑协同育人平台，共建校企合作订单班；八是共同评价办学质量，共同编制办学质量年度报告；九是共同开展科技研发，大力推进成果转化和转移，为南阳企事业单位提供技术革新、改造和新产品。

二、持续强化校际合作

以校际合作为抓手，坚持“抱团发展、协同发展、共赢发展”。搭借京豫高等教育合作平台，与北京信息科技大学结对共建，深化合作；与北方工业大学签订校际战略合作框架协议；校际共建了“全国部分理工类地方本科院校联盟”、“汉江流域大学联盟”、“中国高校科学与艺术创意联盟中原分盟”、“中原在线课程联盟”等，加入了全国“应用技术大学(学院)联盟”，广泛借智、借脑、借力，实现校际的优势互补、资源共享，助推学校事业发展。

一是参与组建全国部分理工类地方本科院校联盟。为共同搭建新建理工类本科院校学习、交流与合作的平台，共商改革发展大计，2011年4月6日至9日，由常熟理工学院提议，上海电机学院、重庆科技学院、南阳理工学院、湖南理工学院、宁波工程学院、厦门理工学院、黑龙江工程学院共同响应、组建的全国部分新建理工类本科院校联盟成立，并在常熟理工学院举行了全国部分新建理工类本科院校首届研讨会。会议研究决定，研讨会每学期举办一次，由联盟高校成员轮流承办，及时研究和解决地方新建本科高校发展过程中的疑难问题。2015年7月3日，第9次联盟研讨会研究决定，增加南昌工程学院、东莞理工学院、合肥学院3所高校为联盟新成员；2016年6月16日，第11次联盟研讨会研究决定，增加成都工业学院为联盟新成员。目前，全国部分理工类地方本科院校联盟成员已经增加至12个，分布在国内12个不同的省(市)。

2017年10月27日，学校承办了全国部分理工类地方本科院校联盟第14次研讨会，联盟12所理工类高校的领导、相关业务处室和教学院部负责同志相聚一起，共商高校思想政治教育改革和创新，共谋高校基层教学组织建设和发展。大会围绕“高校思想政治工作改革与创新”和“基层教学组织建设与探索”等热点议题开展深入系统的交流和研讨活动，进一步提升了联盟各高校思想政治工作水平，强化了联盟高校的内部联系，推动了联盟院校协同发展、联动发展，为联盟学校事业开创新局面奠定坚实基础。联盟各高校乘着党的十九大的强劲东风，在习近平新时代中国特色社会主义思想的指导下，不忘初心，牢记使命，相互学习，相互支撑，奋力开创高校思想政治工作新局面，开拓基层组织教育教学的新局面，谱写高等教育事业光辉灿烂的时代华章。会议认为，面对近年来应用型本科院校发展的实践，联盟高校不仅要有强烈的忧患意识，更要有强烈的机遇意识，要抓住国家深化高等教育领域综合改革的机遇，科学制定新的发展思路，推进产教融合，深化转型发展，为加快新型大学的建设步伐而努力。各联盟高校要站在相关行业科技发展和人才培养的前沿，创新应用型人才培养模式，为地方经济社会发展培养更多的高层次应用型人才，为建设创新型国家作出更大贡献。

二是参与组建汉江流域大学联盟。2015 年 11 月 8 日，由陕西理工大学、湖北文理学院倡议，安康学院、汉江师范学院、湖北工程学院、湖北汽车工业学院、湖北医药学院、荆楚理工学院、南阳理工学院、南阳师范学院和商洛学院等汉江流域 3 省 6 市 11 所高校共同发起，在湖北文理学院召开的第二届“汉江论坛”上签约成立了汉江流域大学联盟，共同签署了《汉江流域大学联盟宣言》，促进汉江流域大学之间的相互合作与发展，实现优势互补、整体提升；制定联合培养学生计划，促进在校生在成员单位之间的跨校交流与培养；以联盟成员的优势科研领域为支撑，联合申报和承担国家重大研究项目或国际科技合作项目；在保持人事关系不变及知识产权归属为原单位的前提下，推进联盟成员间的教师互聘；联合建立多学科组成的高端智库和开放式研究机构，积极参与汉江流域地区经济社会改革与发展建设。联盟建立轮值担任理事长制度，每年至少召开一次执委会及秘书处联席会议，讨论决定联盟年度工作计划，安排部署联盟的各项工作。

三是加入了应用技术大学（学院）联盟。应用技术大学（学院）联盟是在教育部的指导下，由以应用技术大学类型为办学定位的地方高等学校发起成立的民间的、学术性机构和协作组织。2015 年 1 月 20 日，应用技术大学（学院）联盟专家组来校考察；6 月 15 日，经联盟成员单位投票表决，学校获准加入应用技术大学（学院）联盟。2015 年 12 月 2 日至 3 日，学校作为应用技术大学（学院）联盟会员单位及生物与化学工程专业协作会发起单位应邀参加了由浙江科技学院承办的联盟生物与化学工程专业协作会成立大会暨第一次专业建设研讨会，被推选为专业协作会第一副理事长单位。

四是倡导成立中国高校科学与艺术创意联盟中原分盟。2016 年 7 月 22 日，中国高校科学与艺术创意联盟中原分盟在我校成立，同时揭牌成立了“中国高校协同创新联合实验室”和“中国高校科学与艺术创意联盟中原分盟历史建筑保护与数字化研究中心”；7 月 24 日，校长刘荣英当选联盟副主席；学校当选中原分盟主席单位。

三、拓展中外合作渠道

在目前中外合作办学“单向交流”为主的基础上，积极拓展中外交流合作渠道，努力构建双向开放的中外合作办学格局，有效发挥高校肩负的国际交流合作职能。在韩国设立2个分院，招收中医学韩国留学生；与新西兰惠灵顿维多利亚大学、英国北安普顿大学合作办学，培养具有国际视野和专业背景的复合型人才；与台湾静宜大学、美国东斯特拉兹堡大学等开展交换生项目，与美国天普大学、英国诺森比亚大学等建立校际合作关系；设有中原中韩文化交流中心、南阳中日文化交流中心，成为南阳市对外开放交流的重要窗口之一。

积极拓展与“一带一路”沿线国家及地区的交流与合作。2016年至2017年，与国外大学及教育科研机构签订合作协议14个；与马来西亚世纪大学、泰国西那瓦大学、韩国清州大学合作举办硕士博士研究生联合培养项目；与马来西亚、吉尔吉斯斯坦等国教育机构达成联合招收来华留学生意向，“一带一路”沿线国家的在校留学生国别数量和学生数量稳步提高。

在抓好现有5个中外合作办学项目的同时，着力于引智工作，借鉴、吸纳更多的国外优质教育资源；有计划选派校内学术和管理骨干出国研修，历练自身队伍。通过中外合作办学项目平台，国外教师每年来校任教20门次；学校多批次教师赴境外进行了课程及专业培训；系统引进了37门国外优质课程及其教材，引进课程使用原版英文教材，采用全英教学，通过教材引进促进了课程内容与国际接轨，并在此基础上开发和建设了具有国际视野、符合国际规范又适合国内需要的教材及相关教学资源。

积极与国外高校合作共建平台、开展科研合作项目及成果转化等。目前学校与英国伦敦大学学院可达性研究中心共建了“中英低碳城市研究中心”，与英国伦敦大学学院可达性研究中心合作开展《基于低碳目标的历史文化街区改造与更新》项目研究，与美国北达科他卡达州立大学合作开展《高铁刹车片图层的研制》等项目研究。

第三编　南阳理工学院转型发展案例

案例1:健全学校治理体系,构建新型大学关系

自2014年获批河南省整体转型发展试点高校、2016年获批河南省示范性应用技术类型本科院校以来,南阳理工学院不懈探索和实践,全面实施依法治校战略,编制并遵循《南阳理工学院章程》,持续健全完善"党委领导、校长负责、教授治学、民主管理、社会参与、依法治校"的现代大学治理结构和治理体系,努力构建新型大学关系,在法治轨道上推进治理体系治理能力现代化,基本形成了现代大学治理体系,有效助推和保障了学校的转型发展、内涵发展和特色发展。

一、科学编制实施大学章程,依法规范内部的权力关系

学校深刻认识到,科学编制大学章程,既是履行法定义务、落实上级教育主管部门的要求,也是实现依法治校、依法自主办学的内在必然。作为"根本大法"或"宪章",学校章程是探索和建设中国特色现代大学制度的核心,是实现学校治理体系和治理能力现代化的重要顶层设计,是积极稳妥推进学校综合改革的纲领和指针,是建设高水平应用型理工大学的根本制度保障。章程既要载明学校的发展定位和治理结构,也要向社会各界宣示学校的办学理念、办学宗旨;既要规定学校事务的基本运行规范,也要明确协同育人各方利益主体的权利和义务。因此,编制科学的大学章程,并坚持以之为遵循,进而搭建起高校治理结构治理体系的四梁八柱,并在实践中认真贯彻落实,对地方本科高校的深度转型发展,具有深远的意义。

根据教育部《高等学校章程制定暂行办法》(教育部令第31号),2015年10月,经学校教职工代表大会讨论、校长办公会议审议、党委

会议审定、南阳市人民政府同意、河南省教育厅核准，学校组织编制的《南阳理工学院章程》(豫教政法〔2015〕151号)生效实施，在顶层设计层面依法规范了学校政治权力、行政权力、学术权力、民主管理权力的关系，形成了相对独立、互为支撑、有机耦合、协调制衡的内部权力运行机制。

《南阳理工学院章程》分为序言和正文两大部分。序言简要介绍了学校发展历程、办学理念、办学思想、服务面向和发展目标，以及章程编制的依据。正文部分包括10章：总则，举办者与学校，学校功能与教育形式，管理体制，教职工，学生，校友，经费、财务、资产与后勤，学校标识，附则。

在第一章"总则"部分，明确学校实行中国共产党南阳理工学院委员会领导下的校长负责制，努力构建和规范"党委领导、校长负责、教授治学、民主管理、依法治校"的管理体制；实行校、院(部)两级管理体制，逐步扩大院(部)自主管理的领域和范围，充分发挥院(部)办学的主体作用。

在第二章"举办者与学校"部分，明确了学校举办者享有的权利和义务、学校享有的权利和义务。

在第四章"管理体制"部分，从"学校组织机构""基层组织机构""决策和制度"等3个层面予以规范。

在第一节"学校组织机构"部分，界定了党委主要职责、校长主要职权、学术机构主要职权、教职工代表大会主要职权等；明确了党委会是学校重大问题和重要事项的最高议事决策机构，校长办公会议是学校行政工作的议事决策机构，学术委员会是学校学术事务的咨询和评定机构，学位评定委员会是学校学位事务的决策机构，教学委员会是学校教学管理工作的决策机构，教职工代表大会是教职工依法参与学校民主管理和监督的基本形式，是学校内部管理体制的重要组成部分。并分别明晰了各自组成、决策原则等。党委坚持民主集中制原则，实行集体领导与个人分工负责相结合的制度；校长是学校的法定代表人，学校行政管理实行校长统一领导、副校长协助分工负责、职能部门组织实施的工作机制；按照有利于推进教授治学、民主管理的原则，设立学术委员会等学术机构，议事决策实行少数服从多数的原则，依照国家有关规定及其章程组建、运行并履行职责,学校支持各委员会工作,维护学术活动的独立性;教职工代表大会在学校党委领导下开展工作,组织原则是民主集中制。同时,确定学校工会是学校党委和上级工会领导下教职工自愿参加的群众组织,是学校党委联系教职工的桥梁和纽带,是学校教职工代表大会的工作机构;学校共青团是学校先进青年的群众组织,在校党委和上级团委的领导下,按照《中国共产主义青年团章程》开展活动;校内各民主党派、社会团体依据各自的章程开展活动;学校鼓励和支持各民主党派成员、无党派人士、社会团体成员和各级人大代表、政协委员,参与学校民主管理、民主监督,为学校建设与发展建言献策。

在第二节"基层组织机构"部分,明确了院(部)主要职责、院(部)党组织主要职责;院长(主任)是院(部)行政主要负责人,对院(部)的行政事务行使管理权;院(部)实行党政分工合作、共同负责的工作机制;院(部)重大事项实行党政联席会议决策制度。

在第三节"决策与制度"部分,确定了学校通过党委会议、校长办公会议进行决策;建立科学、民主、规范的决策制度和决策程序;重大事项,应当在决策前征求师生意见,组织专家论证,进行风险评估和合法性审查,由集体讨论决定;学校依据法律和章程,建立健全各项规章制度,规范学校运行机制,维护学校办学秩序,维护教职工和学生的合法权益。

在第五章"教职工"部分,明确了教职工依法享有的权利和义务;学校建立健全教职工权利保护机制,维护教职工的合法权益;建立扶弱济困机制,扶助和保护特殊、困难教职工;学校设立教职工申诉处理委员会,依照规定程序受理教职工申诉。

在第六章"学生"部分,明确了学生享有的权利和义务;学生社团是学生自愿组织的群众性团体,服从学校的领导和管理。学校支持学生社团在法律、法规规定的范围内按其章程开展活动;学校建立健全学生权利保护和救济机制,维护学生合法权益;学校设立学生申诉处理委员会,依照规定程序受理学生申诉。

二、坚持党委领导下的校长负责制,创新管理体制机制

(一)健全完善党委领导下的校长负责制

为全面落实《南阳理工学院章程》,2016 年 3 月,学校修订完善了《中共南阳理工学院委员会议议事规则》《南阳理工学院校长办公会议议事规则》,分别规定了党委会议和校长办公会议的议事范围、议题的提出和确定、会议召开、议事程序和要求、会议执行等事项,明确实行主要领导末位发言制度;2018 年 6 月,制定印发了《南阳理工学院关于坚持和完善党委领导下的校长负责制的实施细则》,再度明确了校党委的主要职责、校长的主要职责,建立健全了党委与行政议事决策制度、决议执行制度、协调运行机制、监督检查机制等章节和条款。

(二)优化调整内设处级机构

为持续优化学校治理结构,建立与学校整体转型发展相适应的科学规范运行机制,按照"职责明确、按需设置、精简高效、管理规范"的原则,2016 年 1 月,学校印发实施了《中共南阳理工学院委员会关于调整处级机构和处级干部职数的通知》,增设了发展规划处、国有资产管理处,独立设置了教学质量监控与评估处、校地合作处、电商学院,重组了后勤管理处、物业服务中心、生活服务中心,整合了党政办公室、高教研究中心、国际教育学院等内设机构。同时,基于中层领导班子多年未换届,一定程度上存在的工作懈怠、缺乏激情等不良倾向,学校积极推动中层干部换届、轮岗、竞聘,将 11 名具有高学历、高职称的领导干部调整至教学院部,4 名处级领导干部转任至专任教学岗位,优化了领导干部队伍结构,提振了领导干部精神面貌,营造了良好清明的校园政治生态,为推进深度转型发展注入了活力。

(三)稳步实施校内各项综合改革

按照"统一协调、突出重点、循序渐进、分步实施"的原则,积极稳妥推进校内各项综合改革,在人力资源优化配置、目标管理及绩效考核、职称评审推荐、放管服等诸多方面探索尝试,成熟一项,实施一项,持续创新行政管理体制机制。

一是施行人力资源优化配置,汇聚和形成干事创业的合力。为建

设一支数量少、素质高,充满活力的管理队伍,逐步解决人力资源配置相对失衡的问题,按照“精干高效、人岗相适”和“以岗定编、统筹兼顾”的原则,2016 年 3 月,印发实施了《党政群团教辅后勤教学管理机构人员定编方案》,结合单位职能,科学设置科级机构及岗位,合理配置管理人员,精简管理队伍,探索建立分流机制,将博士学历人员、高职称人员、富余人员全部充实到教学和学生管理一线,或者攻读学位,或者赴企业挂职锻炼,既有效提高了管理和服务效率,也为学校转型发展奠定了良好的人力支持和智力支撑。同时,先后印发实施了《特聘教授管理办法》、《“淯阳学者”岗位实施办法》、《学术带头人遴选和管理办法》、《青年学术骨干选拔和管理办法》、《教授和博士津贴考核及发放办法》、《师资队伍学历学位提升实施办法》、《“双师双能型”师资队伍建设办法》、《南阳理工学院高层次人才引进“伯乐奖”奖励办法》、《劳动用工管理办法》等一系列人事规章制度,强化了高层次人才引进工作力度,深化了教师分层管理,规范了劳务用工管理。经过近几年的努力,基本建成了适应学校转型发展需要的高层次教师队伍、高素质党政管理干部队伍、高效率教辅后勤保障队伍。

二是实施目标管理及绩效考核,推动学校治理能力现代化。针对考评考核、奖惩机制不够健全的状况,学校持续探索和实践,逐步建立健全了有效的分类、分层考评考核和奖惩机制,充分发挥考评考核的内在激励作用,努力克服人浮于事、职业倦怠等问题,2016 年 5 月,学校印发实施了《南阳理工学院目标管理实施意见》,2016 年 12 月,印发实施了《南阳理工学院目标管理考核指标体系》,逐步构建了较为完善、科学合理、简单易行、有效管用、便于操作的目标分类考核指标体系,逐步将中层班子年度考核以及学校原有专项奖励考核统一纳入目标管理及考核,将目标考核结果与年度评先评优指数挂钩、与奖励性绩效挂钩、与落实教学院部办学主体地位挂钩,不断调动校内各单位及广大教职工的工作积极性、主动性和创造性。

三是放管结合优化服务,落实、凸显教学院部办学主体地位。坚持力量下沉、资源下放,推动管理重心下移、关口前延、阵地前移。结合目标管理及绩效考核,探索、尝试人、财、物、事等职权逐步下放的管理体制机制,全面落实、凸显教学院部的办学主体地位。2016 年 10 月,印发了《关于全面清理学校现有规章制度的通知》,遵循国家法律法规和政策、党内规章制度和学校章程,按照"于法周延、于事简便;严谨规范、有效管用"的原则,坚持"留、废、改、立",对学校各类党政群团规章制度进行了全面清理,修订完善了一批基础性规章制度,为学校深化转型发展和省示范校建设提供了基本制度保障。以绩效工资二次分配和职称评审推荐改革为抓手和突破点,进一步发挥人事杠杆的撬动效应,切实激发二级教学院部的办学活力。2017 年 5 月,先后制定印发了《南阳理工学院职称评审推荐办法》、《南阳理工学院绩效工资二次分配方案》,职称评审推荐权放置二级教学院部,将部分绩效工资及超课时工作量补贴切块划拨给二级教学院部,赋予、扩大二级教学院部办学自主权。鼓励二级单位在教学、科研、绩效分配、人才引进、职称推荐、人事聘用、评先评优等诸多方面解放思想、更新理念,以先进思想、先进理念指导、推进工作,敢改革、善创新、出新招、用心干,争当创新思维方式、创新发展理念的领跑者、推动者、践行者。

三、健全完善学术组织机构,有效发挥教授治学的作用

2017 年 9 月,组织修订了《南阳理工学院第四届学术委员会章程》、《南阳理工学院第四届教学委员会章程》,与之前制定实施的《南阳理工学院章程》、《南阳理工学院学士学位授予工作实施细则》、《南阳理工学院学士学位授予工作实施细则补充规定》一道,构成了学校学术事务管理和决策的制度框架。

在此基础上,依据各自章程或者实施细则,分别成立了学校第四届学术委员会、教学委员会、学位评定委员会,独立、自主开展相应的学术工作。其中,学术委员会为核心,指导、授权、监督教学委员会、学位评定委员会等专门委员会以及各教学院部分委员会,按章履行职责。

在横向层面上,教授学术权力与党委政治权力、校长行政权力、师生民主权力并行不悖,搭建了学校内部多元主体的权力体系架构;在纵向层面上,形成了学术委员会为主体、专门委员会和教学院部分委员会为支撑的学术组织机构体系框架。使教授治学充分体现到教学育人、研究学问、学术决策等方面,有效发挥了教授的教学主导、学术引领、决策独立的治学作用。

四、集聚民主党派及群团各方优势,形成转型发展合力

支持各民主党派、工会组织、共青团、女工委员会依照法律,遵循章程,独立自主、创新开展工作,努力把广大师生参与学校民主管理的积极性引导好、发挥好、保护好,集聚、形成学校转型发展的合力。

一是有效发挥统一战线作用。2016年12月,印发了《中共南阳理工学院委员会关于加强新形势下统一战线工作的意见》,进一步健全实施了统战走访制度、民主党派基层组织工作制度、座谈会和办学情况通报会制度、党外人士参与学校重大决策制度、校党委成员与党外知识分子谈心交友制度等,有效发挥了各民主党派和无党派人士参与办学的重要作用。

二是坚持教职工代表大会制度。认真落实《南阳理工学院教职工代表大会实施办法》,坚持教职工代表大会制度,重视女工委员会工作,进一步发挥工代会、教代会、女工委员会在民主决策、民主管理、民主评议、民主监督中的作用,发挥各级工会组织联系教职工的桥梁和纽带作用。探索创新二级工代会、教代会组织形式,依法维护教职工合法权益。

三是构建"一心双环"团学组织格局。2017年10月,组织印发了《南阳理工学院共青团改革实施方案》,持续构建党领导下的"一心双环"团学组织格局,指导学生会、学生社团建设,切实发挥各级团组织以及学生会、学生社团的凝聚力和引导力,积极倡导广大团员、学生参与学校的民主管理进程。

五、广泛吸纳社会力量参与办学,构建协同育人共同体

作为地方本科高校,自升本之初,学校即确立了应用型人才培养定位,开始了应用型高校的探索和实践,持之以恒走产教融合、校企合作的多元开放办学之路。尤其是2017年国务院印发《关于深化产教融合的若干意见》以来,基于新时代、新使命,产教融合协同育人成了国家创新引领发展的重大行动、重大举措,成了国家统筹推进高校综合改革的重要方针和重要路标。广泛吸纳社会力量参与办学,构建产教融合协同育人共同体,日益成为应用型学校加快内部治理体系和提升治理能

力现代化的客观必然。

为更好发挥学校对区域产业转型升级的支撑、引领作用，推动高校与区域经济社会协调发展，学校坚定了产教融合办学路径，坚持以培养高素质应用型人才为核心、以契合区域产业需求为导向、以提升社会服务贡献力为根本，积极主动对接和融入，逐步提高产业、行业、企业参与办学程度，持续健全多元化办学体制，持续创新教育培养模式、组织形态和服务供给，全面推行校企协同育人，共享协同育人成果，基本形成了产教融合协同育人共同体，溢出效应日渐彰显，强力助推了学校深度转型发展。

一是共同完善顶层设计。通过与地方政府、产业企业、专家学者反复商讨与论证，进一步健全了学校发展顶层设计，凝练了“立本、立真、立特、立新”的办学理念，凸显了“应用型、地方性、服务型、开放式”的办学定位，确立了“植根南阳、服务河南、面向全国”的服务面向定位，明晰了“契合区域产业需要，打造学科专业集群，做强传统工科、发展新兴工科、做优特色学科”的学科专业建设定位。

二是共同组建专业集群。坚持“凝练特色、强化应用、亲近产业、服务地方”的专业建设原则，围绕服务南阳全国高效生态经济示范市、先进制造业强市、中原改革创新活力城、仲景健康城等发展战略以及支柱、新兴产业需要，大力推行专业建设“大舰战略”，着力促进学科专业的交叉融合，巩固和发展现有重点学科，培植新的学科专业增长点，优化了学科专业结构，整合打造了先进装备制造、信息光电、仲景医药等六大专业集群。

三是共同修订培养方案。基于“学生中心、成果导向、面向产业、协同育人”的人才培养理念，按照“凸出应用、强化实践、注重能力”的原则，共同编制了2016版本科专业人才培养方案，以区域经济社会发展对人才的需求为导向，以深化产教融合校企合作为路径，以促进学生全面发展和个性化发展为基本要求，以职业标准为参照，将创新创业教育融入人才培养过程，重构人才培养体系各模块各环节，着力培养学生对接企业岗位的实践能力和工程素养，体现知识、能力、素质协调发展。

四是共同开发应用课程。按照“平台＋模块＋方向”的课程结构，积极探索和创新应用型人才培养新模式，深入落实校企双主体育人，将课堂移到企业、工程实景引入学校;把行业的新标准、新技术、新工艺、新案例有机融进课程教学内容,共同开发新课程;同时大力开展项目式、任务式等课程教学方法的改革。近年来,与合作企业共同建设课程320余门,共同开发新课程15门。

五是共同推进师生创新创业。坚持以创新引领创业、以创业带动就业,校企厚植创新创业文化土壤,引入SIYB创业教育体系,共同筑牢创新创业教育平台,夯实创新创业实践平台,搭建创新创业孵化平台,持续推进创新创业工作深入开展。

六是共同建设产教融合教师队伍。3年来总计聘任260余名行业企业优秀专业技术人才、管理人才和高技能工程人才担任兼职教师,到校开展学术报告,指导学生实践训练活动;累计选派169名教师赴行业企业实践锻炼,提高教师的专业实践能力。

七是共同构筑协同育人平台。先后共建了河南省院士工作站、博士后研发基地、张仲景方药与免疫调节省级重点实验室、工业微生物资源与发酵技术省级重点实验室、移动终端自适应处理技术工程实验室、信息感知与机器人应用技术工程实验室、云计算虚拟化技术工程实验室、黄酒工程技术研究中心等优质科研育人集聚平台;共建了教育部ICT产教融合创新基地、国家级大学生校外工程实践教育基地;共建了"宇通重工班""二机国贸班""上海理光班"等30余个校企合作订单班。

八是共同评价办学质量。邀请行业企业人员介入、参与人才培养各环节,模拟真实生产环境或直接到企业一线进行实习实训,提升学生应用能力;部分专业将毕业答辩设在企业,由企业进行考核,得到了多家媒体的关注与报道;以第三方评估机构为主,评价办学质量,共同编制办学质量年度报告。

九是共同开展科技研发。先后为南阳企事业单位提供技术革新、改造、新产品170余项,荣获省、市成果奖励200余项。与陆德筑机联合开发的"产品图纸自动审核及智能拼图软件"荣获第四届河南省青年创新软件设计大赛金奖;与南阳防爆合作,提升电机性能,创造效益1028万元;与西峡水泵厂合作,降低水泵噪声,创造效益5000万元;与牧原集团、上海麦格理公司、南阳王府、淅川川江缘等合作研发中医食方食材,助推南阳大健康大厨房产业发展。以"资金+技术"的合作方式与上海元素金服基金管理公司签订了合作协议，由上海公司提供10亿元资金，南阳理工学院提供技术，河南融智负责运营，协同服务南阳经济发展，已落实4.5亿资金，专用于桐柏县橡胶新材料项目的投产。

六、深入推进依法治校，不断提升治理能力水平现代化

依法治校是建设现代大学制度、构建新型大学关系的基本保证，学校始终坚持在完善学校顶层设计中遵守法律法规，在健全重大决策机制上注入法治理念，在落实重要工作重大活动中应用法治思维，在推进实施立德树人质量中体现法制意识，形成了以《南阳理工学院章程》为核心的制度体系，搭建了依法治校的四梁八柱。

学校坚持以提高师生员工的法律意识和法律素质为主线，以建立健全和落实各项规章制度为重点，以深入推进依法行政、依法治校、依法治教和专项治理为抓手，大力实施依法治校战略，在法治轨道上推进治理体系、治理能力现代化，切实把法治思维和法治方式贯穿办学治校全过程。先后依法建立并综合运用了信访、调解、申诉、仲裁等各种纠纷解决机制，持续完善师生权益保障救济制度，切实维护师生权益。各级领导干部、广大师生运用法治思维和法治方式深化改革、推动转型发展、化解矛盾、维护稳定的意识和能力不断增强。得益于此，学校荣获了河南省教育厅“依法治教年”活动先进单位。

综上所述，持续健全完善“党委领导、校长负责、教授治学、民主管理、社会参与、依法治校”的高校内部治理结构、治理体系，逐步构建形成“政治权力、行政权力、学术权力、民主管理权力”互为辉映、相得益彰的新型大学关系，持续提升高校治理能力、治理水平现代化，需要融入日常、抓在经常、成为常态，需要全校上下协同协作、绵绵发力、久久为功，唯有如此，方能书写新时代地方高校深度转型发展的奋进之笔，方能担负起培养堪当民族复兴大任时代新人的核心使命。

案例2:基于项目运行的教师队伍建设模式

地方本科高校的转型发展设计及实施,初衷是为了更好适应、满足地方经济社会的产业升级转型对高等教育的人才培养规格需求,从而为地方经济社会发展培养出数量充足的高素质应用型创新人才。教师是培养应用型人才的关键因素之一,只有建设一支教学能力和实践能力兼备的高素质“双师双能型”教师队伍,才可能培养出更多的高素质应用型创新人才。为加强我校教师队伍建设,促进教师深度转型发展,2016年学校成立了教师发展中心,与人事处合署办公,专门负责教师发展工作。经不断探索和实践,已初步形成了基于项目的教师队伍建设模式。

一、学校教师发展项目设计原则及内在特性

在设计教师发展项目时,必须充分考虑学校的战略发展目标,努力使教师发展项目贴合学校实际、贴合教师实际,并与学校的转型发展需求相一致、和教师的个人发展需求相一致。一个完整的教师发展项目的实施过程包括需求分析、项目设计、项目实施、项目评估等4个阶段,要综合考虑、统筹安排,特别要注重项目的3个内在特性。

一是自需性。自需性是指教师发展项目设计及实施的出发点和落脚点都是为了满足自身需要,包括学校的整体需要和教师的个体需要。应用型本科院校致力于培养应用型人才,更好为地方经济发展服务;应用型本科高校教师队伍的共同特点是年轻教师比例较大,年轻教师的教学能力、实践能力、科研能力较弱,亟须快速成长。在设计教师发展项目时,要充分结合学校的性质、定位、教师特点和战略发展目标,满足

不同层次教师的不同需要。

二是自主性。理想的教师发展项目应使教师的发展需求和学校的发展需求相一致,并使教师得到可持续发展。这需要充分发挥教师的自主性,以解决教师的发展方向和发展动力问题。发挥教师自主性,就是要提高教师自我发展的主体意识,认同学校的教师发展文化,自觉参与自我发展、自我完善的教育活动中,充分发挥自己的主体能动作用,调整、改造自身的知识结构、心理状态和行为方式,并在与学校环境的互动中,将自身发展和学校发展融为一体。教师发展项目同样要发挥学校的自主性。没有外在压力,出于自身需要而开展的教师发展项目,本身就带有自主性。学校可根据自身需要去决定以什么样的方式开展什么样的项目。但自主并不拒绝合作,教师发展项目的开展离不开社会、企业的参与,便于为教师实践能力发展寻求优质平台;也离不开校际合作,便于为教师发展寻找资源。

三是有效性。教师发展项目是自需、自主的,因而也必须是有效的。学校把有限的资源用在最必要的项目开展上,保留有利于促进教师发展的项目,坚决改进或抛弃对教师发展作用不大的项目,用科学的方式确保教师发展项目的有效实施。实施项目评估是保证发展项目有效性的必要手段,也是教师发展项目建设的重要一环。要结合学校和项目特点,建立科学的评估体系。通过评估,一方面掌握教师在参与具体项目后能力发展情况;另一方面掌握项目的实施效果。通过评估分析,及时对项目的内容和开展方式进行调整和优化,保证项目有效推进。

二、开展入职培训项目,促进教师自身成长

对学校新进教师进行入职教育培训,是教师成长发展的一个基本项目。较早的方式是教育行政部门组织教师培训机构,使用统一教材,采取集中学习的方式,对新入职教师进行高等教育学、高等教育心理学、教师职业道德、教师法等方面的教育培训,使新入职教师掌握基本的教育理论,具备高校教师的基本资格。我校的教师入职教育培训项目,则是根据学校发展需求,结合自身特点来规划培训内容,采取有效方式推进实施。

(一)需求分析

我校是新建地方应用型本科院校,新进教师为刚从学校毕业的硕士或博士研究生。由于教师数量有限,新进教师一进校就进入了教学岗位,一边上课一边培训。学校急需通过培训让新教师掌握备课、授课基本技能。新进教师刚进入一个陌生环境,角色由学生转换为教师,内心茫然和焦虑,有身份认同和归属的需求。一方面,他们渴望与他人交流,熟悉学校,融入学校,获得归属感;另一方面,他们急切想掌握教学基本技能,获得学生和学校的认可。根据问卷调查,90%的新进教师最大需要是掌握具体的教学技能、了解学校政策,与不同专业的教师交流。获得具体的教学技能是学校需要和教师需要的结合点。

(二)项目设计

根据需求分析,我校将入职培训项目的目标设定为:通过一年的入职培训,帮助教师在短时间内适应教学环境,明确发展方向,掌握必需的教学方式和方法。将内容设计为:职业导航、职业技能、职业规划3个模块。

职业导航模块:采取专题讲座的方式,让教师了解当代大学教师职业的深刻内涵,了解学校的办学理念、办学定位、发展目标,了解主要职能部门的规章制度。

职业技能模块:职业技能是入职培训的核心内容,通过培训让新进教师掌握与教学相关的几项基本技能,主要包括教师礼仪、教学发声、教学设计、教学技能与规范、课件制作等5个专题。教师礼仪,让教师掌握教师在课堂上言行举止方面的基本规范;教学发声,让教师掌握科学的发声用嗓方法,授课时的语言节奏,包括语速、重音、停顿等;教学设计,让教师掌握设计一次课的具体方法,使教师能结合自己所教课程及学生特点,在教学目标、教学重难点、教学方法、教学步骤与时间分配等环节的设计上符合要求;教学技能与规范,通过讲授与训练,让教师学会几种具体的教学技能,掌握教学中的各种规范;课件制作,主要从课件的选题、制作原则、制作技巧、常见问题和注意事项等方面进行培训,让教师能制作出符合自己课堂要求的课件。

职业规划模块:在了解职业规划方法的基础上,通过分析自己和学校的特点及要求,在培训教师指导下完成自己的3年规划,为自己近3

年的发展指明方向。

(三) 项目实施

在实施该项目时,除职业导航采用专题讲座外,其他两个模块主要采用教师工作坊和导师制的方式。工作坊由人事处组织实施,通过指导教师手把手地培训,让新进教师获得具体的某一项技能。承担工作坊任务的主要是学校内某方面有专长并经过培训的教师,或邀请到的国内某方面专家。如 2015 年的新进教师培训中,就通过教育部全国高校教师网络培训中心,邀请首都师范大学邢红军教授做“大学教学技能与规范”工作坊,邀请台湾大学教授王秀槐做“教学设计”工作坊。导师制要求各教学院部指定经验丰富的教师担任新进教师的导师,在教学中指导新教师成长。

(四) 项目评估

培训项目结束后要对新教师能力发展情况和整个培训效果进行评估。要求每位新进教师讲授 15 分钟的一段课,培训教师分别从课件制作、课堂设计、仪表仪态、教学发声、教学技能等方面对新教师掌握的教学能力情况进行评判。

一年期的培训结束后,所有的新教师要进行一次讲课竞赛,在给优胜者予以奖励的同时,判定新教师的教学能力是否达到要求。达到要求者,颁发证书,意味着顺利通过该发展项目。对新教师教学能力的评估也是对项目本身开展情况的评估,从新教师能力发展情况能判断出该项目的优劣成效。

三、开展应用实践项目,增强教师综合素质

开展应用实践能力发展项目是应用型本科教师发展中心的一项基本工作。对应用型本科而言,实践能力发展和教学能力发展同等重要。我校根据自身特点,以“分层发展,服务地方”为原则,开展了具有本校特色的教师实践能力发展项目。

(一) 需求分析

培养具有实践能力的高素质学生,必须拥有具备实践能力的高素质教师。而事实上,大多新进教师从学校走向学校,社会实践机会少,

社会实践意识弱,动手能力差,不能满足学校的发展需要。提高教师实践能力,建设一支双师双能型教师队伍是学校转型发展的需要。

开展教师实践能力发展项目是学校、教师和社会的共同需要。新进的博士研究生和硕士研究生因其教育背景、能力特点不同,需求又有差别。博士研究生研究能力较强,希望承担一些与自己专业接近的挑战性强的应用性课题,在解决企事业问题的同时,提升自己的研究能力;硕士研究生则更希望了解社会,提高自己实际动手能力,以便更好胜任实践课程。社会企事业单位的发展亟须高校提供人力智力支撑,急切希望与高校合作,解决事业发展中的问题。

(二) 项目设计

根据"分层发展,服务地方"的原则,实践能力发展项目按照硕士研究生和博士研究生两个层次实施。硕士研究生以"顶岗实践"为主,博士研究生以"应用项目研究"为主。

(三) 项目实施

"顶岗实践"是选派具有硕士学位或讲师以上职称的专任青年教师,赴企事业单位参加实践锻炼,主要目的是在为企事业单位服务的同时,提高教师的实践动手能力。学校每年按计划选派5%~10%的教师到指定的企事业单位,从事与专业相关的管理或技术服务等工作,以脱产实践锻炼为主,时间一般不超过一学年。将赴企事业单位实践锻炼纳入学校年度教职工进修培训计划,各教学院部结合实际认真研究,每年年初向学校书面申报实践锻炼计划,制订选派方案。有意向的教师向所在院部提出申请,阐明实践锻炼的计划目标、实施路径、效果形式等,经所在院部审核后报人事处备案。学校对实践教师按在岗标准核发绩效工资,并每月给予适当补贴。

"应用项目研究"是选派具有博士学位的青年教师到规模较大的企事业单位协同解决重大疑难问题。学校通过召开"校企博士论坛"、深入企业交流等方式,实现博士与企业的项目对接。企业开列需要解决的问题及提供解决问题的条件,博士结合自己的专业背景,组建项目团队,进行项目申报,双方最后达成共识。在这一过程中,教师发展中心起到了"牵线搭桥"的作用,一方面积极与企业联系,为企业提供博士的研究特长等信息,另一方面带领博士深入企业了解企业需要,寻找研究课题。对参与“应用项目研究”的博士,学校通过减免教学工作量、发放补贴等予以支持。

(四) 项目评估

对“顶岗实践”的效果,主要评估教师参与实践过程和能力提升情况。学校通过到单位调研、听取实践人汇报、实践单位鉴定等方式,及时掌握教师在企事业单位的实践情况,并给予指导督促,确保教师能俯下身子真正融入实践中去,提高实践效果。学校要求参与实践的教师返校之后,提供实践期间的作品,包括论文、诊断报告、设计、方案等,并讲授一节实践课,从授课和作品中判断教师实践之后的能力提升情况。通过对实践过程和能力提升情况的评估分析,为下一期项目开展提供借鉴。

对“应用项目研究”的评估,主要从教师所承担的项目数量和项目取得的效益两方面进行。一定期限内,一个教师承担的应用项目越多,取得的经济和社会效益越大,说明该教师的应用研究能力越强。当这样的教师越来越多的时候,这一教师发展项目的效果就逐渐凸显。目前,学校机械与汽车工程学院、电子与电气工程学院、生物与化学工程学院、数学与统计学院、经济管理学院等教学单位的博士已组建了数个项目组,与南阳中光学集团、宛西制药、防爆电机等知名企业建立项目对接,受到企业欢迎。

四、开展工作坊项目,提升教师的教学艺术

“工作坊(workshop)”一词最早出现在教育与心理学的研究领域之中,是提供各种不同立场、族群的人们思考、探讨、相互交流的一种方式,成为一种鼓励参与、创新、以及找出解决对策的手法。采用教师工作坊的方式进行教师培训,参加教师工作坊的教师不仅要听专家讲,而且还要讲给专家和同行们听;不仅要观摩别人上课,更要自己备课、讲课,让别人观摩。通过个人备课、集体讨论、教学实践、评点反思等,让培训教师再互动和亲自实践中,加深对培训内容的认识。与传统培训相比,教师之间可以面对面地交流教学经验和学习心得体会,感觉更真实、更亲切;传统的培训限制了教师的学习地点、时间,很多约束条件导致不能参加培训,教师间的资源共享受限制,信息少。而教师工作坊培

训,学习时间和地点很灵活,信息量大,可以根据视频内容反复学习和研究,自主性很强,学习不受限制。教师之间的交流和互动随时可以进行,资源共享量大,为教师间的成长提供了机会。

(一) 需求分析

随着科学技术的飞速发展,新的教学理念、教学技术、教学方法不断涌现。面对这些新的变化,不论是老教师还是新教师,在教学实践中会产生困惑,渴望找到解决办法,内心有急需学习的欲望。如大学生在课堂上使用手机是一种普遍的不可阻挡的趋势,如何利用手机进行教学,成为教师迫切希望解决的问题;以“学生为中心”的教学理念已经为大家所接受,那么在教学设计中如何体现“以学生为中心”,也成为广大教师关心的话题。目前国内已有相关专家就一些热门问题进行了研究,并已取得成果,但派老师外出学习,不仅花费大,派出教师数量有限,学得的技术方法也不利于在学校推广,请有关专家到校,并以教师工作坊的方式,对我校教师进行培训就显得尤为必要。

(二) 项目设计

学校根据自身的需求分析,将教师工作坊的培训目标定为:以信息化时代的教学方法和教学技术为主要培训内容,通过系列教师工作坊培训,让教师了解并掌握新的教学方法和技术,并能在实际教学工作中熟练运用,以提高教学效率。

教师工作坊的选题原则为:一是培训内容能解决当前教师急切需要解决的问题,具有针对性;二是通过培训,使教师掌握具体的一种方法或一种技术,并能在课堂上实践,不讲高深的教育理论,具有可操作性;三是围绕某一方面的问题,连续举行相关的几次教师工作坊,以强化效果,具有系列性。

培训专家必须是国内在教师关切的领域有深入研究和实践经验,并在其他高校进行培训取得良好效果的人员,可以是有名望的大师,也可以是年轻的教学新秀。培训前,应与培训专家就培训目标、教师情况、教学环境要求等进行充分沟通,确保培训效果。参训人员自愿报名,由于工作坊特定的方式,参训名额必须限定。

教师工作坊要提供能实现培训目标的教学环境。由于学校的教师工作坊主要以讲授、互动、实践的方式,让教师掌握信息时代的教学方法和技术，因此教学环境要有可满足信息化的教学设备，包括可录制设备、环绕显示屏、可移动桌椅、微格教室、接入 wifi 等。

(三) 项目实施

目前我校拥有 2 间现代化微格培训教室，每间可容纳 20 人，配套先进的录播系统；1 间未来教室（可分割为两间微格教室），可容纳 80 人，配套活动座椅、全方位影像、wifi 覆盖。可实现教学实况录制、音视频同步直播，以满足远程微格点评需要，同时也可实时转播到校园网或互联网上，以供学校教学观摩，开展智能化、全交互、网络化教学和教研。室内全部采用活动桌椅，能够满足多种形式教师发展活动的需要。可举办讲座、圆桌会议、工作坊、沙龙、研修班，进行微格演练。

2016—2018 年，南阳理工学院邀请王秀槐、邢红军、李芒等一批国内外专家，举办了 20 多期教师工作坊，内容包括“微课的设计与制作”“PPT 制作”“微助教软件应用及规范高效编制多媒体 PPT 的方法与技”“以学生为中心的互动教学与多元评量工作坊”等方面。由于选题实用具体，效果较好，受到了教师的欢迎。

(四) 项目评估

对教师工作坊培训项目成效的评估，一是现场评估，一是教学实践评估。教师工作坊由于培训时间较长（每期 2 天左右），内容又具有可操作性，因此，在教师工作坊培训结束前，往往要进行一次成果汇报。培训专家根据培训内容确定一个题目，如制作 PPT，录制一节微课，设计一节课等，学员以团队的方式，先在内部进行讨论交流，然后每个团队推荐一名学员，在全体学员面前汇报，在讨论交流汇报中，检测培训效果。学校要求培训教师在教学中运用教师工作坊所学到的理念和技术，并在教师工作坊结束一段时间后，组织一次“教师发展沙龙”，邀请曾经参加过工作坊的教师，对教学实践中的应用效果进行交流。

案例3:打造契合区域产业发展需求的应用型专业集群

南阳理工学院自2004年升格为普通本科院校以来,坚持植根南阳、服务河南、面向全国,走产学研用一体化和开放办学之路,致力于应用型人才培养。多年来,学校以服务区域产业转型升级发展为目标,致力于应用型本科高校专业集群的理论探索与实践研究,培育打造了一批契合区域产业发展需求的应用型专业集群(见图1 围绕南阳支柱产业建设的应用型专业集群)。

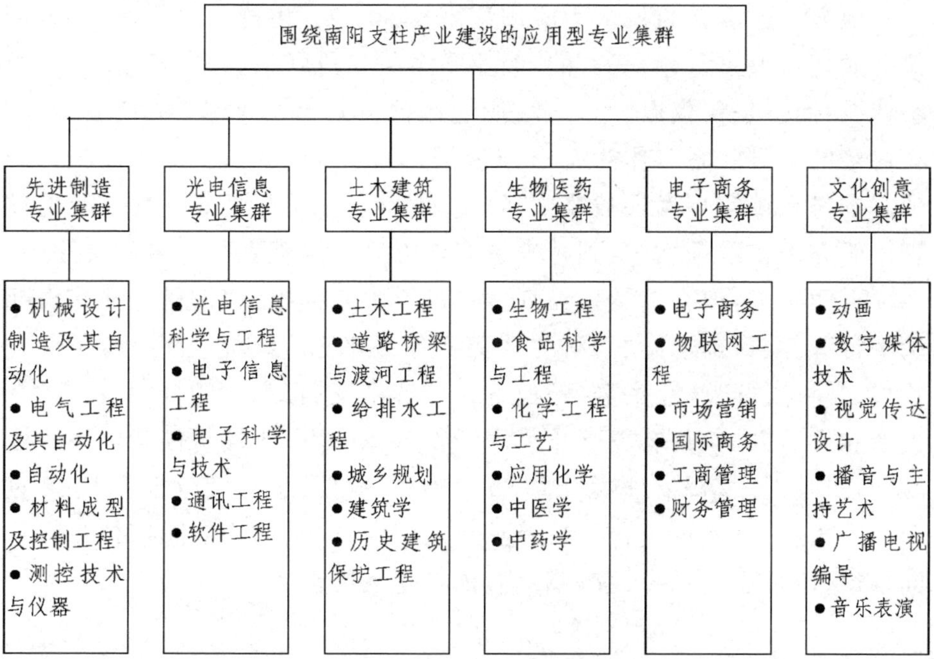

图1 围绕南阳支柱产业建设的应用型专业集群

一、专业集群概念的内涵特征

专业集群的提出、形成自有其演变和发展过程,源自于专业群的概念产生。专业群主要指学校内部专业的优化配置和资源共享,旨在通过专业群带动发展,围绕课程、教师、基地建设等方面,提升学校的整体实力和办学水平。《教育部财政部关于实施国家示范性高等职业院校建设计划加快高等职业教育改革与发展的意见》首次提出高职院校“专业群”建设任务,但未对“专业群”概念做出明确界定。故此,对高职院校专业群的理解历来仁者见仁、智者见智,但专业群更着眼于学校内部,被广泛接受。

而专业集群是以区域内的产业集群为服务对象,围绕某一产业上下游供应发展链条,以服务产业链核心环节的主干专业为主、以专业交叉互补和交融互促为形式,打造的校内甚至于校际间的若干专业群体。专业集群具有以下4个特点:一是区域性,能够服务区域经济社会;二是适应性,契合区域产业发展需求;三是集约性,集约整合校内各类资源;四是引领性,具有带动、引领区域某一产业的作用。

地方新建本科高校多为应用型高校,其专业集群布局是按照“以岗位群或行业为主兼顾学科”的“职业联系与学科联系的复合”,作为基点和依据,而不是仅仅以“与产业、职业岗位群对接的职业联系”或“与学科对接的学科联系”,作为基点与依据。自2015年国家正式实施部分地方本科高校转型发展战略之后,专业集群在应用型本科教育范畴的理论研究和实践探索,受到越来越多地方高校管理者与学者的关注。

近两年来,教育部学校规划发展建设中心提出了“学科专业集群超级平台”的全新理念。“学科专业集群超级平台”集成并且超越了专业集群、学科集群、产业集群,是地方高校转型发展、产教融合的重大理念创新和发展方向,具有以下4个内涵特征:一是产业链与创新体系深度融合;二是人才培养、继续教育、技术创新、科技服务、行业智库、创新创业高度集成;三是校企合作、校地合作、国际合作、网络协同四位一体协同推进;四是通过系统性改革提升体系化发展能力。

二、专业集群建设是转型需要

专业集群建设应以服务产业为目标,以相关产业链的组成和发展要求为依据,与产业需求及其发展趋势相结合,抓住产业链中某些链环,明确专业集群服务的职业岗位群,有针对性地培养产业真正需求的人才,最终实现促进学生成功就业与推动产业发展的双重目的。

地方应用型本科高校专业集群与高等职业院校专业集群有着本质不同,主要表现在 3 个方面:一是强调学科支撑和引领作用,建设以优势学科为核心或基于学科基础的专业集群;二是突出紧密对接产业集群,与产业结构相适应,为区域产业的发展培养应用型本科人才;三是充分体现校地互动、产教融合理念,在更大的空间和更宽的视阈来打造区域高等教育与经济社会发展良性互动的专业集群。

为适应国家经济社会转型,地方本科高校特别是地方新建本科高校转型发展已成为国家重大决策、重要战略,同时也是高校自身发展的内在要求和历史使命,已有 20 多个省先后启动了转型发展试点,应用技术大学联盟的队伍在不断扩大,都在探索满足我国产业转型升级和新型工业化道路对应用型、复合型、创新型人才的需要,特别是产业链高端的应用技术型才人的培养。

开展专业集群建设是国家对地方普通本科高校向应用型转型的基本要求。教育部、国家发改委、财政部《关于引导部分地方普通本科高校向应用型转变的指导意见》提出,“建立行业企业合作发展平台。校企合作的专业集群实现全覆盖”;“建立紧密对接产业链、创新链的专业体系……围绕产业链、创新链调整专业设置,形成特色专业集群。”这是在国家关于院校转型的正式文件中首次提出的“专业集群”概念,将专业集群建设提到了前所未有的高度。国家发改委、教育部、人社部《关于编报“十三五”产教融合发展工程规划项目建设方案的通知》也明确将“专业集群”作为转型发展方案编制的重要内容。

三、专业集群建设的基本原则

2004 年升格为本科院校后,学校进一步坚定了“地方性、应用型、开放性”的办学定位,致力于为地方经济社会发展培养高素质应用型人才。明确了以满足地方区域经济社会发展需求为导向的学科专业建设定位,确定了市场导向、错位发展、符合定位的专业集群建设基本原则。

一是坚持市场导向原则。专业设置与专业结构调整从资源约束转向需求约束,把社会需求作为专业集群建设布局的首要因素。区域经济是决定地方高校发展、引导地方高校学科和专业建设的杠杆。作为区域仅有的一所理工类本科院校,我校根据区域经济的特点与优势,紧盯市场产业需求,确定了要重视重点学科建设、要重视学科群形成、要重视学科方向凝练、要重视特色学科(专业)培养的"四要"原则,开始面向市场、地方经济社会发展的学科、专业结构调整,先后围绕南阳先进装备制造、光电、新能源与节能环保、生物等四大支柱产业和生物能源、超硬材料、天然碱、石油装备、冶金辅料等五大特色优势行业发展,设置了机械设计制造及其自动化、电气工程及其自动化、材料成型及控制工程、化学工程与工艺等多个应用型工科专业。以"先进制造业中心"为特色的豫西南经济发展大量需要机械、电气类人才,学校发展先进制造与控制专业群,设置了机械设计制造及其自动化、材料成型及控制工程、汽车服务工程、自动化、测控技术与仪器等专业;根据南阳光电产业发展形势,在电子信息工程专业群外延拓展光电内容,将"电子工程"专业群重新表述为"信息与电子商务类"专业群,发展了光电信息科学与工程、电子商务专业。

二是坚持错位发展原则。与河南其他高校错位发展,从办学实际出发,明确学校专业集群服务的产业链环节及层次,坚持有所为有所不为,走特色发展之路,大力发展与地方经济发展联系紧密的特色专业。南阳作为闻名中外的医"张仲景故里,仲景文化底蕴深厚,与仲景相关的产业很多,中国的2200多种中药材在伏牛山上就生长着1700多种。学校利用这种地域文化特色和得天独厚的中药材基地道地优势,深入开展中医学、中药学和张仲景医学思想的研究,发挥医圣张仲景故里品牌优势,设置了以传承、弘扬张仲景学术思想为特色的中医学专业;依托八百里伏牛山天然中药库资源开设了中药学专业,建成了国内最全的张仲景数字文献库和全国高校校园内最大的张仲景药用植物园。基于南阳历史文化名城的丰厚资源,以建筑、土木等相关专业为依托,增设了河南省仅有的一个建筑学专业(古建筑修缮与保护方向),中医学、中药学、历史建筑保护工程、电子商务均为豫西南唯一本科专业。“错位”从外延向内涵延伸,使之不仅体现在专业群及专业的名称和办学层次上,也体现在人才培养模式以及就业岗位和岗位群面向的差异上。

三是坚持符合定位原则。学校坚持以定位求特色,以定位求发展,以定位建集群。所有集群内的专业设置及培养目标都以应用型本科院校的办学定位、培养应用技术人才的人才培养目标、校地互动的基本战略为指引,强调“立本、立真、立特、立新”的办学理念,在特定产业链环节和层次中,形成了区别于研究型高校、高职高专和其他本科院校的专业集群定位特色,根据区域经济与学科发展需要,积极调整专业结构,使区域经济发展的产业群映射为学校的学科专业群,使产业结构映射为学科专业结构,从而实现学科结构的整体优化。

四、专业集群建设的方法成效

(一) 专业集群建设方法

一是认真调研,统一认识。2015年9月学校组织机械与汽车工程学院等8个教学单位开展产业调研,全面了解地方产业布局、规模、产品结构、主要生产技术和设备及其发展趋势,企业发展战略及其对高校的人才和科技需求等,分析对我校相关专业发展的影响;探寻学校相关学科专业参与地方经济社会发展的切入点、结合点,以及学科专业改造的着力点和发展方向,进一步理清了产业链条所对应和映射的学科专业集群,学校学科专业建设现状与社会需求的差异度,从而确立学校学科专业建设和专业集群建设的发展方向与目标、建设层次与重点、路径与措施。

二是科学布局,分段实施。在专业集群建设初期,学校聚焦外部产业链变化调整需要,扩大专业集群规模,解决集群内部专业从无到有问题。按照“先入群,后调整”的原则,前期根据产业链需求将所有专业全部入群,在建设过程中逐步淘汰服务产业链关联度不高的专业;根据产业人才需求的变化,调整专业集群内各专业或专业方向,以及增设产业链需求相关新增专业并纳入专业集群建设,不断推动专业集群的整合。专业集群初具规模之后,建设的主要任务是丰满并深化集群,解决集群从弱到强问题,不断提高整体建设水平。至“十三五”初期,学校围绕南阳地方经济建设和发展，逐步形成结构优化、特色鲜明、契合地方经济社会发展需要的专业集群，重点建设的6大应用专业群落布局已经形成，专业集群效应已经显现。

三是及时调整，保证质量。这是专业集群数量和群内专业数变化的充分体现。专业集群以需求为导向，通过新增专业、调整部分专业发展方向填平、补齐产业链的新需求，部分关联度不高的老旧专业逐步淘汰出群，使专业集群服务的产业链、创新链环节和层次更加清晰。如机电工程专业集群分化成机械制造和自动控制两大部分，两者同时对接先进装备制造产业的不同环节，机械制造专业群主要以机械工程学科为基础，对接豫西南汽车等装备制造业前端的产品设计与制造环节。光电信息工程专业群主要以控制科学与工程学科为基础，对接豫西南现代制造业自动化测试控制的智能仪器、电气集成系统、工业机器人等设计开发制造环节。

四是"大舰战略"，做大做强。围绕"中原经济区南阳主体区"建设需要和南阳经济社会发展的相关规划、行动计划，深入实施"大舰战略"，着力构建区域行业急需、优势突出、特色鲜明的应用型专业集群，进而做强做大，推动地方产业转型升级。

（二）专业集群建设成效

学校从区域经济社会发展对培养应用型人才的需求出发，整体考虑学科、专业和产业发展的对接，依据专业集群建设规划，以南阳装备制造、食品、纺织服装等3个千亿级产业集群需求为基础，以新能源、高端装备制造、新材料、生物及医药、光电信息等战略性新兴产业和现代物流、金融、信息服务、商务服务业等生产性服务业为导向，将现有本科专业整合为若干专业群，建立了产业群——专业群——专业间的对应关系，瞄准区域经济社会发展的需求，着力构建地方急需、优势突出、特色鲜明的应用型专业集群，逐步形成了结构优化、契合地方经济社会发展需要的6大应用型专业集群。

这6大应用型专业集群分别是：以机械设计制造及其自动化、材料成型及控制工程等专业为核心，建设服务南阳先进装备制造业的专业集群；以光电信息科学与工程、软件工程等专业为核心，建设服务南阳光电信息产业的专业集群；以土木工程、城乡规划等专业为核心，建设服务南阳土木建筑业的专业集群;以生物工程、食品科学与工程、中医学、中药学等专业为核心,建设服务南阳生物医药产业的专业集群;以电子商务、物联网工程等专业为核心,建设服务南阳电子商务及现代物流业的专业集群;以动画、视觉传达设计、数字媒体技术等专业为核心,建设服务南阳文化创意业的专业集群。

每个专业集群确定一个主导专业,学校对纳入专业集群的专业提供教师配备、实验室建设、资金等支持。通过主导专业集群的示范引领作用,共享优质教学资源,带动其他专业集群的发展,促进学校专业建设服务地方经济社会发展水平的整体提升,支撑南阳主导产业、支柱产业,凸显学校对区域及地方经济转型、产业升级和行业科技发展的引领和支撑作用。

五、专业集群建设的经验体会

一是专业集群建设要自觉做好顶层设计。区域产业集群发展需求是高等教育结构调整的重要依据,专业集群建设是高等学校专业结构调整的重要手段。当前,国家实施产教融合发展决策将专业集群建设作为重要建设内容,充分体现了其在高校转型发展的重要地位。专业集群建设重在做好顶层设计,要结合转型发展方案制定专业集群建设方案,结合学校事业发展规划,综合研判、分析外部环境与学校发展基础,做好专业集群建设的顶层设计。

二是专业集群建设要认真实施产教融合。产教融合是高校实现转型发展的主要路径,同样也是应用专业集群建设的重要内核。应用专业集群建设是为了更好服务区域产业集群发展需求。从协同组织视角来看,高等教育作为产业集群的外部力量,是推动集群企业从无序到有序集聚的重要序参量。协同发展是实现高校专业集群和区域产业集群共同前进的根本保证,而产教融合是实现两者协同发展的先决条件。

三是专业集群建设要有所为有所不为。专业集群不是若干专业的拼凑与堆砌,不是一群“形聚神离”的专业,而是与产业集群紧密对接、与产业链上若干个职业岗位或岗位群具有较高契合性和对应性的、存在内在密切联系的专业组合。专业集群的建设要广泛深入地调研分析,及时应对区域或地方产业结构变化,系统梳理学校已有专业的分类组合和核心专业,确定以产业链或产业链相关环节为主线而构建的专业集群。要求根据产业结构、学科基础、专业现状与发展的愿景来决定专业集群的数量与规模;不必对接区域所有产业集群,要有所为有所不为,有选择地构建专业集群。专业集群不是将学校所有专业都列入集群,不要试图囊括学校所有专业,有些专业可以入群成群,有些专业也可以独立存在。

四是专业集群建设需要持续发力。专业集群不是一夜建成或短时间内速成的,需要通过“重点建设+逐步培育”的策略持续推进。专业集群不是一成不变的,也没有固定不变的模式,需要根据地方产业发展实际需求和学校学科专业实际情况,不断地补链、延链、强链,在建设过程中不断调整和优化。要求按照制定的建设规划和实施方案,聚焦重点,弥补短板,精准发力,持续建设,坚持不懈强化专业集群建设,坚定不移走产教融合、校企合作的开放办学之路,持之以恒强力推进建设工作力度,为地方经济社会建设做出新的更大贡献。

案例4:基于产教融合的应用型人才培养模式创新实践

南阳理工学院是1987年5月经河南省人民政府批准筹建,1993年元月被国家教委批准成立的一所普通高等学校。2004年5月升格为全日制普通本科高校。升本以来,学校进一步坚定了应用型人才培养理念,积极推进转型发展,在基于产教融合的应用型人才培养模式创新方面积极探索,取得了初步成效和一些标志性成果。

一、深化认识,激发创新人才培养模式活力

学校升本后,办学规模迅速扩大,办学实力明显增强,发展空间进一步拓宽,呈现了良好的发展态势。但是,我们清醒地认识到,办学层次的提高并不代表着办学水平的自然提升,如何面对变化的环境,科学定位,办出特色,在更高的层次上保证人才的培养规格和培养质量,实现从数量扩张型向质量提高型的转变,真正实现办学内涵的实质性提升,是摆在学校面前的一个突出和现实问题。

2013年到2014年,国务院和教育部就"引导普通本科高等学校转型发展"提出了明确意见并确定了37所高校作为试点。根据国家政策,转型高校的主体是1999年及以后升本的新建本科院校。为引导普通本科学校向应用技术类型高校转型发展,河南省启动了本科学校转型发展试点工作,首批确定了5所院校作为转型试点;2014年9月,又确定了包括我校在内的10所试点学校。转型发展已经成为调整和完善我国高等教育结构、提高高校服务社会能力的国家战略和重要任务,同时也是高校自身主动服务适应社会经济转型升级的客观要求与时代

使命,促进地方新建本科院校自身发展的内在要求和历史机遇。

我们认为,转型发展的目标是通过内涵发展,逐步实现建设高水平应用型本科院校。其根本指向是培养符合产业转型升级和社会服务发展需求的高层次应用型人才,提升服务地方区域经济社会的水平与能力。显然,转型发展的最终目标是提升学校的办学质量,而教学质量首先取决于人才培养模式质量。人才培养模式是落实学校办学理念和办学定位的载体,同时教育教学活动整体规划、校内外实践教学平台建设、校企合作、产教融合等也将为人才培养模式的实施提供保障。人才培养模式的改革与创新是深化高等教育改革的重要组成部分,是实现地方新建本科院校深度转型的关键和根本。

面对新的形势和任务,我们不断加强学习,转变观念,采取切实有效的措施,以培养学生的创新精神和实践能力为核心,不断进行人才培养模式的改革与创新,更好地满足经济社会发展对高素质应用型人才的需要。

二、积极探索,推动人才培养模式持续升级

作为深化高等教育改革的重要组成部分,人才培养模式的改革与创新是提高应用型高校人才培育质量的关键和根本。人才培养模式实际上就是要解决培养什么样的人与怎样培养这样的人的问题,它是落实学校办学理念和办学定位的载体,同时也是对教育教学活动的整体规划,贯穿于人才培养的各个环节。近年来,南阳理工学院紧紧抓住人才培养模式改革与创新这个关键,坚持不懈对应用型人才培养模式进行探索和实践,不断推动各项教育教学改革向纵深化发展,有效促进了人才培养质量和学校办学水平的持续提升。我校的探索与实践主要经历了 4 个阶段,也有效促进了人才培养方案和模式的不断优化。

(一)人才培养模式1.0阶段—从专科向传统本科学术型教育人才培养模式转变

2004 年升本后,如何实现从专科向本科教育转变,关将南阳理工学院办成一所什么样的本科院校,怎样提高教学质量,这些问题已成为全校师生和社会关注的焦点。针对这些疑惑,学校组织有人员深入兄弟高校进行调研学习,就相关问题开展校内大讨论,并邀请中国工程院

士张勇传、陕西师范大学原副校长李钟善等多名专家到校做高校建设与发展讲座。通过学习讨论,全校逐步统一了思想,形成了认识。

2005年学校召开首届教学工作会议,提出了高素质应用型人才培养目标,培养面向基层,理论基础和专业知识结构优化,实践能力突出,具有可持续发展能力,德智体美全面发展,具备良好职业道德和创新精神的高素质应用型专门人才。会议提出的尽快实现“三个转变”之一就是要尽快实现从专科向本科教育人才培养模式的转变,并提出要把我校办成一所合格的本科院校,在此基础上,各专业制定了2005级本科人才培养方案。

囿于历史的局限,2005本科人才培养方案中虽然提出了高素质应用型人才的培养目标,但目标描述不够清晰具体,没有明确的服务面向;课程体系与教学内容基本上是克隆以学科建设为中心的传统本科院校模板;实践教学相对弱化,实践学时、学分所占比例较低;课程体系与教学内容不能完全支持人才培养目标的实现等。

(二)人才培养模式2.0阶段—从传统学术型人才培养模式向传统应用型人才培养模式转变

针对课程体系和人才培养目标不契合,学校领导班子准确研判高等教育发展形势,客观分析机遇挑战,明确提出要继续坚持应用型人才培养目标定位不动摇。在2006年底召开的南阳理工学院第一次党代会提出的今后五年的目标和工作任务中,再次提出要围绕应用型人才培养目标,深化课程体系和教学内容为重点的教学改革,加强实践教学,进一步加大重点课程建设力度,启动2007人才培养方案修制订工作。为确保人才培养方案修制订工作质量,学校以校级教育教学研究和改革项目形式开展项目研究,总计投入研究经费40余万元。

2007年4月,学校组织4个调研组,分赴黑、吉、辽、鲁、苏、浙、沪、闽、湘、粤等省约40所不同类型的高校学习调研。同时组织开展校内教育思想大讨论,期间邀请中科院院士杨叔子等全国知名教育专家讲学、指导。组织教师及管理干部积极参加各类教育改革研讨会,学习高等教育改革新理论、新方法,积极探索应用型人才培养理念与方法,主持参与国家应用型人才培养“十五”和“十一五”教育科学研究课题20余项。2007人才培养方案草案编制后,首先组织骨干教师、行业专家

(用人单位、企业一线)进行系级论证,认真听取一线教师和业界意见,并在认真修改的基础上组织省内高校专家进行校级论证。

2007 人才培养方案有以下 3 个特点:一是体现了强化基础,拓宽专业口径和整体优化的原则。譬如,统一设置全校各专业通识教育课程,保证素质教育的需要;同一学科相近专业学科基础课程基本统一,第 1~2 学年实行相同的课程体系,以适应奠定学生扎实理论基础的需要;根据社会需求,增设专业方向课程,增大选修课程,必修课与选修课的学分比例达到 7:3。二是体现了适应开展素质教育要求,强化学生个性培养的原则。譬如,拓展了课程体系,注重学生的个性化培养,增设讲座课:学校和各教学单位邀请校内外有关专家,利用课余时间以讲座形式为学生开展课外教学活动。其主要内容包括:学科发展趋向、学科前沿知识、人文素质教育、健康教育等。三是体现了面向应用、加强实践、突出应用能力培养的原则。注重对学生创新精神和实践能力的培养,把实践教学课程列入专业核心课程,既高于专科又区别于传统本科,初步形成了层层递进、四年不断线的实践教学体系。其中实践教学(包括课程实验、各类实习、实训、设计等)占总学时的比例,工科类专业为 40%左右,文科、管理类专业为 30%左右。2007 人才培养方案既区别于传统本科教育重学轻术的思想,也有别于专科教育重术轻学的做法,较早开展了创新应用型本科人才培养模式的探索和实践。

(三)人才培养模式3.0阶段—从传统应用型人才培养模式向卓越型人才培养模式转变

随着对应用型人才培养工作的探索与实践,对应用型本科教育理念的认识进一步提升,逐渐认识到 2007 人才培养方案中还存在一些问题与不足,譬如,人才培养目标同质化问题依然存在,人才培养目标与社会需求符合度有待进一步提高,各专业的人才培养目标在表述上过于笼统、过于抽象、缺乏分解、不便落实,知识、能力和素质结构不够明晰;对行业一线的实际需求把握不够准确;课程体系与人才培养目标的符合度还需要进一步加强;实验实训课程与工程实际结合不够,实践教学体系需要进一步完善和优化;人才培养的特色和专业特色均不够明显等问题。为此,学校又组织开展了 2012 人才培养方案改革。本次改革是在企业、高校充分调研和校内论证的基础上,借鉴卓越计划人才培养思想和现代工程教育理念,利用倒推法,最终修订形成了 2012 人才培养方案。

该方案和 2007 人才培养方案的区别主要体现在以下六点:一是培养目标进一步细化,明确了学生应掌握的知识领域和应具备的能力素质,明确了服务方向,初步实现了培养目标专业化、具体化、可操作化。二是构建了培养规格相应知识、能力、素质的实现矩阵,明确了通过学习哪些课程、进行哪些实践、组织哪些活动来实现相应知识、能力、素质的培养途径。三是进一步优化了课程体系,设置了“两平台”+“两模块”(即通识教育平台、专业平台、专业方向模块、素质拓展模块)课程体系结构。四是减少了课内总学时,增加学生课外学习时间。2007 人才培养方案 4 年制专业总学时在 2000～2400 之间,而 2012 人才培养方案 4 年制专业总学时减少到 1900～2200 之间。减少了必修课比例,增加了选修课比例,2007 人才培养方案中必修课与选修课比例为 7:3,2012 人才培养方案调整为 6.5:3.5,有利于学生的个性发展。五是在实验教学中减少了验证性实验,增加了综合性、设计性实验。2007 人才培养方案中实践教学环节学分(包括实验、实习、实训、设计等)占总学分的比例分别为:文科、理科 30%,工科 40%;2012 人才培养方案调整为文科 20%,理科 30%,工科 35%。六是大学生创新创业教育作为大学生职业发展教育必修课一部分教学内容纳入培养方案。该方案强调人才培养要面向行业企业,加强校企合作,推动产学研结合,校企共同育人。在 2012 级新生中实施以来,总体运行良好,并在实践过程中确立了“312”应用型人才培养模式,即夯实 3 个基础(人文素质、专业理论、创新意识)、做强 1 个主干(实践能力培养)、依托 2 条途径(产学研结合、校企双主体培养),有效推动了学校应用型人才培养工作走向深入,人才培养质量稳步提升。

(四)人才培养模式4.0阶段—从卓越型人才培养模式向基于 OBE 的现代多元个性化应用型人才培养模式转变

随着产业技术的进步和产业结构转型升级,我国经济社会发展进入了新常态。自 2014 年国家倡导普通本科高等学校向应用技术类型高等学校转型发展以来,为进一步理清学校转型发展中的问题与对策,学校以举办“全国部分新建理工类院校联盟高层论坛”“南阳理工学院转型发展系列讲座”为契机,同时邀请华中科技大学、河南工业大学、黑龙江工程学院、常熟理工学院等专家学者来校讲学并指导工作,引导广大教师认真学习转型发展相关文件精神,思考我校转型发展中存在的问题及下一步应采取的措施。通过学习讨论,大家一致认为,学校目前存在的主要问题已经不是要不要转型、应不应该转型问题,而是如何进一步深化转型、如何改革创新人才培养模式、如何更好地建设应用型大学的问题。

为全面推进我校整体转型发展工作,不断提升教育质量及服务地方经济社会发展的能力和水平,在广泛征求各方意见的基础上,学校于2014年10月出台了《南阳理工学院推进整体转型发展工作实施方案》,按照转型任务组建6个“转型发展工程项目组”,每项转型建设工程分解为若干行动计划,其中培养模式创新工程包括人才培养模式改革创新行动计划。人才培养模式改革创新行动计划包括以启动2016人才培养方案改革工作为载体,构建企业深度参与的多元化(复合型、创新型、创业型、卓越型、国际型)应用型人才培养模式。为保证新的人才培养模式研究顺利实施,学校采取项目化研究方式,对各专业2016人才培养方案改革创新及相关研究划拨了专项经费,保证研究工作顺利进行。

2016人才培养方案建立以提高实践能力为引领的人才培养流程,综合运用学校“卓越计划”改革成果及应用型、复合型人才培养实践经验,遵循“OBE”(从人才培养目标回溯审计和构建人才培养体系)人才培养理念和供给侧结构改革的工作思路,建立产教融合、协同育人的应用型人才培养模式;以毕业生从事行业相关职业岗位群所需知识能力素质要求为依据,采取输出导向法来设计人才培养目标和培养规格,规划实现路径与方法;进一步优化课程体系与教学内容,构建面向产业链上的岗位群的课程模块,构建面向行业发展新技术、新工艺满足学生个性发展需要的方向模块课程;实现专业连与产业链、课程内容与职业标准、教学过程与生产过程的有效对接。启动创新人才培养实验班活动,探索试行通识教育课程大类培养、弹性学制和完全学分制、小学期或“3＋1”或“M＋N”等多形式的人才培养模式;注重学生创新精神和实践能力培养,初步形成层层递进、四年不断线的实践教学体系,工科实践教学比例达到 40.2%，理科和其他学科实践教学比例提高到 35.1%，不断促进实践教学内容体系化、工程化，使人才培养的实施过程更加贴近于职业的要求，进一步强化了学生实践能力培养。

三、春华秋实，彰显人才培养模式创新成效

十余年来，我校坚持不懈对人才培养模式进行探索与实践、改革与创新，取得了初步成效，我校人才培养模式的做法和经验先后被《中国教育报》《人民日报》《教育时报》等国内新闻媒体多次报道。

（一）深化了应用型办学理念和定位

以项目研究为载体，改革和创新人才培养模式。2007、2011、2012、2015 年先后投入 500 余万元，设立了 400 余项专业人才培养模式改革研究项目，对各专业应用型人才培养进行专项研究。通过外出调研、通过校（邀请全国知名教育专家讲学、指导）、系（骨干教师、行业专家、用人单位、企业一线）两级组织的多次研讨、论证、总结、检查和验收，通过对人才培养模式的持续研究等一系列活动的实施，厘清了模糊认识，树立了全新理念，通过转型发展，突出强调专门性、针对性、实践性、行业性与经济社会发展的适切性，定“向”在行业，定“性”在专业，定“型”在应用，定“位”在教学，定“格”在实践，坚定不移地确立应用型的办学定位。

（二）孵化出一批高水平省级教改与教研成果

在校内研究的基础上，不断总结提高，孵化出一批较高水平的研究课题和研究成果，11 个项目被省教育厅批准为资助项目，获得省级教学成果奖 5 项。2011 年我校被教育部批准为卓越工程计划学校，是河南省新建本科院校中唯一一所进入“卓越工程师教育培养计划”的高校。质量工程数目稳步提高，获批 6 个教育部“卓越计划”试点专业、3 个河南省普通高等学校本科工程教育人才培养模式改革试点专业、5 个省级重点学科、7 个省级特色专业、6 个省级专业综合改革试点，1 门国家级精品资源共享课建设项目、9 门省级精品课程及精品资源共享课程；4 个省级教学团队、1 个国家级大学生校外实践教育基地、7 个省级实验教学示范中心。

(三) 学生实践创新能力显著提高

近3年,在“挑战杯”全国大学生课外学术科技作品竞赛、全国大学生电子设计竞赛等赛事中获全国一等奖27余项,二等奖、三等奖120余项。代表河南高校出征国际大学生程序设计大赛,获亚洲区铜奖13项。2015年10月,承办首届中国大学生程序设计竞赛,包括清华、北大等134所高校、700多名选手参赛,办赛水平受到中国大学生程序设计竞赛协会的认可和参赛高校的好评。在2017年首届全球华人网络安全技能总决赛中,南阳理工学院WPSEC(啄木鸟网络安全)战队与来自美国、俄罗斯、澳大利亚、加拿大、英国、新加坡、澳大利亚等国家以及中国香港、中国澳门、中国台湾和北京航空航天大学、北京邮电大学、国防科技大学、中国人民公安大学等在内的24支全球华人网络安全优秀团队力奋力鏖战,最终以920分取得总决赛第一名成绩,荣获特等奖。

(四) 服务地方经济社会发展成绩显著

学校以南阳产业需求为导向,开展应用技术研究,服务南阳经济社会发展,成为重要的区域科技服务基地、技术创新基地。近3年,与企业联合申报应用性研究课题140余项,参与企业技术革新、技术改造、新产品研发170余项,获省、市成果奖励500余项。与陆德筑机联合开发的“产品图纸自动审核及智能拼图软件”荣获第四届河南省青年创新软件设计大赛金奖,是该奖项设立以来河南省地方高校获金奖的第一次。与张仲景大厨房合作研发的发酵型香菇酱“仲景香菇酱”,首创生物酶法预处理和多种益生菌优化组合生态发酵生产香菇酱新技术,获取发明专利多项。

(五) 获批河南省示范性应用技术型本科院校

学校2011年成为河南省新建本科院校中唯一一所教育部“卓越工程师教育培养计划”学校;2012年被评为“中原经济区最佳服务高校”;2013年通过教育部本科教学工作合格评估;2014年成为河南省整体转型发展试点学校;2015年是河南本科院校唯一进入实施阶段的“教育部—中兴通讯ICT产教融合创新基地”高校,该年3月成为河南省十所示范性应用技术型本科院校之一,同时被遴选为100所国家“十三五”

应用型本科产教融合工程规划项目学校之一,跨入全国转型发展高校方阵前列。

四、推广移植,共享人才培养模式创新经验

(一) 科学的办学定位是人才培养模式改革创新的基础和前提

每所高等学校的建设与发展,都离不开先进、准确、合理的定位,明确办学定位是进行人才培养模式改革与建设的基础。转型高校要坚定不移地确立应用型的办学定位,培养为地方经济和社会发展需要的高素质应用技术型人才,并由此制定合理的人才培养模式。

(二) 整体设计和系统推进是人才培养模式改革创新的关键所在

人才培养模式改革创新是一项具有全局性、长期性和根本性的系统工程,涉及学校办学定位、人才培养目标定位、双师型教师队伍建设、实践教学基地建设、课程体系优化、教学方法和评价方法等一系列因素,应系统考虑、整体优化,按照教育教学规律、人才培养和人才成长规律、经济社会发展规律的客观要求办事,统筹考虑、整体设计、分期进行、稳步推进,切忌急功近利的短期行为。

(三)顺应经济社会发展需求,是人才培养模式改革创新的内生动力

人才培养模式改革不是一成不变的,在教育教学实践过程中,需要根据实际情况对人才培养模式进行不断改革和创新。社会对人才需求的多样化决定了人才培养模式的多样性,不同高等学校在办学基础、办学条件等方面存在着很大差距,用统一的人才培养模式来开展教育活动是不现实的。只有采用多种人才培养模式,才能使培养的人才各具特色,才能更好满足经济社会发展对各类人才的需求。

案例5:加强基层教学组织建设,提高教师教育教学水平

学校在转型发展过程中,进一步优化了教学管理体制机制,规范和强化了基层教研室功能,充分发挥教研室在教学改革、教学建设和教学管理中的作用,着力提升教师教育教学水平和人才培养质量,在标准化教研室建设工作方面开展了相关探索与实践,并取得了一定成效,得到了教育主管部门的肯定和兄弟高校的好评。

一、更新理念,形成基层教学组织建设共识

教研室作为从苏联引入我国高校的基层教学组织,经过60余年的建设和发展,到20世纪90年代后期,特别是进入新世纪以来,伴随着高校招生规模扩大和教育产业化,曾经在组织教学、教学研究、培养教师、理论与实践相结合、教学与科研相结合等方面发挥过重要作用的这一基层教学组织受到了前所未有的挑战。在不少新建本科院校中,教研室成员间沟通不畅,教学研究、教学建设等相关活动无法有效开展,组织效能低下,不能适应深化教学改革、提高教学质量和人才培养质量的要求,迫切需要改革与创新。

为进一步让广大教师和教学管理人员了解教研室的发展历史、功能作用和下一步如何进行改革与建设,学校两次邀请黑龙江中医药大学杨天仁教授来校交流分享标准化教研室建设方面的报告,并到张仲景国医学院、外国语学院的相关教研室指导教研室建设和开展教研活动。

通过讲座、座谈,结合专业认证、专业评估工作推进和教育教学思

想大讨论,大家逐渐统一了思想,达成了共识,认识到教学是一种学术活动,既需要教师个人的思考探索与实践,也离不开教师间的研讨、合作与帮助。特别是新建本科高校的教师,入职前受到的教师教育培训很少,对于必要的教育教学理论、教学规律、教学原则等缺乏深入的认识。不知道怎样上课、如何上好课,只是机械模仿上高中或大学时老师的一些做法。加上对学科专业的评价、职称晋升的评审等方面强调科研成果的支撑,导致教师把主要的时间、精力投入到科研方面,对于教学工作,只是满足于按时上课、及时批改作业和完成课程考核就行了,对于理解教育是一个复杂的过程,面对基础不同、秉性各异的鲜活生命来实施有效的教育活动,则思考的很少。未认真研究教学目标、教学内容和教学方法,未深入研究基本的教学质量标准和执行规范;不能通过与同行的合作、探讨、评价,不断引导自我反省与理解,增进专业知识和教学研究能力,主动从课程标准的被动执行者转变为课程的精心设计开发者、潜心的反思者、匠心的实践者。课程教学基本上是教师个人的"单打独斗",教什么、怎样教、教的怎样主要由教师自己做主,这对于一个教学经验不足、投入教学时间精力不足、又缺乏与同行交流切磋教学经验的高校教师而言,教学质量是难以真正保证的。

教研室是教师教学经验的交流平台、教师教学技能的培训平台、教学研究和教学建设的合作平台、教学质量提升的支撑平台,是促进教师发展的教学共同体,是联系教师与学生、落实教学工作的"最后一公里",其建设和管理水平直接关系到学校的教学水平和人才培养质量,应给予高度重视,并采取有效措施,进一步加强建设。

我校对教研室建设工作高度重视,从思想认识、举办讲座、学习讨论等方面均走在全省高校前列,相关做法得到了教育厅的好评。

二、调研论证,制订标准化教研室建设方案

教研室建设作为一项教学基本建设,涉及内容多,牵扯面广,既有顶层设计,又有具体操作层面要求,既牵扯到学校、学院的政策制度,又涉及教师的教学发展和个人利益。为有序持续推进教研室建设工作,教务处在赴黑龙江中医药大学等多所高校调研和认真学习《河南省教育厅关于进一步加强高等学校基层教学组织建设提高教学水平的指导

意见》精神的基础上，于2017年5月制定出台了《南阳理工学院标准化教研室建设工作实施方案》，该方案明晰了标准化教研室建设指导思想：通过开展标准化教研室建设工作，强化基层教学组织的功能，更好地发挥基层教学组织在立德树人、提高教学水平和人才培养质量中的重要作用。将教研室建设成为教师教学经验的交流平台、教师教学技能的培训平台、教学研究和改革的合作平台、教学质量提升的支撑平台。确定了建设的基本原则，一是全员参与原则，各教学院（部）所有教研室均要开展标准化教研室建设工作，并建成“标准化教研室”；二是分级建设原则，各教学院部负责标准化教研室的常规基础建设，学校将通过“十佳标准化教研室”的遴选，进一步择优扶持，提升教研室建设效果，建成“标准化教研室”样板；三是扶优扶强原则，对建设成效突出的标准化教研室，学校予以重点扶持，争取建成在省内高校具有示范样本意义的教研室。

为加强对标准化教研室建设及“十佳标准化教研室”的评选工作，成立了由业务分管校长为组长、相关副校长为副组长，相关业务职能部门主要负责人为成员的标准化教研室建设工作领导小组，并成立了标准化教研室建设工作办公室，负责日常工作。

实施工作方案对教研室建设内容与标准进行了规范。在硬件建设方面要求做到人人有办公场所（人均不小于3平方米）、人人有办公设备。在内涵建设上对规章制度建设、专业建设规划和人才培养方案的制定与实施、教师队伍建设、课程建设、教学研究与教学改革、教学档案管理等提出了明确的要求。如在规章制度建设方面，要求建立岗位责任制。标准化教研室建设实行教研室主任负责制，各教学院（部）要指导教研室建立岗位责任制，明确教研室工作职责，包括教研室主任、副主任、各级教师的岗位职责，教研室主任应由博士学历或副教授以上职称人员担任。要建立教研室会议制度。定期组织教师集体学习思想政治理论、高等教育教学理论、校院教学规章制度；组织进行师风师德教育、开展集体备课教学研究和教学经验交流，会议原则上应每两周一次，并有专人进行记录。要建立集体备课制度。积极开展课程教学经验交流，共同提升教学能力，集体备课每学期原则上应不少于三次，须定期开展并有专人进行记录。要建立新进教师及青年教师教学能力提升机制,制定培训制度与实施方案,探索试行新进教师、青年教师导师制,着力提升青年教师的教学水平;实行新开课试讲制度,首次授课的新进教师及讲授新课程的教师须进行试讲实施外聘教师教学质量监控制度。按照"按需聘用、专业对口、强化管理"原则,"谁聘用,谁管理",对外聘教师在课堂教学、教学进度、教学资料管理等方面制定明确的质量监控标准等相关制度,保证所授课程的教学质量。要建立听课与观摩教学制度,以教研室为单位,有计划、经常性的组织教师开展听课、互评活动,加强教学团队建设,推动老教师对青年教师的传、帮、带,进入课堂深入帮助,尽快成为一名优秀的教师。要建立教学检查制度,根据学校、学院要求,认真做好学期初、期中、期末教学检查工作,结合检查对教研室人员进行业务能力考察,保证完成课时量的同时,要保证教学质量。

在专业及课程建设方面,该方案要求教研室要落实学校"十三五"事业发展规划和所在教学院(部)的专业建设规划,进一步加强和改进专业建设与管理,强化办学优势与特色,全面提高人才培养质量。根据专业实际发展需求,承担专业建设任务的教研室要积极制定相关专业建设和专业发展规划的实施方案,完善各专业培养方案。要科学制定实践教学方案,规范设置实践教学环节,加强实践平台建设。加强课程实验、阶段实习、综合训练、毕业实习、毕业论文(设计)等环节的指导。推进创新创业教育改革,指导大学生开展学科专业竞赛和创新创业实践。建立稳定的校外实践教学基地,完善产教融合、校企合作的协同育人机制。无专业建设任务的教研室要制定出支持本学院相关专业规划落实的行动方案。承担公共课教学任务的教研室要主动服务于专业建设,制定落实专业人才培养目标的行动方案。要制定本教研室教师队伍建设计划并组织落实,为教师量身制定能力提升与培养计划。鼓励教师积极参与教学新秀、教学名师遴选活动,形成可持续的教学名师培养机制,促进教学质量的不断提升。鼓励教师参加各类学术交流活动、会议,教学能力提升培训及企业实践活动,促进教师教学、科研能力的提高。在课程建设上,要制定科学可行的课程建设规划,积极组织教师开展课程内容改革与优化方面的相关研究,加强信息技术和教育教学的深度融合,推进在线开放课程、微课的开发,积极申报校级以上精品在线开放课程,结合课程组织开展教学方法改革研究,根据不同层面、不同视角、不同方法探索与实践课程建设与改革,建成学校的品牌课程。将课程建设研究的成果有效运用到课程教学中;并积极结合转型发展、专业认证、审核评估、专业评估等相关要求,进一步优化教学内容,改革教学模式和考核评价方式,推进形成性评价,并对课程建设情况进行跟踪评价,发挥核心课程在专业人才培养中的重要作用。同时要结合课程建设开展应用型教材建设工作,遵循"满足学科体系要求与适应社会职业需求两者相互协调"的原则,鼓励编写适应培养学生的职业应用能力的应用型教材,选择品牌优势专业,与行业、企业用人单位合作开发为学生提供进入未来某岗位群所需要的知识、技能、素质等综合知识体系,使学生得到更多的工作过程性知识和操作性知识的教材,并力争形成精品教材。严格执行学校教材选用制度,所开课程优先选用近3年的规划教材和优秀教材,并定期组织开展教材选用评估,确保教材选用质量。组织骨干教师带领青年教师编写与课程建设配套的教材,建立课件库、软件库、素材库、试题库。

方案在教学研究与教学改革方面,要求教研室组织教师开展人才培养模式、教学内容和课程体系、实践教学、教学方法与手段、教学质量评价等方面的教学改革研究与实践,加强教学成果的应用和推广。定期开展教学研讨与交流活动,组织相互听课、教学观摩、教学竞赛,开展同行评议。支持教师参加国内外教学研讨会议,及时了解教学改革领域的最新动态。组织教师积极申报各级各类教学研究项目、教学质量工程项目和教学成果奖励。

方案对规范教学档案管理方面也有明确要求,教研室要对教学档案进行分类整理,集体保管,包括教师个人资料、教学资料、教研室资料等。教师个人资料包括个人简介、所承担课程资料、科研课题资料、论文及参编书样、各类获奖证书等。教学资料包括教案、讲稿、教学日历、考试分析、课程教学总结、教学反馈报告等。教研室资料包括教研室相关活动文字记录、图片、视频等。严格履行档案管理的规定,不仅建立纸质档案,更要实现现代的信息化管理,档案要录入计算机,便于查询,提高工作效率。

方案提出了标准化教研室建设活动的线路图和时间表。方案要求各教学院部根据自身发展现状及发展规划,以南阳理工学院"标准化教研室"建设基本要求为基准,制定符合本单位实际情况的标准化教研室建设指标体系(不能低于基本要求),经所在院部教学委员会批准同意后报教务处进行审核备案。教务处审核通过并经公示后,由各单位并根据自己制定的标准化教研室达标建设体系进行任务部署,分级落实、全员参与。学校每年12月初依据各个学院的标准化教研室建设达标体系对相关教研室进行验收,并在验收达标的基础上评选学校"十佳标准化教研室"。

三、凝心聚力,着力推进标准化教研室建设

各学院部在认真学习《河南省教育厅关于进一步加强高等学校基层教学组织建设提高教学水平的指导意见》《南阳理工学院标准化教研室建设工作实施方案》精神的基础上,对照本单位标准化教研室建设达标体系,明确任务,分级落实,真抓实干,初步形成了"人人重视、人人参与、人人有责"的标准化教研室建设工作新局面。各教学院部在年度包干经费中确定了教研室工作专用业务经费,对教研室建设给予必要的经费支持,支持教研室工作的开展;制定了相应的制度和措施,建立了加大教研室在院部教师选聘和考核、职称推荐、评优评先等方面作用的机制,赋予教研室更多的可支配权利,充分发挥教研室的基层组织效能,有效激励每一位老师创造性地开展工作;同时在教学用房紧张的情况下,尽最大可能完善教研室用房和办公设备建设。

在标准化教研室建设过程中,部分学院部采取走出去、请进来的办法,学习借鉴兄弟高校宝贵经验,有效推进标准化教研室建设;有的单位立足实际,完善教研室规章制度,建立了建立岗位责任制、教研室会议制度、集体备课制度、新开课试讲制度、听课与观摩教学制度、外聘教师教学质量监控制度、新进教师及青年教师教学能力提升制度等,使教研室各项工作开展有据可依、有规可循,保证了教研室建设顺利进行。各教研室均能按照教研室工作职责要求,积极开展专业建设、课程建设和教师队伍建设,认真制定专业建设规划和专业人才培养方案;积极开展教研活动,深化教学改革;注重青年教师培养,着力提升青年教师教育教学能力;注重加强教学过程管理,提高各环节教学质量,注意适时

完善教学档案。

为进一步推进标准化教研室建设工作，2017 年 10 月，教务处根据《南阳理工学院标准化教研室建设工作实施方案》要求，对各教学单位标准化教研室建设工作进行了评估验收。验收工作分学院自查和学校验收两个阶段。在学院自查阶段，各教学院（部）成立评估小组，小组组长由各学院（部）院长（主任）担任，副组长由各教学院（部）分管教学副院长（副主任）担任，成员由教务科研办主任、院学术及教学委员会委员担任（评估小组成员不少于 5 人）。评估小组依照各教学院部所制定的指标体系到每个教研室进行验收打分。各教研室主任做自评汇报，并按指标体系提供支撑佐证材料，供评估小组查阅。评估小组组员分别打分，并形成评价反馈意见表，明确评价结果、提出整改意见，以便于各教研室进一步整改。学校验收采取审查验收报告、自评分表及实地查验相关支撑材料等方式进行。通过评估验收，促进各教研室进一步重视教研室建设，规范标准化教研室建设。达到了以评促建、以评促管、评建结合、重在建设的目的。

四、措施得当，基层教学组织建设初显成效

在校院领导重视和工作指导下，在全体教师的努力下，经过一年多的建设和改革，标准化教研室建设工作取得了一定成绩，呈现一定的效果，主要表现在以下几个方面：

一是更新了观念。大家认识到大学教学是一种学术活动，给教学的学术以新的尊严和地位，使得教学与科研一样荣光与重要，提升了教学在学校及教师工作中的地位，促使人们以新的视角和思维方式去认识教师的工作和职业发展，促使教学和科研的时常矛盾一定程度上得以化解。同时教学学术要求教师间加强相互合作、交流、探讨、评价，也为高校基层教学组织的建立提供了适宜的学术环境。因此，只有从思想认识上理解教学学术内涵，明确教学的学术价值与教师合作研讨的重要性，积极营造民主开放、相互信赖、相互支持、交流分享、合作共赢的合作文化氛围，才能从根本上确立教学的学术地位，形成教师重视教学、注重合作研讨的良好环境。

二是更加重视基层教学组织建设。通过学习讨论和建设推动，教

研室在教学管理、专业建设、课程与教材建设、青年教师培养、教研教改等方面的重要作用进一步凸显。大家形成了这样一个共识:课程教学不能靠一个人单打独斗,教师间需要加强相互合作、交流、探讨、评价,需要教研室这个沟通交流、合作共赢的平台。要想搞好专业和课程建设,不断提高教学水平和人才培养质量,必须高度重视教研室建设。各院部均采取有效措施,推动标准化教研室建设工作落实。

三是硬件建设取得阶段性成效。初步实现了人人有办公场所、人人有办公设备的目标,为教研室各项工作的开展奠定了基础。

四是完善了教研室各项规章制度。建立了教研室岗位责任制、教研室会议制度、集体备课制度、新开课试讲制度、听课与观摩教学制度、外聘教师教学质量监控制度、新进教师及青年教师教学能力提升制度等,并让各项制度"上墙",组织学习讨论,做到人人学习,人人知晓,保证教研室各项活动开展有据可依、有规可循。

五是教师参加教研室各项工作的积极性得到提高。通过学习讨论,大家明白了教研室的功能作用和任务,对教研室在教学任务安排、集体备课、听课评课、专业建设规划及实施方案制订、人才培养方案修制订、教学大纲制定、教学研究、教学档案建设等方面安排的工作均积极配合、积极参加,使教研室各项工作能顺利开展。

六是教师教学改革与研究的能力有所提高。从专业建设规划、人才培养方案、教学大纲的修制订,到教改项目申报、教改论文撰写、教案撰写、四个一活动的开展,乃至课堂教学以及听课评课情况来看,教师教学改革与研究的质量、能力有了一定的提高,这也是提高教学水平和人才培养质量的基石。

教研室工作是确立教学工作在高等学校人才培养中的中心地位的重要体现,是联系教师与学生、落实教学工作的"最后一公里",是提高教师教学水平和人才培养质量的重要抓手,更是一项长期的、艰巨的、基础性的工作。我校的教研室建设工作虽然取得了一些成效,但只能说是万里长征迈开的第一步,与教研室建设目标要求还有很大的距离,还有很长的路要走。如何进一步提高教研室主任的业务水平和组织管理能力、提高教研室建设专项费用、提高教研室在教师评价(含职称晋升、评优评先、绩效工资分配等)方面的话语权和决定权、教研室各项规章制度的贯彻与落实、青年教师教学能力提升、教学研究学术氛围的营造、教研室工作的常态化制度化、“学院—教研室”教学管理模式的变革与创新、教研室办公场所及设备的升级与优化等方面，将是我们下一步持续关注和改进的重点问题。只要我们撸起袖子加油干，一心一意抓住教研室建设这个教学工作牛鼻子，凝心聚力，关注教学，支持教学，按照教育教学规律办事，教研室工作必将迎来新的春天，必将进一步推进人才培养质量提升和学校事业的发展。

案例6:构建注重学生实践能力培养的应用型课程体系

课程建设是高等学校内涵建设的重要组成部分,是培养人才素质与专业能力的核心环节,在应用型人才培养过程中具有不可替代的基础性作用。我校自2014年成为河南省整体转型发展试点学校以来,顺应转型发展的时代要求,围绕职业能力及岗位实际需求,积极探索课程与课程体系改革,将应用型课程体系的构建作为突破点,以课程知识为基础,以学生发展为中心、以岗位需求为导向、以职业能力培养和人文素养提升为根本,构建了注重学生实践能力培养的应用型课程体系。

一、课程和课程体系的概念内涵

课程是实现人才培养目标的最基本载体,是大学教育教学活动的基本依据,对学生全面发展起着决定性作用。课程建设是学科专业建设的基础和核心环节,是深化教学改革的关键,也是提高教学质量和深化教学改革的重要组成部分,对于建构学生合理的知识结构、能力结构和创新精神具有十分重要的意义。要提高高等教育质量,实现以学生为中心的教学改革,核心是进行课程建设和改革。

课程体系是指为专业培养目标而设计并指导学生的所有学习内容及其构成要素的总和,包含了课程各个层面的性质,把课程的知识、目标、计划、学习、评价等诸多要素整合为一体,其主要解决两个问题:一是预设培养目标需要哪些课程来实现以及这些课程授课的深度与广度;二是各课程之间的相互衔接和配合。

应用型人才培养的目标,必须在应用型课程体系构建及课程教学中才能得以落实。应用型高校的课程体系和课程内容主要是依据科技发展对人才提出的要求,并结合相应的岗位、工作任务来确定,突出应用性和针对性。应用型课程应突出技术应用和工程技术教育,强调理论与实践的结合,一是课程结构要体现“宽、实、多”结合,加大实践教学环节比例;二是课程内容要体现区域产业特色和行业、企业需求。应用型课程体系指在地方本科高校教育教学过程中,依据应用型人才培养目标和理念,具体的专业应设置哪些课程、课程应选择哪些内容、课程之间如何关联和相互作用而形成的系统。应用型课程体系的构建是实现地方本科院校成功转型的关键,也是内涵建设弥足珍贵的突破点。

2017 年 12 月国务院办公厅《关于深化产教融合的若干意见》要求,促进教育链、人才链与产业链、创新链有机衔接,专业是主线,产业是主体,创业是主导,应用型高校应“三业”融合,建构跨界课堂。聚焦产教融合背景下的应用型课程改革,应关注学生职业能力发展,共同探讨课程改革的新方向。应用型课程建设应精准滴灌,注重与企业对接,包括课程设置对接企业需求、教学内容对接职业标准、教学过程对接生产过程、职业素养对接企业文化。课程体系构建应扎根产业、行业,服务国家和地方需求,紧扣社会发展之需,构建特色鲜明的应用型课程体系。

二、应用型课程体系的构建内容

我校在创建初始就坚持融入地方的发展战略,在专科时期就侧重于工科专业的发展,有丰富的工程教育技术背景。2004 年升格为本科高校后,我校即确定了“地方性、应用型、开放性”的办学定位,持续深化课程改革,致力于为地方经济社会发展培养高素质应用型人才,并持续进行理论研究和实践探索。

(一) 坚定应用办学定位,科学制定课程规划

科学确定办学定位、明确学校发展方向、确定发展战略目标、精心谋划实施方案是高校发展的关键。我校一直重视办学定位的确定,将其视为办学的头等大事。2004 年升本之后,学校进一步明确了应用型的办学定位,并积极探索和实践。特别是 2016 年成为河南省示范性应用技术本科高校以来,随着探索与实践的逐步深入,对应用型办学定位

的内涵、外延、实现路径的认识和理解进一步深化,对应用型办学定位和培养目标更加坚定、更加自信,确立了"立本、立真、立特、立新"的办学理念,"应用技术型普通本科院校"的办学类型,"为地方经济社会发展培养高素质应用技术型人才"的培养目标,并载入《南阳理工学院章程》《南阳理工学院"十三五"事业发展规划》和《南阳理工学院河南省示范性应用技术类型本科院校2016～2020年建设规划》。

根据学校章程和省示范校建设要求,科学编制了《南阳理工学院推进整体转型发展工作实施方案》《南阳理工学院河南省示范性应用技术类型本科院校2016～2020年建设实施方案》《南阳理工学院核心课程建设行动计划实施方案(2016－2020年)》和《南阳理工学院"一流课程"建设方案》,按照时间点、路线图,持续推进课程建设改革,拟在5年内遴选和建设一批一流专业核心课程、一流应用型特色类课程、一流思政改革类课程、一流创新创业类课程,以一流课程建设为抓手带动整体课程教学质量的提升。

根据学校深化转型发展的要求,持续推进课程建设"11115工程",即持续推进100门核心课程、100门校企合作课程、100门优质实验实训课程、100门精品资源共享课程、50门公共选修课程建设。在总结前期建设经验的基础上,以质量为导向,进一步加大各类课程资源的建设力度,持续深化应用型课程体系的建设。

(二)创新人才培养模式,深化课程体系建设

省示范校建设的成效与应用型人才培养的质量首先取决于人才培养模式、人才培养方案的改革和创新。为此,针对地方调整发展新兴产业及依托科技创新转型升级传统产业的新要求,充分考虑新经济、新业态、新产业、新技术对未来应用型人才的新需求,根据"面向应用、强化实践、凸显能力"的培养原则,注重学生创新精神和实践能力培养,形成了层层递进、四年不断线的实践教学体系,探索构建行业企业深度参与的多样化、个性化、开放性的人才培养新模式。该模式以毕业生从事行业相关职业岗位群所需知识能力素质要求为依据,采取输出导向法(OBE)来设计人才培养目标和培养规格,规划实现路径与方法,进一步优化课程体系与教学内容。

在进行课程教学大纲的修编时,依据课程教学目标选择教学内容,

注意课程与课程之间的联系,注重交叉,避免与其他课程在内容上的重复。课程教学大纲既保留了长期教学实践成果,又把近年来教学改革的成果固化到新教学大纲中,使教学大纲真正成为课程教学的指导性文件,充分体现优化课内、强化课外、激发学生主动学习的精神。

在制订课程考核大纲时,着眼于科学全面地评价学生的综合素质,强化知识应用能力、工程实践能力、创新能力的考核,把"注重考核学生实际能力""全面考核""过程考核"等理念落实到课程考核大纲中。根据人才培养目标和地方产业结构特点,以社会需求为导向,以专业为背景,重构了以岗位群、产品群、企业群为导向的课程体系和教学环节,构建了实现学生基本素质的人文平台课程、面向产业链上岗位群的课程模块、面向行业发展新技术满足学生个性发展需要的方向模块课程。模块化课程体系突破了学科的定势,强调的是学生的个性,有利于培养学生的实践能力和创新精神。

在教学内容编排上,对传统的以知识点内在逻辑为主线的教学内容安排,采用"删、减、并、留、增"的方法,改变为以工程实际问题驱动、任务驱动等为主线来串联知识点的教学编排与设计,进一步注重学生知识应用能力和工程意识的培养。建立应用型的项目体系,促进课程内容与应用的集成,从单元项目到课程综合项目再到职业项目,层层递进,有机衔接,并及时增加学科前沿新知识和现代科学技术内容。

(三)深化校企合作,共同开发课程

课程是转型发展的最后一公里,是实现教育目标的最基本单元,也是实现学生中心理念的核心。本着"互利共赢、优势互补、共同发展"的原则,积极开展校地校企合作,深化产教融合。根据行业、企业对人才知识、能力和素质结构的新要求,按照核心能力与核心理论知识要求,确定各专业的培养标准与规格,及时更新教学内容,调整优化课程体系,改进教学方法和手段,设计课程体系与课程模块,将学生的能力培养落到实处。

积极探索软件工程等6个教育部"卓越计划"专业"3+1"人才培养新模式,落实校企双主体育人,建立校企合作的人才培养机制,将课堂移到企业,将工程实景引入学校。近几年,我校和行业、企业建立了较多的人才培养平台,通过项目建设引领课程改革。与美国GE、德国博

世、中国长城计算机、南阳汇森等国内外知名企业合作共建实验室、研发中心,开办了“九州通班”“宇通班”“二机国贸班”等30多个校企合作班,围绕应用型人才培养定位,按照职业岗位群的需要,联合行业、企业共同制订人才培养目标,共同确定专业培养规格与标准,共同设计课程体系,共同开发课程资源,共同开发传统课程中职业岗位能力培养的新内容,共同编写应用型教材,共同评价培养质量。

我校近60%的专业由学院和相关企业联合进行课程开发,一些专业的核心课程由业界导师来给学生上课,或由校内教师和业界导师共同上课。以工作情境为依据构建教学内容,以工作项目为载体实施教学过程,基于工作和项目过程改革考核方式。生化学院、电商学院、计算机学院、机械学院、软件学院等和企业进行联合开发课程近30门,一些学院还将一些合作的课程在完成本专业校内授课以后,整理开发课程资料,将其制作成在线课程或在线微课。

在专业主干课程上积极推进校企合作教材的编写,同时支持教师编写有特色的校本教材或讲义,鼓励教师与企业联合编写教材。仅2016～2017学年,我校教师就公开出版教材40余部,其中一般教材20部,应用型培养教材10部,专著5部,实验实训教材5部。与GE公司联合出版《组态软件实用技术教程》《IFIX基础教程》《电气控制与可编程自动化控制器应用技术—GEPAC》等三部教材。

(四)推进专业核心课程建设,提升应用课程建设质量

为充分引入产业、行业资源,力求课程内容、教学环节与相关群体的核心能力或目标项目需求相对应,使学生在走上岗位前就能熟练掌握相关行业或岗位的核心技术,学校在前期专业核心课程建设的基础上,立足培养目标,以能力培养为核心,关注复杂工程问题的解决,培养学生用知识解决实际问题的能力。

在合作课程的开发上,注重专业跟着产业走,使课程内容的更新跟上专业发展的步伐。2016年,学校投入181万元立项建设181门专业核心课程,以核心课程改革为突破口,以课程教学内容、教学方法、教学评价改革为重点,以改革创新为动力,通过不断的研究与实践,培育一批在教学内容、教学方法、考核方式等方面有清晰改革思路和突出实践成效的教学成果,在全校形成了示范效应,带动了课程改革和建设,提高了应用人才培养质量。

（五）改革教学方法，优化考核方式

注重教学方法和课程考核方式改革，持续推动课程教学模式变革与创新。学校每年均采用立项形式助推广大教师开展教学内容、教学方法和课程考核方式改革研究，并已取得了较好成效。广大教师结合自己承担的教学任务，研究学生的学习规律，注意因材施教，进行了互动式教学、开放式教学、案例教学、模拟教学、讨论式教学、直观性教学和因材施教等多种教学方法的探索，实践了灵活的课程考核方式，促进了课程教学质量的提高。

在教学方法上，摒弃传统的“灌输式”传授知识方法，树立“学生为本”的课程教学观，根据具体的教学目标、教学内容、学生特点、教学条件等，灵活选择讨论式、案例式、问题探究式、项目式、启发引导式等教学方法，在教师的启发诱导帮助下，以学生独立自主学习和合作讨论为前提，以学生原有知识、周围世界和生活实际为参照对象，为学生提供自由表述、质疑、探究、讨论问题的机会，让学生通过个人、小组、集体等多种解难释疑尝试活动，将自己所学知识应用于解决实际问题。通过课程教学内容、教学方法、教学手段和考核评价方式的改革，有效推动了课程教学模式的变革与创新。

《大学英语》课程实行“课堂教学互动、课外学习自主”的开放式教学，针对各专业学生的学习差异，进行因材实施，按 A、B、C 三个层次实行分层教学。不同层次有不同的教学安排和不同的课程教学侧重点，但必须达到同样的教学质量要求。经济管理学院的《管理学》《人力资源管理》《运作管理》《商务统计》《商务沟通》等课程积极探索 T 课（研讨教学和辅导课）教学的不同模式，按 12～18 人把每个教学班分为若干组，每个组又分为 5～6 个小组进行专题讨论。通过专题讨论、个人观点展示、教师点评、师生互动等，帮助同学们理解和消化教师在课堂上讲授的内容，具有深化与拓展课程、促进自主和合作学习、培养探索研究精神和创新能力、促进全面发展与个性培养以及自我愉悦的功能，深受学生的喜欢。

（六）优化实践教学体系，加强实践能力培养

加强实践教学，重视学生实践能力培养是应用人才培养的必然选

择,而构建一套与强化学生实践能力相适应的实践教学体系则是应用型人才培养的前提和基础。在全力构建应用型实践教学新体系中,总体思路是“一个突出、一个贯穿、三大目标”。一个突出:突出实践教学在学生能力培养中的主导地位;一个贯穿:实践教育贯穿人才培养全过程;三大目标:实践能力较强,创新意识形成,综合素质较高。构建了应用型实践教学新体系,包括通识实践教育(思想品德、人文素质,军、体、心理健康与安全,物理、外语、计算机,职业规划、创新创业)、专业实践教育(专业基础、专业技能、专业综合)、个性化实践教育(科技创新、素质拓展)等三大模块。

依据我校应用型人才培养目标的要求,构建与理论教学体系相互呼应又相对独立,课内课外结合,校内校外结合,集中与分散结合,基础、综合与设计结合,模拟与面向企业实际结合,实习与实训结合的实践教学体系。目前,各专业培养方案构建了由实验教学、实习和实训、毕业实习、社会调查、课外学术和科技活动、本科生科研项目等有机组成的实践教学体系,各实践教学环节既相互独立又相互衔接。在实验课程中,减少了验证性实验,增加综合性实验和设计性实验。据统计,2016～2017学年我校有综合性实验和设计性实验的课程占有实验课程总数的比例达到80%以上,其中“综合性实验”和“设计性实验”平均占35%以上,部分课程甚至达到70%左右。

积极推进实验室开放,制订了《南阳理工学院实验室开放管理办法》。2014年以来,在学生创新实验、参与教师科研项目、参与学科竞赛等方面进行实验室开放试点,目前已开放实验室30个。文科专业也积极探索增加课内外实践教学的新路子,根据课程特点合理增加实践教学的内容、课时和时间,想方设法多渠道、多方式建立校外实习基地,鼓励和推动学生积极开展多种形式的社会调查活动。

改革毕业设计(论文)管理制度,各专业根据自身学科专业特点,制定相应的毕业设计(论文)工作实施办法,学校对其工作开展情况进行监督检查。各二级学院建立题目论证制度,要求毕业设计(论文)题目大小适宜、难易适当,一人一题,面向社会及生产实际真题真做。同时,严格控制教师指导毕业生毕业论文(设计)人数,理工科类专业不超过10人,人文管理类不超过12人。这些措施有效调动了二级学院工作的积极性,促进了毕业设计(论文)质量不断提高。

(七)支持学生参加创新创业和素质拓展活动

为积极鼓励学生参与创新和素质拓展活动,培养学生创新创业精神、实践能力和综合素质,学校规定各专业课程体系中设置素能拓展模块课程,不得低于10学分。素能拓展模块课程主要包括:公共艺术教育课程(音乐鉴赏、美术鉴赏课程,2学分),社会实践课程(学生参加社会调查、志愿服务、公益活动等,1学分),公共选修课程(6大类,7学分)和创新与素能拓展活动(各类学科竞赛,文化、艺术、体育竞赛活动,科学研究、发表学术论文,获得各类技能等级证书等,可进行学分认定,冲抵公选课学分)。为加强大学生创新创业教育,我校开设了《创新创业教育》课程,作为大学生职业发展教育必修课的一部分教学内容,纳入培养方案(1学分)。

制定了《南阳理工学院创新学分和素能拓展学分认定办法》,每生创新学分和素能拓展学分最高可以抵销公选课学分4学分。为保证学生参与创新和素质拓展活动持续深入开展下去,真正落地生根,学校积极整合各类资源,形成校内外合力,为广大学生搭建开展科技学术活动的平台,同时注重提升学生学术科技活动的质量和层次。近3年来,有100多个团体项目和个人项目在国家、省级以上科技创新活动中获奖,学生的科技创新活动逐渐步入正轨。

(八)重视创新创业教育,设置第二课程模块

创新创业教育在转型高校人才培养模式具有不可或缺的重要地位,创新创业教育是实践性很强的教育活动,不是简单的几门具体的课程,而是贯穿于整个课堂教学及课外活动中,是理论知识与实践教育结合、课内与课外教育结合、校内与校外教育结合的系统的教育模式。美国高校创新创业教育的发展历程和成熟经验表明,以创业实践活动为核心的活动课程以及创业计划、创业项目等课外活动,是帮助学生将理论转化为实践、培养学生创新能力的途径和方法。

在课程模块化的设置中,引入和设置了创新教育课和创业教育课两类模块,由学生根据需要志向自主选择。创新教育模块定位面向是有志于继续进行专业深造以及考研的学生,课程将新知识、新理论和新技术充实到教学内容中,明确专业定位与特色,注重加强专业纵向知识

和科研能力训练;创业教育模块着眼于学生就业和创业的需要,强化了实践训练环节,强化学生从事生产、经营、管理、科技开发等专业技能,以适应社会发展多方向的综合性要求,满足学生择业、就业、创业以及未来发展的需要。

第二课堂是对第一课堂的延伸和补充,具有第一课堂不可替代的作用,是新建应用型本科高校育人体系中不可或缺的有机组成部分,对于弥补学生社会经验不足和学校创业课程的局限性具有重要的示范意义。第二课堂建设推动创新创业教育有两大着力点:一是加强大学生社团建设,使之成为第二课堂创业实践活动的重要载体,落实第二课堂活动;二是推动校企合作,拓展创新创业教育的第二课堂资源。第二课堂具有将课内与课外、校内与校外的教育资源结合起来的优势,课内外、校内外的一切资源都可以成为第二课堂的内容。

(九)依托高校联盟平台,推进课程体系建设

面对个性化、多样化的学习和发展需求,现代信息技术与高校教学深度融合,我校以参加的高校联盟为平台,课程建设向校际合作的深度和广度发展,不同学科、不同课程,都结合自身特点,研究、设计具有各自特色的课程体系。

2017年,我校和河南财政金融学院、洛阳理工学院、黄淮学院、南阳师范学院共同发起组建了中原在线课程联盟,旨在发挥资源和人才优势,为中原地区各高校搭建优质的在线课程服务平台,实现院校优质教学、资源共享,培育名师课堂,展现中原在线课程联盟协同育人,提高教学质量和水平。

2018年,全国部分理工类地方本科院校联盟审议通过了《关于推进应用型课程教材建设的指导性意见》,以"应用型"为特色,基于应用型课程和应用型教材的开发,共同推进应用型课程建设,推出一批应用型教材。充分发挥联盟各高校专业建设的优质特色资源,构建课程资源互利共享的合作机制,实现课程教材建设资源共享,着力提升联盟高校人才培养水平与竞争力。

(十)加强理论研究,助推课程建设

应用型高校的建设和发展,面临着大量的、全新的未知问题,只有对这些问题进行深入研究,才能及时、快速地找到解决问题的新思路、

新方法和新途径。

我校在深化课程体系建设的过程中,及时进行理论研究,助推课程建设。学校每年设立专项研究经费,围绕课程结构、课程内容、课堂设计、教学方法、教学手段、考试方法、课程评价等方面的转型与改革,进行专项研究。从2014年起在一般教改项目基础上,以教改专项形式立项研究专业核心课程、课堂教学方法、课程考核方式改革,现已有208门专业核心课程、42个课堂教学方法及课程考核方式研究项目获准立项。

三、应用型课程体系的建设成效

理解有多深刻,步伐就有多坚定。我校紧紧抓着课程建设这个牛鼻子,持续深入推进课程建设,越来越清晰课程改革的理念和思路,越来越坚定推动课程改革的信心,应用型课程体系逐步完善,整体水平不断提高,对人才培养支撑能力显著提高,取得了较大的建设成效。

一是应用型课程建设的理念深入人心。在转型发展中,越往深处越艰难,改革最深的是课程体系,只有实现课程的转型,转型发展才有了立足点,才能从理想的云端落到现实的地面。多年来,通过持续深化课程建设,广大教师厘清了模糊认识,树立了全新理念,应用型课程建设的理念深入人心。越来越认识到任何人才培养的理念和追求,都必须诉诸课程体系的构建和每一门课程的教学才能得以落实。课程建设要按照从职业岗位需要出发倒推的原则,从调查行业企业岗位技术需要出发,确定各专业的核心技术能力;按照核心技术能力的需要,确定核心专业理论知识;按照核心能力与核心理论知识要求,确定各专业的培养标准与规格,设计课程体系与课程模块。

二是课程整体水平不断提高。学校建成了一批国内一流课程,引进30门国际一流课程,自编特色优势教材100余部,建成教学案例库100余个,慕课10门,获得河南省优秀教学成果22项。近年来,学校以精品资源共享课程建设为契机,大力推进相关课程建设,目前拥有国家级教师教育精品资源共享课1门,省级精品课程4门,省级精品资源共享课4门,校级精品课程105门,并以公共基础和专业核心课程为重点,构建了精品资源共享课程平台。

三是学生实践创新能力显著提高。近3年,在“挑战杯”全国大学生课外学术科技作品竞赛、全国大学生电子设计竞赛等全国性竞赛中取得了一系列好成绩,摘金夺银,学生的创新精神、实践能力、就业竞争力、社会生存能力明显增强。2017年学生获奖人数和质量均创历年新高,共获得国际级奖励8项,国家级奖励56项,省部级奖励438项。有4000余名学生参与教师科研项目,发表论文90余篇。得益于学生创业工作的显著成效,学校被授予了“省大学生创业教育示范校”,成功入选国家大学生创新创业高校50强。

四是课程管理的信息化水平大幅度攀升。建成了一个集课程管理、教师管理、网上选课、成绩填报、论文开题、中期考核、学位申请、教师遴选等技术先进、功能全面、具有特色的教育信息化平台,以及面向全校统一开放认证和统一授权平台,支持课程评价,服务开放课程和大规模开放在线课程教学,为学校课程提供了一个可视化的决策支持。

五是毕业生就业质量不断提高。据麦可思调查显示,近两年用人单位对我校毕业生满意度分别为95.3%和95.5%,普遍反映毕业生政治素质高,业务过硬。学校连续四次荣获“河南省普通大中专毕业生就业工作先进集体”称号。

案例7:推进实验室工程化改造,打造创新创业梦工场

大学生实践创新能力培养是基于时代的要求,也是提高应用型高校教学质量的重点和难点。当前高等教育工作的根本问题是人才培养质量问题,其核心是学生创新创业能力的培养。在《国务院办公厅关于深化高等学校创新创业教育改革的实施意见》中明确要求,各高校要强化创新创业实践。近年来,我校生物工程专业实验室积极推进工程化改造,在强化创新创业实践,做好大学生创新创业工作中取得了初步成效。

一、转变观念,高度重视实验室工程化改造

生物工程是以生物学理论和技术为基础,结合化工、机械、电子计算机等现代工程技术,充分运用生物学的最新研究成果,自觉操纵遗传物质,定向改造物种或其功能,通过合适的生物反应器对物种进行大规模的培养,以生产大量有用代谢产物或发挥它们独特生理功能的一门技术。我校生物工程专业的建设、发展和规划始终紧密围绕着南阳及其周边地区企业和社会发展的特点,以服务于地方经济发展为目的,注重建设和发展发酵工程、生物制药、生物能源三个专业方向,其中以研究工业微生物为基础的发酵工程专业方向是重点。

生物工程专业的培养目标是掌握生物技术及其产业化的科学原理、工艺技术过程和工程设计等基础理论、基本技能,能在生物技术与工程领域从事设计生产管理和新技术研究、新产品开发的工程技术人才。

多年来,为使我校生物工程专业学生在工程实践能力和创新能力得到更好培养和提高,在专业课程体系构建、课程实验实践环节、专业实验实践环节等多个方面做了大量的探索和实践,获得了良好的效果。比如在专业实验实践环节的教学安排和实施中,依据生物工程专业的特点,围绕生物发酵产品的上、中、下游技术,设置开展了三个专业综合实验,分别为菌种选育综合实验、发酵技术综合实验和生化分离综合实验。在综合实验的教学过程中,采用“真题真做”“学生自主实验为主,教师指导为辅”等方法,培养了学生严格的科学态度和良好的实验素质,提高了学生从事科学实验的能力,使学生具备了独立思考、提出问题、分析问题和解决问题的能力,提高了学生在就业市场的核心竞争力。但是,通过对生物工程专业已就业学生和就业单位的进一步调研和交流,我们发现,大学生的工程实践能力和创新能力亟须进一步提高。

在工程实践能力方面,学生往往能够运用已掌握专业理论知识、熟悉并操作专业仪器的使用和维护,但缺乏管理能力及综合应用能力。学生的思维不开放,比较喜欢模式化、单一化的工作,整体意识和大局观念尤其缺乏。突出表现是学生熟悉校园式的学习、生活和工作,缺乏对企业的生产方式、工作方式、规章制度等方面的学习和锻炼。有的学生熟悉实验室环境中的小试试验和研究,但对企业的规模化、产业化生产方式和规律不理解,工作时手忙脚乱,感到无所适从;有的学生不能适应企业的规章制度,干几天就辞职、跳槽;有的学生不服从企业主管管理或语言表达能力欠缺,工作得不到认可和晋升,甚至与领导发生冲突等等。这些现象都说明学生在学校的工程实践锻炼得不够,不能快速实现从学生到企业员工的角色转换,致使企业对毕业生的敬业精神、规则意识、忠诚程度颇有微词。

造成上述现象的原因很多,但主要原因有三点:一是生物工程专业实验室的现有设备不能满足工程能力和素养的全面培养,现阶段的专业综合实验还是以摇瓶、摇床、培养箱等设备进行小规模实验,实验研究的方式和规律跟工业规模化生产情况的差距较大。二是生物工程专业实验室的管理制度与工厂企业的管理制度不同,在现有专业实验室,管理内容主要包括实验室安全教育、学生考勤、实验操作规范等方面,而学生的工程素养尚未真正养成,如遵守生产规章制度、遵守工段交接制度、遵守质量把控制度等。三是专业实验室的实验条件尚不能充分满足“双师型教师”的培养和成长,尤其是青年教师的培养,青年教师往往具备相当扎实深厚的理论功底,但尚不具备与生产实际中的情境和环境,使这些老师无从进行生产和实际的有机结合,造成青年教师工程实践能力缺乏,实践教学能力和水平较低。

高等教育工作的根本问题是人才培养质量问题,其核心是学生创新创业能力的培养。这是高等教育的客观性对社会经济的充分反映,是社会经济发展的需求性与内部规律性对高等教育教学质量的必然性要求。大学作为高等教育的主力军、人才“商品生产”的出口和最后一道“工序”,毕业学生的创新创业能力是“市场品质、品牌”的核心元素,是社会关注的焦点,更是高校深化改革、提高办学质量的热点与难点。

在工科高等院校的教育教学中,实践教学是培养大学生创新能力的重要环节,实践教学是指学生在教师指导下以实际操作为主,获得认知和提高能力的教学活动。当前,以培养大学生创新能力为目标,多数工科高等院校开设的实践教学主要包括校内实验室研究和校外生产实习,如创立开放型实验室,校企合作共建实习基地,依托企业开展毕业设计等。在工程技术领域,工程(如生物工程、化学工程、环境工程等)技术或工业产品的开发过程均需经历三个阶段:一是实验室研究阶段,在实验室进行技术探索或产品研发。二是中试阶段,在中试规模的水平上完善和改进实验室研究结果,为实现工业化生产的可行性分析提供依据,具有承上启下的重要作用。三是工业化生产阶段,技术或产品实现商业化。因此,在校内工程化实验室开设中试阶段的实践教学,是培养大学生创新能力的重要组成部分。

二、对接市场,创新工程化实验室运行模式

目前,多数高校的工程化实验室建设和运行(开设实训教学)主要依靠政府和学校投入,引进企业资金的情况较少。工程化实验室开设的生产性实训教学需要一定量的资金投入,形成良性的以实训养教学的教学模式,必须将实训产品推向市场。但学校的工程化实验室不具备市场运营的商业资质,必须进行法律地位的确定。为此,我校对工程

化实验室运行模式进行了创新。

一是校企合作模式。实验室由学校与企业合作共建,以合作企业的名义在学校设立分支机构,从事生产经营活动。学校和企业就实验室运行签订了详细的合作协议,明确双方的责任和义务,合作的前提是必须满足学生的实训。企业和学校共同制订学生的实训计划和方案,合作形式是学校负责生产和管理的全过程,包括原料的购买、产品销售、设备维护以及市场销售,企业负责生产监督、质量品控和操作技术指导,这种合作模式能最大限度地发挥学校师生的能动性。2014年以来,在转型发展的背景下,为进一步推动高素质应用型创新创业人才培养,学校引入南阳市京德啤酒技术开发有限公司投资40余万元,总投资约200余万元,校企合作共建了生化学院创新工场。

二是学生创业团队运营模式。在校企合作模式的前提下,为提高设备的利用率,在未进行实训教学的时间段,在自愿的原则下,动员学生成立学习兴趣小组,并逐步发展成学生创业团队,孵化成立和注册公司。以工程化实验室为依托,日常生产由学生创业团队负责,日常管理由教师负责,公司的主要任务之一是承担实训教学任务,在完成实训任务的同时,将产品或服务合法地推向市场,达到维持实训生产的收支平衡,实现以实训养教学的良性循环。公司的所有运作都由师生共同完成,对培养"双师双能型"教师起到积极作用。市场化的公司运营模式,实现企业和学校的无缝对接,对学生职业能力的培养发挥了重要作用。

三、强化功能,凸显工程化实验室溢出效应

目前,该实验室使用面积约200m^2,建有精酿啤酒酿造车间、好氧发酵车间,以及分析室、储物室、无菌室、更衣室等。实验室主要设备有中试规模的啤酒糖化罐、啤酒发酵罐、威士忌蒸馏酒设备、10L、100L机械搅拌通风发酵罐,微生物发酵产物分离设备等,实验室内部布置了紫外灯灭菌、空气过滤、温度和湿度控制机组等,洁净度等级达到10万级。

作为大学生校内实训教学基地,实验室开展的实训项目有:两阶段发酵法生产活性干酵母、纤维素酶制剂的分离工艺优化、淡色艾尔精酿啤酒的研发与生产、枇杷味精酿啤酒的研发与生产、威士忌陈酿过程中

主要成分分析及变化规律研究等，主要服务大三、大四的学生，能够同时容纳学生 40 人开展 6～14 周的实训教学，高效培养学生的工程实践能力和创新能力，有力促进了学生能力和素质的全面提升，极大缩短了学生就业后的适应期。

作为大学生创新创业基地，实验室服务于学生创业团队，为团队开展创新创业活动提供硬件支撑，旨在提高学生的创新能力和创业能力。与此同时，通过工程化实验室的建设和运行，又提高了专业教师的实践教学能力水平，弥补现有教师中生产实践经验的不足。

作为河南省工业微生物资源与发酵技术重点实验室的中试基地，实验室搭建了中试生产规模的科研平台，开展了“精酿啤酒一体化设备”“啤酒酵母综合资源利用”“活性酵母的低成本发酵工艺”等课题的中试研究，为提高专业教师的应用科研能力、推动已有科研成果转化、促进校企深度合作、服务地方经济社会发展等方面做出了贡献。

通过工程化实验室的建设和运行，进一步强化了师生的工程理念，增强了教师的实践教学能力，提高了学生的实践创新能力，取得了明显成效。

一是承担生化学院生物工程专业大四学生开展为期 10 周的校内实训教学活动，教学过程中理论结合实践，强调学生的参与式学习，学生在专业技能、实践经验、工作方法、团队合作等方面得到提高，着力提升了学生的工程实践能力和创新能力。

二是发起成立了河南酒协精酿啤酒专业委员会，我校被推选为常务副会长单位、河南省酿酒人才培养基地和科技研发基地。

三是成立了京德精酿啤酒学院，主要开展非学历教育的国家认可的酿酒师、品酒师、检验师等精酿啤酒行业从业人员职业资格的教育培训工作，培养高素质精酿啤酒行业人才。2017 年 2 月举办了京德精酿啤酒学院首期高级培训班，德国柏林酿造学院专家 Jan Biering 先生应邀授课，30 名学员经过培训和考核，取得了由德国柏林酿造学院颁发的酿酒师证书。

四是成功主办了河南省精酿啤酒技术讲座、德国啤酒发展与 VLB 报告会、京德精酿啤酒千城万店项目论证会等行业会议，分析探讨行业现状，大力推广精酿文化。应邀参加了 2016 国际小微酿造产业发展高峰论坛、2017小微啤酒行业技术峰会暨展会等行业峰会，《啤酒》国家标准审定会暨《纯生啤酒》、《工坊啤酒及其生产规范》团体标准讨论会等，搭建交流平台，紧跟市场潮流，掌握行业动态。

五是分别与中国酒业协会、中国食品发酵工业研究院、德国柏林酿造学院等国内外一级协会或研究院达成合作意向，搭建高层次技术合作平台，为精酿啤酒行业的快速发展做出了贡献。

六是建设南阳市精酿啤酒工程技术研究中心，通过开展精酿啤酒设备研发改进、优质原料生产配送、配方工艺革新优化、营销指导策划等方面的工作，推动啤酒产品结构的调整，营造健康的啤酒文化氛围，提高本土啤酒行业竞争力，大幅拉动地方经济及劳动就业率，引导精酿啤酒在本区域的良性发展。

七是成立了精酿啤酒学生创业团队和活性酵母学生创业团队，其中精酿啤酒学生创业团队已孵化成立了南阳市豫问鼎啤酒技术开发有限公司，注册了“不将就”系列产品商标。该团队在河南省创业之星选拔赛中获得三等奖，与北京一点公益基金会签约了投资意向，获得了河南省大学生创新创业训练计划项目立项，获批经费2万元。

八是编著精酿师教材《精酿啤酒酿造技术》，组织申报酿酒工程本科专业，为精酿啤酒行业培养更多的高素质应用型创新创业人才，促进行业健康稳定地快速发展。

九是中国酒协对我校在培训精酿师、研发改进精酿啤酒设备、孵化精酿啤酒创业团队等方面取得的成绩表示肯定，我校被遴选为《工坊啤酒》团体标准工作组成员及起草单位之一。

十是工程化实验室取得的成绩得到了省市各级领导的关心和赞誉，受到了中国财经新闻、中国网等国内主流新闻媒体的关注和报道。

案例 8:完善学科竞赛机制,提升学生创新能力

在科技大爆炸的今天,以人工智能、大数据、云计算等为代表的现代信息技术正引领着新一轮科技革命的浪潮,在未来将深刻影响人类社会和国家发展模式。创新已经成为社会经济发展的主要驱动力,创新离不开人才培养。学科竞赛是面向广大学生开展的实践创新活动,对学生学习意识、竞争意识、科学精神、团队协作和组织能力的提高,特别是对学生创新思维和创新能力的培养具有重要作用,是高等教育创新人才培养的重要模式之一。

近年来,为适应国家创新驱动发展、经济转型发展、行业产业结构优化升级,以及信息技术引发的新科技革命对创新人才的需求,教育部引导部分高校主动适应国家战略发展需要,加快推进创新人才培养。2016 年我校获批为河南省转型发展示范校,坚定了学校地方性、创新型、高素质、应用型的人才培养定位。学科竞赛活动作为提升应用型人才培养的重要手段,在推动学校内涵式发展、提升学生实践创新能力上的作用越发凸显。

一、认识学科竞赛的重要作用

学科竞赛是培养大学生竞争意识、团队精神、创新能力和实践能力的重要实践环节,能促进学风建设,推动教学改革,提升大学生的实践创新能力和就业竞争力。

参加学科竞赛活动需要大学生经过努力学习、长期积累,并达到一定的知识、能力储备。有志于参加学科竞赛的同学,必定要付出比其他人更多的时间和精力,图书馆、实验室、教室等学习场所是他们经常留

恋的地方,他们的努力学习精神会无形中对其他同学产生影响,进而感染大家共同学习,有效促进良好学风的形成。

当今世界经济社会发展的主要特征是以知识创新为主要动力,背后是以具有应用背景的、跨学科的、参与成员具有异质性和组织多样性为特征的新型"知识生产模式"。创新模式的变革也会丰富创新人才培养的内涵,从这个角度来说,协同创新是人才培养规律的根本遵循与体现,是落实实践育人要求的重要途径,具有理论教学不可替代的作用,学生通过学科竞赛活动的协同创新体验,形成有效共同体,极大促进了大学生创新精神和团队协作能力。

学科竞赛活动是在专业教师的指导下进行的,教师通过指导学生,能更多接触到学科前沿知识和知识的应用,有利于探索最优化的教育教学方法,更好推动转型发展背景下应用型人才的培养,达到教学相长、共同提高的目的。

二、建立完善的学科竞赛机制

近几年来,学校出台了相关管理制度,构建了校级、省级、国家级、国际级四级学科竞赛机制,搭建各类竞赛平台,打造学科竞赛品牌,强化榜样引领,全面提高参加学科竞赛的学生比例,培养大学生的创新意识、实践能力和合作精神,形成"课堂内外联动"的育人新格局。

(一) 建立组织机构,保障学科竞赛

本着"以点带面,点面结合"的原则,积极扩展学科竞赛活动的参与面,让更多的学生参与到学科竞赛活动中。为科学、有序地推进此项工作,学校学科竞赛实行分级领导、逐层实施的管理方式,设计了校院两级组织管理体系。

校级大学生学科竞赛领导小组全面负责全校学科竞赛工作,组长由主管学生工作的校领导担任,成员由学生处、人事处、教务处、财务处、科研处、校团委等单位主要负责人组成,领导小组下设办公室,学生处处长兼任办公室主任。校级领导小组负责对学生学科竞赛活动进行指导、监督、检查、评价,具体职责是:制定学校学科竞赛管理办法和相关政策;收集、公布各类学科竞赛信息;受理、审核并公布教学院(部)的年度学科竞赛立项计划;竞赛项目的等级认定;检查、考核竞赛过程与

成效；协调解决竞赛过程中有关组织管理问题；指导教师及优秀组织单位评选和奖金的发放；整理归档竞赛档案文件等。

二级学院是学生学科竞赛活动的具体组织实施单位，各教学院（部）成立以院长、书记为组长的学科竞赛领导小组。院级学科竞赛一般由各学院大学生创新实训中心具体负责学科竞赛活动，依托各学院学生科技创新工作室、竞赛小组、社团等团队。具体职责是：制定本单位的学科竞赛管理细则；组织承办校级学科竞赛活动；组织学生训练与参赛；提供仪器、设备、材料和场地等训练与比赛条件；合理使用竞赛资金；及时上报竞赛的各类档案文件，包括年度竞赛计划、竞赛工作总结、获奖证书复印件、扫描图片及其他有关材料等；并结合学科竞赛活动开展教育教学研究和改革，实施"竞教结合"活动。

学科竞赛实行项目化运行管理，项目负责人对竞赛项目进行具体的管理和指导，按照学校要求及时提交所负责竞赛项目的计划与总结。指导教师在竞赛项目负责人的指导下，根据学生特点研究制定训练方案，选拔参赛学生，组织实施训练，带队参加比赛等。对于参赛队伍较多、影响较大的学科竞赛项目，教学院（部）成立指导教师团队。学生参加学科竞赛，可以以教学院（部）为单位组队参加，也可以集中优势资源，跨院部、跨学科组队参加。

（二）设立竞赛基地，推动学科竞赛

学校根据专业竞赛分布情况，统筹各方资源，整合多方力量，推进学科竞赛基地建设，促进实践教学改革和创新人才培养。同时，设立专项经费，重点支持中国"互联网＋"大学生创新创业大赛、"挑战杯"全国大学生课外学术科技作品竞赛、全国大学生电子设计竞赛、全国大学生数学建模竞赛等 19 个学科竞赛项目（见表 9 学校重点支持的学科竞赛项目）。

表9　学校重点支持的学科竞赛项目

序号	学科竞赛名称	主办单位
1	中国"互联网+"大学生创新创业大赛	教育部、中央网络安全和信息化领导小组办公室、国家发展和改革委员会、工业和信息化部、人力资源和社会保障部、国家知识产权局、中国科学院、中国工程院、共青团中央和陕西省人民政府
2	"挑战杯"全国大学生课外学术科技作品竞赛	由共青团中央、中国科协、教育部、全国学联
3	"挑战杯"中国大学生创业计划大赛	由共青团中央、中国科协、教育部、全国学联
4	ACM－ICPC国际大学生程序设计竞赛	美国计算机学会(ACM)
5	全国大学生数学建模竞赛	中国工业与应用数学学会
6	全国大学生电子设计竞赛	教育部、信息产业部
7	全国大学生化学实验邀请赛	教育部高等学校化学教育研究中心
8	全国高等医学院校大学生临床技能竞赛	教育部、卫生部
9	全国大学生机械创新设计大赛	教育部高等学校机械学科教学指导委员会
10	全国大学生结构设计竞赛	高等学校土木工程学科专业指导委员会、中国土木工程学会
11	全国大学生广告艺术大赛	教育部高等学校新闻传播学类专业教学指导委员会、中国高等教育学会广告教育专业委员会
12	全国大学生智能汽车竞赛	教育部高等学校自动化专业教学指导分委员会
13	全国大学生交通科技大赛	教育部高等学校交通运输与工程学科教学指导委员会
14	全国大学生电子商务"创新、创意及创业"挑战赛	教育部高等学校电子商务类专业教学指导委员会
15	全国大学生节能减排社会实践与科技竞赛	教育部高等教育司

续表

序号	学科竞赛名称	主办单位
16	全国大学生工程训练综合能力竞赛	教育部高等教育司
17	全国大学生物流设计大赛	教育部高等学校物流类专业教学指导委员会
18	“外研社”全国英语演讲大赛	外语教学与研究出版社、教育部高等学校大学外语教学指导委员会
19	全国师范院校师范生教学技能竞赛	全国地方高等师范院校教务处长联席会议

经过近年来的建设，学校每个二级学院都设立有学科竞赛基地，每个基地有主导竞赛项目，服务全校学生。主要基地有：计算机与信息工程学院的“大学生程序设计竞赛基地”，负责普及全校大学生计算机基础知识，组织 ACM－LCPC，CCPC 等程序设计类比赛，组织、选拔和训练程序设计大赛选手；软件学院的“互联网＋”大学生创新创业大赛基地，负责宣传创新创业政策，组织“互联网”大学生创新创业类、科技创新类大赛，知识，组织、选拔和训练科技创新类选手；电子与电气工程学院的“社团类大学生电子设计竞赛基地”，负责宣传普及大学生电子类科技知识，组织、选拔和训练电子类人工智能类竞赛选手；机械与汽车工程学院的“全国大学生机械创新设计大赛基地”，负责普及大学生机械制图相关知识，组织、选拔和训练成图类竞赛选手；数学与统计学院的“全国大学生数学建模大赛基地”，负责普及大学生数学知识和思维，组织、选拔和训练数学建模类竞赛选手；外国语学院的“外研社全国英语演讲大赛基地”，负责普及大学生外语类语言知识，组织、选拔和训练全国英语类、日语类竞赛选手；文法学院的“国学知识竞赛基地”，负责普及大学生国学知识，组织、选拔和训练国学类、电影类等竞赛选手；电子商务学院的“全国大学生电子商务创新、创意及创业挑战赛”，负责普及大学生电子商务知识，组织、选拔和训练电子商务类竞赛选手；生物与化学工程学院的“生化大赛全国大学生化学实验邀请赛基地”，负责普及大学生生化方面知识，组织、选拔和训练生化类、食品类竞赛选手；张仲景国医国药学院的“全国高等医学院校大学生临床技能竞赛基地”，负责普及大学生保健基础知识，组织、选拔和训练护理类、针灸类、

推拿类竞赛选手;土木工程学院的“全国大学生结构设计竞赛基地”,负责组织、选拔和训练结构设计类竞赛选手;建筑与城市规划学院的“成图大赛基地”,负责组织、选拔和训练成图类竞赛选手。(见表10学校学科竞赛基地设置及牵头单位一览)

表10 学校学科竞赛基地设置及牵头单位一览

序号	竞赛基地名称	主要职责	牵头单位
1	“互联网+”大学生创新创业大赛基地	宣传创新创业政策,组织“互联网+”大学生创新创业类、科技创新类大赛	软件学院
2	“挑战杯”全国大学生课外学术科技作品竞赛	组织全校大学生创新活动、参加“挑战杯”竞赛	团委
3	“挑战杯”中国大学生创业计划大赛	组织全校大学生创业活动、参加“挑战杯”竞赛	团委、就业处
4	大学生程序设计竞赛基地	普及计算机基础知识,组织ACM－ICPC,CCPC等程序设计类比赛	计算机与信息工程学院
5	全国大学生数学建模竞赛基地	普及数学建模基础知识,组织全校学生参加数学建模类竞赛	数学与统计学院
6	大学生电子设计竞赛基地	宣传普及大学生电子类科技知识,组织电子类竞、人工智能类竞赛	电子与电气工程学院
7	全国大学生化学实验邀请赛基地	选拔训练生化类、食品类及参赛	生物与化学工程学院
8	全国高等医学院校大学生临床技能竞赛	组织日常选拔和训练护理类、针灸类、推拿类及参赛	张仲景国医国药学院
9	全国大学生机械创新设计大赛基地	普及制图基础知识,组织日常训练及参赛	机械与汽车工程学院
10	全国大学生结构设计竞赛	组织选拔训练结构设计类及参赛	土木工程学院

续表

序号	竞赛基地名称	主要职责	牵头单位
11	全国大学生广告艺术大赛	组织日常训练及参赛	艺术设计学院
12	全国大学生智能汽车竞赛	组织日常训练及参赛	电子与电气工程学院计算机与信息工程学院
13	全国大学生电子商务“创新、创意及创业”挑战赛基地	选拔和训练电子商务类竞赛	电子商务学院
14	全国大学生节能减排社会实践与科技竞赛	组织日常训练及参赛	学生处后勤管理与服务中心
15	全国大学生工程训练综合能力竞赛	组织日常训练及参赛	机械与汽车工程学院
16	全国大学生物流设计大赛	组织日常训练及参赛	经济与管理学院
17	“外研社”全国英语演讲大赛基地	选拔训练全国英语类、日语类竞赛	外国语学院
18	全国师范院校师范生教学技能竞赛	组织日常训练及参赛	师范学院
19	国学知识竞赛基地	普及国学知识，组织各类国学知识竞赛等	文法学院

（三）构建评价体系，引导学科竞赛

为配合教学工作，引导学科竞赛方向，激发师生参与热情，学校制定了学科竞赛级别认定办法，按照类别和级别对学科竞赛进行分类，用于教师职称评审、对获奖项目指导教师的奖励和获奖学生单项奖学金的认定。

学科竞赛类别分为A类和B类两种。A类竞赛条件要求为：河南省职称评审文件确认的规范赛事；省级及以上政府部门或一级学会主办的规范赛事；有多家“双一流”高校（含“985”“211”高校）参加，且有晋级赛制，经学校认定的其他业内公认的高水平赛事。B类竞赛条件要求为：由一般学会、协会或知名大型企业主办的，有“双一流”高校（含“985”“211”高校）参加，且有晋级赛制，经学校认定的其他业内公认的

较高水平赛事。

学科竞赛级别一般按照获奖等级认定,但对含金量不高的竞赛项目实行降级认定。级别认定具体要求有:一是省级竞赛是指省级政府部门或省级学术团体主办的全省性或跨省区(如中西地区)的学科竞赛。二是国家级竞赛是指国家政府部门或全国性学术团体主办的全国性学科竞赛。三是有晋级赛制的国际竞赛认定为国家级A类,否则认定为省级A类。四是符合A、B类竞赛,但参赛名额没有限制,参赛学校较少,评奖比例过大等含金量低,影响小的比赛,给予降级认定(如:国家级降为省级、省级降为市校级)。五是一般情况下,比赛所设特等奖等同一等奖;对个别赛事特等奖设置明显较多情况下,特等奖作为一等奖,其他奖项等级依次降级。

(四) 制定奖励办法,促进学科竞赛

学校实行"以奖代酬"方式,对获奖项目的指导教师和学生进行奖励,鼓励师生积极参加学科竞赛。经过多年的实践,形成一套比较科学合理的奖励办法。

获奖指导教师奖励标准:按照团体项目获奖等级对学科竞赛指导教师进行奖励,个人项目按团队项目奖励标准的80%执行。在获得省级竞赛一等奖(含特等奖)和国家级竞赛二等奖以上的指导教师中,每年评选出若干名"优秀指导教师",学校颁发荣誉证书。具体奖励标准见表11学科竞赛团队项目奖励标准。

表11　学科竞赛团队项目奖励标准

竞赛级别		特等奖	一等奖	二等奖	三等奖
国际级	A级	15000元	10000元	7000元	5000元
国家级	B级	8000元	5000元	4000元	3000元
	C级	5000元	4000元	3000元	2000元
省级	D级	3000元	2500元	1500元	1000元
	E级	1500元	1000元	800元	500元

获奖学生主要以学生单项奖学金形式每年予以奖励,具体标准见表12学生单项奖学金奖励标准。

表 12　学生单项奖学金奖励标准

项目	获奖等级	团体项目(3人以上)	个人项目
		奖金数额	奖金数额
国家级科技、文化、艺术及体育比赛	一等奖	8000元	2000元
	二等奖	5000元	1500元
	三等奖	4000元	1000元
省级科技、文化、艺术及体育比赛	一等奖	3000元	800元
	二等奖	2000元	600元
	三等奖	1000元	400元
市级科技、文化、艺术及体育比赛	一等奖	1000元	400元
	二等奖	600元	200元
	三等奖	300元	100元
德育单项奖(见义勇为、抗洪抢险、拾金不昧、乐于助人等事迹突出者)	一等奖		500元
	二等奖		300元
	三等奖		100元
五四青年标兵			600元

(五)完善制度体系,规范学科竞赛

近年来,学校制定了《南阳理工学院教育教学改革与研究奖励办法》《南阳理工学院大学生学科竞赛管理办法》《南阳理工学院职称评审推荐办法》等多个管理规章制度,建立和完善了竞赛激励机制,在组织、培训、辅导以及竞赛等各个环节都制定了详细的操作规则,进一步规范了学科竞赛的各个环节,从而激发了指导教师的工作热情,调动了广大学生的参赛积极性,促进了学科竞赛的良性发展。学校加大了表彰力度,激发学生参加竞赛的自觉性、积极性,促进学科竞赛的良性发展。

三、构建多平台竞赛训练模式

在学科竞赛活动中,教师是指导者,学生是执行者,学生的实践创新能力直接决定着比赛的结果。在实际工作中,学校整合教育教学资源,结合实际情况,构建了多类学科竞赛训练平台和学习模式,通过严格、科学的训练,大幅提升学生的实践创新能力和参赛水平,取得了较

好的效果。

(一)以创新工作室为平台的自主训练模式

组织形式。学院成立大学生科技创新工作室,每个工作室承担相对应的比赛。各工作室配有指导教师,负责日常训练、管理和竞赛等工作。同时成立学生专项竞赛小组,负责竞赛组织,日常训练,资料收集与整理,材料购买,协调沟通等日常运行工作。每个小组投票推选出组长,然后由组长与组员进行讨论,决定每一个组员的任务分工。组员之间加强沟通与联络,定期组织小组会议,每一个组员汇报自己的工作完成情况,分析竞赛项目开展过程中遇到的问题,集思广益,共同解决存在的问题。

训练安排。利用课余时间及节假日进行训练。学生自主学习训练的环节有学生讲课、学生出题、学生组织比赛、赛后题解分享、学生自我管理等。训练与比赛相结合,交替进行。

梯队培养。竞赛工作室,一般形成一对三帮带模式,即一个高年级的学生带三个低年级学生,毕业的校友经常返校开讲座,传递前沿技术,同时,还在就职公司"内推"助力在校生就业。工作室已毕业的成员传递本人所在公司使用的前沿技术,在线辅导工作室同学。企事业单位招聘时,校友积极向本单位"内推"求职学生,如百度公司,6年来有30多人通过内推进入该公司。

典型学院与团队。以计算机与信息工程学院为例,先后成立有ACM工作室、TopCoder工作室、物联网工作室、智能车工作室、JAVA工作室等12个竞赛工作室。

(二)以教研室为平台的全员参与模式

组织形式。由教研室具体牵头本学院各类学科竞赛,每个竞赛团队由该教研室的教师进行指导,学生分年级、分专业全部参与竞赛,采用"师傅带徒弟"的方式指导学生。该模式需要一大批有专业知识、有实践经验,而且还具有奉献精神的教师参与。每个教师团队根据课程的进度,安排课外实践竞赛活动,向学生开放实验室,把实验室作为日常训练的主要场所。

比赛安排。校级比赛一般每年五月进行一次大规模的竞赛,分为初赛和决赛两种,比赛按年级和专业进行。通过校级选拔的选手,学校推荐他们参加省级、国家机械类成图大赛、机器人大赛等学科竞赛。

典型学院及团队。以机械与汽车工程学院为例,参与的教研室有机械设计教研室、机械制造技术教研室、测控技术教研室、汽车工程教研室、材料成形教研室等。

(三) 以校企合作为平台的创新创业模式

组织形式。“企业+学院+师生团队”模式,即学院利用节假日或重要时间节点,结合企业营销方案,由学院组织相关专业教师和学生团队,按照“企业模式”,开展创新创业实战训练。

训练安排。依托网络平台,开展专业相近的“企业实战”训练,为师生提供实践平台,为师生创新创业加油。这种做法的好处是学校发挥专业优势,加强与地方企业合作,促进学科竞赛校内外资源的整合,融入地方特色,创新了学科竞赛模式。

典型学院及团队。电子商务学院,2017 年双“十一”与上海拉夏贝尔、杭州卓层电商公司合作,合作成效显著。以拉夏贝尔女装、七格格女装、旺旺、松下空调、海俪恩眼镜五种产品开展实战营销大赛,12 分钟突破一亿,65 分钟冲破两亿,电子商务学院双十一实战型毕业实习今年再创佳绩,200 余名学生客服在 11 月 11 日当天就为企业创造 4.37 多亿元销售业绩。这种合作,为参加全国百度营销大赛垫定了坚实基础。

(四) 以社团为平台的团队引领模式

组织形式。以兴趣为导向,成立专业竞赛社团,学院为每个社团聘请博士教师作竞赛指导和日常管理。实现“理工兼修、软(件)硬(件)兼施、机电并举、强(电)弱(电)并重”的跨学科电类人才综合能力培养。

训练安排。对于平时的竞赛训练,采用贴近实际,贴近生产的方式,依靠学校及学院的实验室开放平台,发动学院专业课教师全员参与的方式进行指导训练,从学生进入第二学期专业学习开始,即着手进行浸入式学科竞赛教育,开展不间断培育。主要的学科竞赛包括全国大学生挑战杯、智能汽车大赛、电子设计竞赛、全国自动化挑战赛等,利用专业知识这根线,串联起学科竞赛这条链。一步步实施学生从大一至大三的全覆盖竞赛驱动模式。在推动学生竞赛活动的同时,同步推动学生动手能力的提升。依托国家及省校三级大学生创新创业计划,构建并完善多层次宽领域大学生创新基金制度,引导学生以学科竞赛为背景提炼科学问题,使学生由技术工程师向系统设计师过渡。社团成员通过大学生创新实践基地为其实施的第二课堂培训,协助教师从事科研开发等工作,学生的创新能力和综合素质得到全面提高,形成了基础雄厚的大学生科研竞赛团队。

典型学院及团队。电子与电气工程学院是我校较早进行学科竞赛的院系之一,自 2001 年开始,依托当时的学生社团电子协会,获得我校第一个学科竞赛大奖,之后逐渐演变成全员参与、提高学风的一个重要组成部分。目前参与竞赛的主要力量来自于蜂鸟创新工作室、探索者创新工作室、原动力创新工作室、电子协会、自动化协会等。

(五) 以实践教学基地为平台的公司运行模式

组织形式。学院积极搭建校内外实践教学基地,开展大学生创新创业活动和学科竞赛活动,广泛培育竞赛氛围,培养学生竞赛兴趣。如软件学院在校内 14、15 号教学楼负一楼设立的创新创业基地,成立远景公司负责大学创新创业团队和学科竞赛团队运营。在南阳理工大学生科技园五楼设立了教学实践基地,成立大数据团队、云计算团队等。与南阳高新开发区合作,成立校外实践基地,选聘公司经理和校内骨干教师共同指导。

训练方式。依托教学实践基地,探索企业运行模式,提升学生创新实践能力。每学期评比、展示团队建设成果,采用企业目标管理,实行末位淘汰制度。软件学院每年秋期抽调大学生科技园和竞赛集训队的优秀学生为新生进行为期 8 周共 64 学时的 c 语言强化培训,在培训过程中不仅使新生迅速掌握编程基础,而且在培训过程中对科技园和竞赛集训队的同学也是一个提高,另外通过日常培训和二次测试可以掌握每届新生的具体情况,为学科竞赛队伍的建设有很大指导意义。同时,还积极在校外教学实践基地为竞赛活动搭建平台,结合企业组织了一些校级、市级和国家级的竞赛活动,通过这些活动让更多的学生参与到学科竞赛中,让更多的学生感受到学科竞赛的魅力。

典型学院及团队。软件学院结合不同专业方向,组建了十个学科竞赛团队,主要有程序设计的 ACM 集训团队、网络竞赛的网络安全集训队、数字媒体比赛的数字媒体集训队、软件设计的软件设计集训队等。每个集训队都专门场地,并且配备专门指导教师,每个集训队有严格选拔制度和日常管理制度,来保证集训队的集训效果。

(六)以开放实验室为平台的资源共享模式

组织形式。依托全校"公共课",开放公共实验室,采用多学科交叉融合方式,组织多个学院师生共同参与竞赛。竞赛组织方式以团队协同、跨学科组队的形式,将不同专业背景的学生集中在一起,在学科竞赛的具体应用情景中,让学生依靠自己不同的知识结构协同工作,促进相互间知识体系的交汇融合,教师作为"教练",通过指导学生,有目的地培养他们的创新意识、创新精神,以及运用知识解决问题的能力和创新开展工作的能力。

训练方式。以学科竞赛为契机,逐步开放创新实验室、仿真实验室,为大学生开展学科竞赛、科研探索及技能训练提供平台。学院为学生提供实验场所。学生结合竞赛题目,自主安排时间、自主查找学习资料、自主安排实验的目标、内容、过程设计,自由讨论,总结失败的教训和成功的经验,从而激发学生学习的主观能动性,提高学生综合运用课堂所学知识去分析问题、解决问题的能力。

典型学院及团队。数理学院开展的有数学建模竞赛、仿真比赛。成立有数学建模社团、仿真社会、数据分析社团等。每年6月在全校范围内举行选拔赛,暑期进行集训,9月进行决赛。

四、学科竞赛工作成效和经验

开展学科竞赛能够改变学生被动吸取知识、重理论轻实践、工程应用能力差、社会适应能力差的现状,进一步降低人才结构与社会需求不合理的矛盾。同时,开展多学科竞赛对促进教师队伍建设,提高教师实践教学水平,推动教师科研项目发展都具有重要的意义。

近年来,南阳理工学院学子在国内外赛场纵横驰骋,频频摘金夺银,取得了骄人的成绩,竞赛获奖情况见表13,表14,学校社会声誉得到了显著提高。2018年2月,中国高等教育学会《高校竞赛评估与管理体系研究》专家工作组公布中国高校创新人才培养暨学科竞赛评估(2012—2017)结果显示,我校位列本科组第255名。

表13　2016年学科竞赛获奖情况统计

级　别	特等奖	一等奖	二等奖	三等奖	合计
国际级			1		1
国家级		17	15	9	41
省　级		25	38	66	129
市　级		6	8	9	23
合　计			194		

表14　2017年学科竞赛获奖情况统计

级　别	特等奖	一等奖	二等奖	三等奖	合计
国际级		1	4	10	15
国家级	1	7	34	8	50
省　级	4	71	136	228	430
市　级		5	24	15	44
合　计			439		

在多年的学科竞赛工作中,我们总结出了一些基本经验:

(一) 学校重视是关键

学校将学科竞赛作为一项重要工程,成立有主管校领导为组长的领导机构,有200余万元的专项经费投入,有目标管理的考评机制,在校院两级设立专门机构负责学科竞赛,正是学校在人、财、物等方面的倾力投入,进而形成了全校师生重视学科竞赛、积极参加学科竞赛的良好局面,才有了众多学子在国际、国内等比赛中摘金夺银,为学校赢得了良好的社会声誉。

(二) 顶层设计是重点

为有效规范和推进学科竞赛,学校制定了《南阳理工学院大学生学科竞赛管理办法》等规章制度;在学校“11252”的学生工作思路中,明确了“以学科竞赛为抓手的学风建设工程”,具体体现在为目标管理上。正是从顶层设计上进行谋划、规范,才有力推动了学科竞赛活动的运行和不断发展。

(三) 学院主体是基础

学院是学校的办学主体,所以各教学院积极性、主动性是各项教学工作开展好坏的基础性环节。在学校的重视和顶层设计下,各学院主动作为,积极为学科竞赛创设条件,教师牺牲自己的休息时间指导学生,学生不分白天黑夜和节假日,一心扑到学习中。正是学院主体作用的充分发挥,才能把学科竞赛推向纵深发展。

(四)团队培训是保障

在学校的学科竞赛发展过程中,各学院依托专业特色,结合本院实情,成立形式多样的团队,各种团队既有自己的特点,又能形成优势互补、相互促进的集体。正是各种团队的建立,保证了学科竞赛的活力和可持续发展性,扩大了学科竞赛的影响和受益面。

在学校上下的共同努力下,学科竞赛工作取得了一定成绩,但也存在着一些问题。一是学科竞赛尚未完全融入教学体系中。学科竞赛"名利双收"效应使人们容易更多关注竞赛成果,而忽略竞赛过程中对人才培养和教师教学能力提升等方面的作用。二是负责学科竞赛指导的教师把精力都投入到优秀学生身上,忽视普通学生的能力培养,使两极分化越来越严重,失去了学科竞赛的辐射带动意义。三是学科竞赛的组织方式需要进一步改进。组织学科竞赛的目的在于让学生在参与的过程中提高自己的实践能力和创新能力,而部分学院却过于注重竞赛结果,把学科竞赛视为人才培养的手段认识不够,为竞赛而竞赛,没有达到学科竞赛预期目的,没有形成广泛参与、共同提高素质能力的局面。在以后的工作中,我们将进一步总结经验,注重多学科竞赛平台建设,强化学生实践创新能力培养,进一步推动学校转型发展。

案例9:高校思想政治理论课实践教学改革的探索与实践

思政课实践教学是思政课理论教学的拓展和延伸,是使学生在实践活动中将所学知识和理论内化于心、外化于行的重要环节,也是高校思想政治教育的重要组成部分。中央对高校思政课实践教学历来高度重视,中共中央、国务院《关于进一步加强和改进大学生思想政治教育工作的意见》(中发〔2004〕16号),中共中央、国务院《关于加强和改进新形势下高校思想政治工作的意见》(中发〔2016〕31号),以及中央宣传部、教育部《关于印发〈普通高校思政课建设体系创新计划〉的通知》(教社科〔2015〕2号)等,都对思政课实践教学做出明确规定和要求。

近年来,南阳理工学院在思政课实践教学方面做了积极探索,取得了初步成效,受到学生的普遍欢迎和好评,有效提高了教学效果,也积累了一定经验。但我们也深刻认识到,由于对思想政治理论课实践教学的教学研究时间不长、实践教学的内容不够深入具体、形式不够多样,使得思想政治理论课实践教学还不够完善,存在着若干亟待解决的重要问题,需要我们深入研究,认真对待,不断加强。

一、目前高校思想政治理论课实践教学存在的主要问题

(一) 实践教学的理论研究还不够全面深入

虽然在基本概念、理论和实证研究上有很多成果,但从目前已有的研究成果来看,许多方面的研究还比较薄弱,比如在基本理论方面,对思想政治理论课实践教学概念的界定尚未达成共识,不少学者从广义或从狭义的角度去解读,从自身的学科背景独特视角去解读,得出了不

同的看法和结论。实践教学与课堂教学之间的关系是从属还是并重,实践教学应该由哪些部门来管理、怎么管,和专业课的实践教学有何区别,需要什么样的条件等,对这些问题还没有很好地予以厘清。思想政治理论课实践教学在内容和形式选择上的不规范,甚至是空白,正是这一思想混乱的体现。由此造成对实践教学开展情况的评估和考核也变得更为困难,影响思想政治理论课实践教学的操作、推广与实效。另外,教学理念相对滞后,一些院校在实施思想政治理论课实践教学时,忽视时代发展、环境变迁和大学生个体需要,教学理念陈旧,缺乏前瞻性,存在墨守成规的倾向。

(二) 实践教学内容缺乏整合,操作缺乏规范

实践教学内容要以思想政治理论课教学内容的原则为基础,反映思想政治理论课实践教学的特殊性,内容建构应该确立与理论教学内容相联系、可操作性、与社会现实相联系、目的性的原则。少数高校思想政治理论课实践教学没有制定出完备而详细的教学大纲、教学计划,对实践教学的目标、内容、形式、过程、指导和考核没有具体规定,对实践教学应开课时、上课时间、所占学分也没有明确规定,或有规定但形同虚设,教学活动随意性大,往往流于形式。在运作模式上,各高校的思想政治教育实践教学还没有形成普遍的、行之有效的规范体系,方式还比较单一,实施过程缺乏完整性,教学环节设计不合理。各门课程的实践教学活动各自开展,缺乏统筹安排和合理规划,缺乏沟通、衔接和配合,对实践教学形式和内容缺少分析和规划。教学课题主要集中于校园问题,集中在学生的周围,往往通过调查问卷、访谈等形式实施,并不能真正接触到社会,很难引起学生的兴趣。

(三) 实践教学教师队伍素质不高,部门之间沟通协调不够

由于各种新型的教学方法要求教师业务素质必须达到一定水平。如问题的设计、案例的选择、材料的参考、网络平台的应用都需要熟练将其运用到教学中。因此,教师的业务素质提高成为衡量教学方法改进成败的关键因素。部分高校的思想政治理论课教师在实践教学组织方面缺乏经验,不能及时对学生在实践教学中出现的各种困惑做出解释,组织协调能力、规划设计能力、应变能力不足,不能及时对学生活动中出现的各种突发状况作出及时地调适和引导。部分高校思想政治理

论课教师存在“重课堂、轻课外”“重理论、轻实践”“重说教、轻养成”“重教化、轻内化”的现象;对实践的过程和经验缺乏总结反思;有些年青教师本身就缺乏实践经历,难以有效指导学生开展社会实践活动等。此外,目前高校思想政治理论课实践教学还普遍存在思想政治理论课教学部门与学校党委宣传部、学工部、团委、教务处及各院系等相关部门缺乏沟通协调,相关教学资源没有被有效利用,有效合作的体制机制没有建立。各部门开展的学生实践活动缺乏统一安排,相互之间配合较少。

(四)实践教学保障机制不完善,教学效果难以保证

思想政治理论课实践教学是一项系统工程,需要政府、学校、社会等多方面的积极配合,只有这样才能为思想政治理论课实践教学提供方便、创造条件。但目前高校思想政治理论课教学普遍存在保障不力的状况。一些高校思想政治理论课实践教学没有固定的学时和经费标准,甚至部分高校没有制定实践教学方面的经费预算,难以保证学生进行社会调查、参观考察以及建立社会实践基地等各方面的费用。思想政治理论课实践教学的考核评价机制不完善,无论是对学生完成实践教学质量的考评,还是对教师所进行的实践教学活动的教学效果的考评都很不健全和完善,直接影响到教师和学生参与思想政治理论课实践教学的积极性和主动性。

二、高校思想政治理论课实践教学问题产生的原因分析

(一)主观原因

长期以来,大多数教育行政部门和高校教学管理注重的是思想政治理论课的理论教学,在思想认识上忽视实践教学。虽然一系列重要相关文件的出台后,使问题有所改观,但就目前高校思想政治理论课实践教学而言,部分领导和任课教师对于设置思想政治理论课实践教学的目的和重要性都总体认识不足、重视不够的局面并未得到根本扭转,投入其中的人力、物力和财力还远远不够,对思想政治理论课实践教学进行监控和管理的力度不够,致使其无法达到实践育人的预期目的。

实践教学大纲与方案的制定实施费时费力,需要统筹全局,周密布署,多方协调。许多高校教学管理部门事务繁忙,疏于管理。而思想政

治理论课专任教师的教学管理工作量已普遍较重,使得相当一部分思想政治理论课教师在思想认识上对实践教学不够重视,对开展实践教学缺少热情,不愿投入大量的时间与精力来研究实践教学。

部分在校学生受市场经济拜金主义和功利主义影响,对思想政治理论课实践教学的开展目的意义缺乏深刻认识,参与积极性不高。他们认为学习思想政治理论课对自身的发展在短期内看不到实用价值,即使参与了也感觉收获不大,对实践教学活动敷衍应付了事,很难达到预期的实践教学目标。

思想政治理论课实践教学的许多形式要求走出校园,深入到工厂、企业、科研机构和农村等社会部门走访、参观、考察、调研,需要相关部门的大力支持和配合。但社会上的很多企事业单位把大学生的社会实践活动看成负担,对这种形式带给双方有益的社会效益认识不足,认为是走形式走过场,不能给单位带来直接的经济和社会效益,普遍不愿意配合学校接受大学生开展思想政治理论课实践教学。

(二) 客观原因

根据有关文件规定,学校按全日制在校学生总数每生每年不低于20元的标准提取专项经费用于思想政治理论课。主要用于教师学术交流、考察、培训、教育教学研究、教学改革、学生教学实践、教研科研奖励等。在实践教学开展中会产生各种经费开支,包括专家学者讲座报酬,论文印制费,优秀论文评审费、证书工本费,图书资料购置费,外出参观交通费、门票费,收集资料相关费用等。这与目前所能使用的经费相比还有很大缺口。由于经费的限制,许多高校即使拥有了新颖的实践教学形式和教学设想,也很难充分有效地开展起来。

高校思想政治理论课一般都是采取大班上课的形式,班级人数较多,平均每个班都有120人左右,教师运用传统的灌输式的课堂理论教学方式容易操作,但不利于实践教学活动的广泛展开,教师在组织实践教学活动时难以顾及每个学生和进行有效的指导。学生数量庞大,外出参观、考察、调研活动组织难度大、成本高,只能组织部分学生代表参与,大部分学生无缘参与。实践教学工作量计算时并不等同于理论课教学,而是相对打了折扣,也会挫伤教师实践教学的积极性。许多高校专任教师人数配备不足,学校规定的教学、科研任务已经很重,无暇顾及实践教学的开展,这在一定程度上妨碍了实践教学的开展。思想政治理论课实践教学制度建设滞后,导致思想政治理论课实践教学在某种程度上处于随意、无序状态。

思想政治理论课的实践教学,是一项非常复杂的系统工程,需要多方面的协调配合。涉及思想政治理论课实践教学工作的保障机制问题。主要包括组织领导机制、经费保障机制、教学过程监管机制与考核评价机制等方面。但在现实的思想政治理论课实践教学过程中,这些相关方面的保障机制是不完善的。由于高校正式挂牌的思想政治理论课社会实践教学基地数量有限、不稳定、发展不平衡,难以保证思想政治理论课社会实践教学的顺利进行和取得满意的成效。

三、高校思想政治理论课实践教学亟须着力的主要工作

针对当前思想政治理论课实践教学中存在的问题,加强思想政治理论课实践教学亟须着力做好以下几个方面的工作。

(一)转变观念,提高认识

高校领导及思想政治理论课教师要充分认识实践教学在思想政治理论课教学中的重要地位,从传统的教学模式中转变过来,强化教师与学生双主体运作的理念,提高思想政治理论课实践教学的实效性。树立"实践教学与理论教学同等重要"的理念,把实践教学环节作为思想政治理论课课堂教学的载体和理论教学的延伸,确保实践教学环节的真正落实。要使大学生充分认识到,实践教学可以使大学生学到有用的知识,对自身综合素质的提升有非常重要助益。

(二)明确目标任务,坚持实践原则

思想政治理论课实践教学的目标任务是:深化大学生对马克思主义基本原理和中国特色理论体系的整体把握,教育引导学生正确认识世界和中国发展大势,认识和把握人类社会发展的历史必然性,认识和把握中国特色社会主义的历史必然性,不断树立为共产主义远大理想和中国特色社会主义共同理想而奋斗的信念和信心;教育引导学生正确认识中国特色和国际比较,全面客观认识当代中国、看待外部世界,了解世情、国情和省情,加深对改革开放的认识,增加对祖国、对家乡、对人民的热爱;教育引导学生正确认识时代责任和历史使命,用中国梦

激扬青春梦，激励学生自觉把个人的理想追求融入国家和民族的事业中，勇做走在时代前列的奋进者、开拓者；教育引导学生正确认识远大抱负和脚踏实地，珍惜韶华、脚踏实地，把远大抱负落实到实际行动中，让勤奋学习成为青春飞扬的动力，让增长本领成为青春搏击的能量；教育引导学生积极参加各类实践教学活动，提高综合运用思想政治理论课的理论知识观察、分析社会现象和问题的能力。

实践教学必须坚持正确的原则：一是计划性原则。把思想政治理论课实践教学纳入学校人才培养方案，规定学时学分，实行规范化管理。二是针对性原则。在确定实践教学的内容和形式时，要针对学生的专业特点和思想实际，选择学生乐于接受的，并且对提高学生的专业素质有促进的内容和形式。三是实效性原则。所有实践活动都必须把教学效果放在首位，坚持实践教学与校园文件建设相结合，课内与课外相结合，校内与校外相结合，集中与分散相结合，做到形式和内容的统一，形式和效果的统一。四是多样性原则。实践教学要形式多样，可以集中进行，也可分散进行；可在一定范围内自由组合，也可独自进行；选题可以由教师布置，也可自由申报。五是特色性原则。思想政治理论课各门课程的侧重点不同，实践教学必须结合每门课程特点和学院、学生及时代实际，形成每门课程的实践教学特色。

（三）规范实践教学管理体系

为了把思想政治理论课实践教学真正落到实处并取得成效，需要从管理上建立一套适应其特点的运行模式。要把思想政治理论课实践教学列入学校总体教学计划，制定实践教学大纲，保证课程一定的课时用于实践教学。教师必须配合教研部结合各自的教学实际，制定细化的实践教学计划和要求，并于教学中认真执行，才能保障实践教学的顺利开展和规范运行。在努力建构课堂实践、校园实践和社会实践的立体实践教学模式中，坚持解放思想，实事求是，与时俱进。建立切实有效的思想政治理论课实践教学运行保障机制。将实践教学作为教学环节纳入日常教学管理范畴，建立一个为实践教学服务的系统，对实践教学活动的每个环节予以相应的经费支持，以保障实践教学的顺利实施。

（四）大力加强教师队伍建设

积极探索思想政治理论课教师队伍与学校党团组织工作者和辅导

员、班主任队伍密切协作的组织形式。教师承担实践教学任务应计算相应教学工作量,享受课时津贴,作为岗位考核和职位晋升的依据,以激发教师指导学生实践的积极性。加大思想政治理论课教师本身的社会实践投入,建立思想政治理论课教学基金或专项基金,用于支持思想政治理论课教师的教学研究、学术交流、外出进修、教研成果奖励、社会实践、社会考察等。使思想政治理论课教师能够增长见识、提高素质以适应思想政治理论课实践教学的要求。要有计划地安排教师利用假期时间到沿海和内地厂矿、企事业单位、新农村、革命圣地或者爱国主义教育基地开展调研考察,让他们全面、深刻地了解我国改革开放的现实情况,从而在实践教学中选准题目,设计出有思想、有意义的实践方案,有针对性地指导学生了解社会、了解国情,提高学生认识和分析社会现实问题的能力。

(五) 完善考核评价体系

首先要实现过程评价与结果评价相结合。在评价大学生思想政治理论课社会实践教学成绩时,应将大学生在实践过程中的参与程度、思想进步、社会贡献与所取得的实践成果结合起来,融入思想政治理论课实践教学评价体系中,最大限度地发挥学生参加实践教学的积极性和创造性。其次要实现教师评价学生与学生评价教师相结合。要求教师做好对实践教学成果的评阅和总结等各方面工作。要求学生以扎实的工作保质保量完成实践教学任务,不能应付敷衍、偷工减料,更不能弄虚作假;要求学生注意作业的规范性,完成的及时性等。建立完善实践教学环节对教师、学生的双向评价制度,充分发挥学生对任课教师的监督和督促作用,使实践教学教师增强责任心,不断提高自身素质和业务水平,从而提高思想政治理论课实践教学质量和效果。

(六) 充分整合各种资源

高校要面向社会,充分利用丰富的思想政治教育资源,开辟广阔的社会实践基地。各高校应结合自身的学科特点、学生状况、业务关系等与地方企事业单位、城市社区、农村开展广泛合作,按照合作共建、双向受益的原则,建设一批教育教学基地,以经济社会发展典型、优秀文化遗址、博物馆、纪念馆、革命旧址为依托建设一批爱国主义和革命传统教育基地,以城市社区、农村、捐赠站、救助站、福利院为依托建设一批社会服务基地,以歌剧院、美术院、舞蹈中心、心理协会、琴棋书画中心为依托建设一批素质教育基地。

四、提高思想政治理论课程实践教学效果的探索与实践

近年来,我们在思政课实践教学方面积极努力,除提高认识、强化领导,加强建设、规范管理,加大投入、健全保障外,重点在思政课实践教学的载体、形式和实施策略方面做了大胆探索和实践,取得了初步成绩和一些标志性的成果。

(一) 丰富载体,充分利用四个课堂,解决实践教学途径狭窄问题

思想政治教育载体是思想政治教育的中介要素,是思想政治教育得以实现的基础和保障。思政课实践教学内容的实施、活动的开展、任务的完成,都离不开一定的载体。而这些载体不可能一成不变,必须与时俱进,在继承传统的基础上,要不断丰富完善、优化创新。

用好第一课堂——校内课堂。这是思政课实践教学的主课堂。思政课实践教学的主要时间和主体活动必须立足校内,坚持校内为主、教师主导、学生主体和面向全体学生。思政课实践教学学分的落实和教学目标的实现是不可能仅靠校外基地建设和校外实践活动实现的。和专业实践实习不同,离开校内主阵地、主渠道,每学期组织几千到上万的学生到校外开展思政课实践教学既是很难做到的,也是无法保证教学效果的。

重视第二课堂——社会课堂。这是思政课实践教学必不可少的课堂。社会本身就是一个鲜活的大课堂,学生只有走进这个课堂才能做到理论联系实际,才能有效加深对知识的掌握和理论的理解。而且,每年的寒暑假为高校思政课提供的难得的实践教学机会和条件,这是其他课程实践教学无法比拟的。思政课实践教学必须充分利用这个课堂,在思政课教学部门、学生处、教务处、团委等部门的统筹规划和教师的具体指导下,让学生在社会的大课堂、大熔炉中自我教育、自我完善、自我提高。

拓展第三课堂——网络课堂。这是思政课实践教学的崭新课堂。网络的迅猛发展使网络成为当今世界最具威力和活力的媒体,网络也日益成为学生必不可少的一种信息化工具。当代大学生可以说是无人

不网、无日不网、无地不网、无事不网。我们要充分利用这个课堂,指导学生利用网络搜集所学课程内容的背景资料,或相关重大时政事件等,结合所学过的理论,就某一个方面撰写研究报告、发表正面言论;充分发挥网络在校园文化建设中的作用,积极建设院系、班级思想政治教育类网站、微信、微博等;开展网上调查、开设主题博客、创建课程聊天室,利用网络搞调研、做微视频等,传播社会正能量,弘扬网上主旋律。

开辟第四课堂——心灵课堂。这是思政课实践教学必须挖掘利用的有效课堂。校内、社会、网络课堂是外化于行的,而心灵课堂则是内化于心的。没有这个课堂就无法有效实现情感的升华和信仰的正确选择,也就不能有效达到思政课实践教学的目标。比如,演讲辩论、社会实践、网络调研等传统实践教学多是对理论学习的拓展和深度理解,很少能激起学生"三观"的转变和理想信念的坚定。我们提出的心灵课堂主要是通过学生的自省、观照、反思等,让学生的情感和信仰通过自身的感悟和反思得到洗礼和升华。

(二)改革创新,拓展八种形式,解决实践教学形式单一问题

思政课实践教学既要注重载体,也要注重形式,且要把实践教学形式设计得尽量丰富多彩,让教师和学生能在多种形式的实践教学中自由选择和利用。近年来,我们探索实践了以下八种形式的实践教学。

一是讨论类。主要包括课内座谈、交流、讨论、演讲、辩论、模拟教学、案例分析等。这种形式能最大限度提升学生的参与度,能使讨论贴近社会、贴近生活、贴近学生实际,提高实践教学效果。课堂讨论类实践教学要求教师在主题设计时遵循引导学生理论联系实际的基本原则,紧密围绕现实重大理论问题、理论界研究的前沿问题、学生关心的热点、焦点问题以及教材的难点、重点问题进行。讨论题目的设置可以由教师提供,也可以由学生提出。但讨论题目应当充分考虑学生对讨论主题的要求,使讨论内容能与大学生产生思想和情感共鸣。

二是观感类。主要包括校内外参观考察、影视欣赏、专题报告,观后感、读后感等。主要是学生通过对历史和现实的参观、考察,或影视、报告、文献的分析理解,达到对理论的深入理解。比如,我们定期对全校学生免费播放爱国主义优秀影片《长征》《甲午风云》《开国大典》等,让学生每学期至少观看2—3部,并就写出观后感,以增强学生的爱国

情感。再如,学校每周要举办育阳大讲堂,每月举办明德讲堂或社会主义核心价值观大讲堂,我们要求学生每学期至少听 2—3 次讲座并写出听后感或心得体会作为实践教学作业。

三是研读类。主要是教师在学期开始,安排部署学生利用课余时间研读一些经典著作、时事政策、重要会议、重要讲话、重要文件等,让学生通过自主学习去思考、理解和感悟等。比如,通过学生对《共产党宣言》《矛盾论》《关于建国以来党的若干重大问题的决议》、十八届三中、四中、五中、六中全会决议、习近平总书记建党 95 周年讲话、历年中央一号文件等重要文献的研读,撰写论文或心得感悟,从中得出自己对文献的认识和理解。此种实践教学方式主要针对理论性较强的课程开展,可以使学生从更高水平和更深层次上理解马克思主义基本理论,更有效地把握中国化的马克思主义的来龙去脉,更自觉地认识国情,有利于增强大学生的“四个自信”,更加积极地投身中国特色社会主义的伟大实践中。

四是竞赛类。主要包括知识竞赛、演讲比赛、各类征文、主题辩论、红歌大赛等,让学生在参与各级各类竞赛中加深对知识的理解和理论的认同。比如,近年来,我们举办了十八届五中、六中全会精神知识竞赛、社会主义核心价值观演讲比赛活动及“我的中国梦”征文、大学生诚信辩论会、庆祝建党 96 周年爱国主义歌曲大赛等,让学生用多种形式和途径表达自己的真实感情,讲出自己的心得体会,不仅达到学生自我教育的目的,而且活跃了校园文化生活,增强了思政课的吸引力和感染力。在此过程中,教师因势利导,将实践教学中学生的表现,特别是对学生的思想困惑和心理问题进行归纳总结和理论分析与提升,画龙点睛,教育引导学生在原来理解的基础上深化认识,有效提高理论修养和实践能力。

五是实践类。主要包括专题调研、社会实践、人物访谈、政策宣讲、法律咨询、勤工助学等,让学生通过双休日、寒暑假等节假日,走出校园,在广阔的社会中受教育、长才干、做贡献。比如,我们坚持课内与课外相结合,分散与集中相结合的原则,政治理论教学部和团委、学生处密切配合,把思政课理论教学和大学生社会实践活动有机结合,使社会实践和理论教学紧密联系起来,相互促进。具体做法是,教师根据课程内容,就课程相关的重大历史和现实问题,选择若干切入点,公布若干实践题目,指导学生利用节假日和课余时间在校内外开展社会实践,提交各种形式的实践报告,让学生充分发挥主动性和创造性,通过对问题的思考和研究,实际感受理论知识和社会现实的内在联系,达到自我教育、合作学习、共同提高的目的。

六是服务类。主要包括学雷锋志愿服务、社会公益活动、支教、社区服务、见义勇为等,让学生把学到的知识和理论内化于心的同时,通过上述形式外化于行。比如,近年来,我们组织学生到社区、医院、福利院、农村、企业等开展了形式多样的学雷锋活动、社区志愿服务、"三下乡"等活动等。大学生通过参加社会服务活动,将自己与社会融为一体,把服务他人与教育自我有机结合起来,一方面增强了大学生的社会责任感、奉献精神和公民意识;另一方面也开阔了视野,丰富了人生经验,锻炼和增强了参与社会事务和公共事务的能力。

七是展演类。主要包括总结汇报、面试答辩、成果展示、情景模拟、文艺会演等,让学生把在一定时期内思考、调研的问题或排练的节目汇报展示出来,在自我受教育的同时教育广大学生。即通过成果展示、情景剧、文艺会演等形式,加深学生对思政课课程的理解和把握,此项活动让学生"走上讲台、走向前台",真正成为教学的主体。从活动的策划、主持,到编排、表演,由学生全员参与。具体做法是,让学生围绕教师课堂讲授的知识和理论,从内容到形式鼓励学生原创,使学生在撰写剧本、精心排练的过程中把课本上的理论变成生动有趣的思想教育和情感熏陶。去年,我们先后举办了"永远跟党走——思政课实践教学汇演"和"纪念长征胜利80周年——重走长征路系列活动"实践教学,把实践教学搬上舞台、开在长征路上,今年我们又举办了"马克思主义理论活动月系列活动",既有理论讲座、理论征文,又有影视欣赏和马克思主义经典著作诵读等,受到学生欢迎和好评。

八是反思类。主要包括人物感念、热点分析、思潮思辨、历史追忆、现实观照、情感忏悔等,主要是让学生通过心与心的交流和情与情的碰撞,达到情感的升华和信念的坚定。比如,近年来,我们在《思想道德修养与法律基础》和《中国近现代史纲要》等课程实践教学中,开展了"感恩父母,写一封家书"和"追忆"(主要包括追忆革命英烈、追忆峥嵘岁月、追忆国耻家恨、追忆亲情友情等)系列主题实践教学,引导他们通过内心的反思和感悟,丰富情感体验,正确认识自己和他人,正确看待历史和现实,促使大学生形成健全人格和正确的世界观、人生观、价值观。很多学生在实践教学中流下了眼泪,心灵受到强烈震感和激励,取得了良好教学效果。

(三)注意策略,做到五个结合,解决实践教学实效不强问题

思政课实践教学同专业课实践教学相比有很大的不同,这也要求我们认真遵循思想政治工作规律,遵循教书育人规律,遵循学生成长规律,做到因事而化、因时而进、因势而新,不断增强实践教学的时代感、吸引力和实效性。

一是坚持实践教学和专业结合。对不同的专业要灵活采取不同的实践教学内容、载体和形式。譬如,对法学院学生实践教学可以搞法律咨询或法律援助,对音乐学院学生实践教学可以搞情景剧表演或文艺会演,对国医学院学生实践教学可以搞古典医书的哲学思想分析等,这样不仅做到了和学生所学专业的有机融合,也激发了学生参与思政课实践教学的积极性和主动性。

二是坚持实践教学和课程结合。思政课实践教学的内容必须和不同的课程理论教学内容相结合,形式和载体亦然。譬如,《马克思主义基本原理概论》实践教学可以搞经典著作研读、理论征文等,《毛泽东思想和中国特色社会主义理论概论》实践教学可以搞专题调研、政策宣讲等,《中国近现代史纲要》可实践教学可以搞历史追忆、情景剧表演等,《思想道德修养与法律基础》实践教学可以搞社会服务、演讲辩论等。

三是坚持实践教学和现实结合。思政课实践教学必须高度关注社会现实、社会热点和时代脉搏,必须引领社会主义核心价值观。譬如,近年来,我们针对中国梦、大众创业、万众创新,一带一路,五大发展理念,供给侧结构性改革,建党 95 周年,纪念长征胜利 80 周年等,设计了一些实践教学内容和形式,开展了影视欣赏、社会调查、文艺汇演、理论热点分析等,受到学生的欢迎和积极参与,取得良好的教学效果。

四是坚持实践教学和学生结合。思政课实践教学的内容和形式既要注重理论指导、思想引领,也要注重贴近学生的思想和行为实际。譬如,我们密切结合学生的专业学习、日常消费、求职就业、创新创业、恋

爱交友、心理压力、理想信念、违规违纪、网络成瘾等现实问题,开展了演讲辩论、人物访谈、志愿服务、写一封家书、诚信承诺、才艺展示、职业生涯规划大赛等形式的实践教学,不仅契合了学生心身发展,而且促进了学生健康成才。

五是坚持实践教学和社会结合。做好思政课实践教学是一项系统工程,仅仅靠高校思政课教学部门是无法有效完成的,学校思政课教学部门、党委宣传部、教务处、学生处、团委、后勤处及各院系等都要守好一段渠、种好责任田,做到及时沟通、密切合作、共同推进。同时,学校也要加强与地方党委、政府和社会各界的联系,在教师队伍建设、社会实践基地建立、大学生暑期社会实践、政策理论宣讲进基层等方面争取他们的大力支持与配合,形成协同育人效应。

经过近年来的探索和实践,我校思政课实践教学获得了河南省 2016 年高校思想政治工作优秀品牌,2017 年获得河南省高校实践育人优秀案例一等奖,我们的做法和经验也先后被《中国教育报》《河南日报》《教育时报》和新华网、光明网等多家媒体予以宣传报道。下一步我们将深入学习贯彻全国、全省高校思想政治工作会议精神,继续探索思政课实践教学的新内容、新载体和新形式,提升思想政治教育的亲和力和针对性,不断满足学生成长发展的需求和期待。

案例10:学生社团模块化建设发展的探索和实践

大学生社团是有志趣爱好相同的学生自愿组织起来的、具有固定名称和活动范围的学生群体组织。它以学生的兴趣爱好为基础,以能力锻炼、学习提高为目的,以活动为纽带,正日益成为学生课堂、寝室之外的重要活动空间。我校团委是学生社团的领导者和管理者,支持社团在保证学生完成学习任务和不影响学校正常教学秩序的前提下开展各种活动,特别是通过每年的社团文化节,开展以社团成立宗旨为基础的各类形式不同的社团活动,明确活动主体为社团会员,指导老师只进行活动指导和审核,不参与活动。学生在社团活动中通过自我规划、自我学习、自我调控、自我评价等环节得到锻炼和成长,彰显了个性和能力,高质量的社团活动已逐渐成为学生个性能力培养的重要途径之一。

一、社团模块化建设发展框架

自2014年成为河南省整体转型发展试点学校以来,学校的社团建设工作得到较大发展。2016年中共中央办公厅印发了《共青团中央改革方案》后,校团委认真学习贯彻并出台了《南阳理工学院共青团改革方案》,该方案全方位剖析了当代共青团工作现状,针对性构建了"凝聚青年、服务大局、当好桥梁、从严治团"的工作格局,形成了以共青团为团学组织的核心、学生会和学生社团2个圆环分层紧密围绕的"一心双环"学生组织构架。

2017年7月,学校出台了《南阳理工学院学生社团管理办法》,在全省高校中率先设立了每年10万元的社团管理专项经费,推进了学生社团建设的快速发展。截至2017年底,全校共注册成立学生社团143个,社团会员9488人(不包含体育类社团会员),分为学术科技类、志愿服务类、自律互助类、创新创业类、文化体育类、思想政治类、其他类等七大类。

针对社团基数大、范围广、参与人数众多的具体情况,校团委认真研究学生社团发展方向,进行了学生社团模块化建设发展的探索和实践,构建了学生社团模块化建设发展框架,将学校7大类社团整合为志愿公益服务精神灌输、思想道德引领、实践能力拓展、强化团队协作精神和个性化能力培养五个方向,形成了以大学生雷锋营为代表的志愿服务公益精神灌输模块、以国旗护卫队为代表的思想道德建设模块、以学术科技类社团为代表的强化团队协作精神模块、以电子与电气技术协会为代表的实践能力拓展模块和以文化体育类社团为代表的个性化能力培养模块。

二、社团模块化建设活动成效

(一) 志愿公益服务精神灌输模块

截至2017年低,学校志愿服务类社团共计有5个,社团会员人数近400人,加上各二级学院雷锋连,我校志愿服务参与者达到2000人以上。2017年校团委制定出台《南阳理工学院志愿者管理办法》,并依托团中央"志愿汇"APP志愿者平台,使得我校志愿服务活动规范有序。通过"志愿汇"APP志愿者平台统计,2017年全年开展志愿服务活动289次,累计志愿服务时长45000余小时,为校内各类会议提供志愿服务24次,参与学生达千人,建立常态化志愿服务基地21个,充分展示了"立足校园、服务同学、奉献社会"的社团活动宗旨。

2014年至今,学校志愿服务活动从校院团委组织学生参与转变为学生自发踊跃报名参加,麦克思调查从参与率不足转变为参与率高达92%以上。在活动形式上由单元化转变为全方位多元立体化,社团活动和学生专业技能紧密结合。师范专业学生定期赴贫困中小学进行支教;播音主持艺术专业学生定期赴武侯祠、汉画馆等景点从事志愿服务讲解员工作;电子软件专业学生赴社区进行义务家电、电脑维修;音乐舞蹈类专业学生定期赴敬老院、特教学校进行文艺演出等志愿服务活动。

2018 年 1 月 3 日南阳市第一场风雪,持续 3 天,连日大雪导致道路严重积雪师生出行困难,建筑与城市规划学院雷锋连、外语学院雷锋连、计算机与信息工程学院雷锋连、生物与化学工程雷锋连和雷锋营学生干部第一时间自发在团中央“志愿汇”APP 系统发布活动号召,动员全校师生进行积雪清扫活动,活动当天就得到广大师生响应,据数据统计活动发起者为 40 人,短短两个小时报名参与师生就突破 600 余人。

通过一系列高质量的志愿服务品牌活动,使得学生充分认知并默化于心,志愿服务精神也由此在每一个学生内心扎根,志愿服务工作取得了丰硕成果。学校大学生雷锋营荣获河南省首届普通高等学校校园文化建设优秀成果一等奖、河南省教育系统学雷锋活动先进集体等荣誉称号;大学生雷锋营学生李意乐获得邓州编外雷锋团 2017 年度“学雷锋标兵”称号。

(二) 思想道德建设模块

学校思想政治类社团有新新青年学社、马列读书会、格物法学社 3 个,社团成员 150 余名。面对思政类社团力量相对薄弱的情况,校团委发挥组织优势,利用国旗护卫日常升旗的机会,组织思政教育主题活动,充分发挥了国旗护卫队在我校思想道德建设中的主力军作用。

学校国旗护卫队成立于 2002 年,是一个承载神圣使命、拥有巨大殊荣的特殊团体,是学校开展爱国主义教育的主阵地。国旗护卫队秉承“严谨务实,率先垂范”的队训,以护卫国旗为使命,以弘扬爱国主义精神为己任,力求展现当代大学生团结进取、积极向上的精神风貌;以爱护国旗、贯彻国旗法为宗旨,在广大师生中营造爱国旗、护国旗的高尚爱国主义风貌;深入贯彻落实《中华人民共和国国旗法》和《中华人民共和国国歌法》,增强广大师生热爱祖国的荣誉感和责任感,深化升旗仪式的理想信念和爱国主义教育作用。

自 2017 年 10 月开展常态化升旗仪式以来,国旗护卫队牧马练兵,加强训练,为学校各大出勤任务时刻准备着。2017 年 10 月 23 日,南阳理工学院团委在领创空间前举办“青春喜迎十九大,不忘初心跟党走”——南阳理工学院 2017 年度第 7 次升旗仪式主题教育活动,相关校领导、校团委和计算机与信息工程学院全体教师、学生党员及 2017

级新生代表共计1139人参加此次活动。

这支充满活力的队伍为学校的精神文明建设做出了卓越贡献。在2014年学校评选全国文明单位的活动中,国旗护卫队出色完成了迎接国家评定组的任务;2015—2017年暑假期间,一批优秀的国旗护卫队队员被聘请为军训教官,前往河南各市区开展军训工作,与退伍军人共同开展大中小学生的军事培训,被聘请为教官的队员在军训会操评比中均获得“优秀教官”荣誉称号,并受到诸多学校好评;2016年9月,国旗护卫队队员首次担任学校新生军训教官助理,协助部队教官展开军训,训练效果显著,得到部队教官和全校师生的认可。除此之外,国旗护卫队队员奖学金获得率在百分之七十以上,很多队员获得“国家励志奖学金”和“国家奖学金”,荣获“河南省三好学生”等称号。

(三) 强化团队协作精神模块

在学生社团的建设发展过程中,校团委注重引导队员之间的交流,培养学生的团队协作意识,形成了以学术科技类社团为代表的强化团队协作精神模块,海研生物社团就是其中的典型。

海研生物社团自2016年成立以来,以“精益求精、大胆猜测”为宗旨,以“创新、协作、求精、奋发”为口号,旨在提高同学们对食品科学、微生物知识的兴趣,加深对微生物的了解,培养在微生物方面具有专业理想专业素养的人才。在社团活动中,激发同学们的科技创新热情,提高同学们的科技创新能力与团队协作能力,推动生物工程与食品科学的发展。

社团结合指导老师所带领的科研团队研究内容,利用生物与化学工程学院的科研平台、创新工场,开展微生物与食品项目研究。为了强化团队的协作精神,社团不定期组织专业方向的团队科技竞赛,相互交流,相互学习,并与各高校同台进行专业竞赛,在团队合作与创新的过程中强化团队的协作精神。

(四) 实践能力拓展模块

在学校143个注册社团中,学科专业性社团占据了其中的70%,以学习为主的社团比重更大。学校采取相关措施,鼓励成立学习性质的社团,支持学生参加专业对口社团活动,让社团活动逐渐成为学生专业能力提升的实践平台。国医学院的社团联合组织的仲景周末文化广场、音乐学院社团联合组织的音乐学院社团展演、电子与电气技术协会的义务维修等活动已经成为学生社团品牌活动。通过组织学术性活动、服务性活动、科研创新活动和社会实践活动,锻炼了学生独立工作能力,增强了学生动手能力和实践创新能力,为今后走向工作岗位打下坚实的基础。

在实践能力拓展模块中,电子与电气技术协会的活动成效较为突出。该协会以提高同学们的电子技术水平、增强同学们的社会实践能力、服务于我院广大师生及社会为宗旨,在社团内努力营造积极严谨地学术氛围,坚持技术创新,不断提高会员专业素质。协会定期组织专业讲座,聘请专业老师长期指导会员的技术学习,辅导专业学习,介绍技术前沿信息。

电子与电气技术协会定期举办义务维修活动,增加成员实践机会,用自己的专业知识为广大师生提供便利,既锻炼与提升了自己的实践能力、提高了团体协作能力,又树立了志愿者的良好形象、增强了协会的影响力。该协会荣获首届“河南省百佳社团”荣誉称号,2 次获得河南省“省级优秀社团”荣誉称号,11 次获得南阳理工学院“优秀社团”荣誉称号;多次被评为“南阳市科技教育活动先进单位”“南阳市优秀青年志愿服务组织”。协会会员积极参加暑期大学生“三下乡”活动,多名会员获得“河南省大学生暑期三下乡社会实践活动先进个人”荣誉称号。仅 2017 年度,协会会员在全国大学生电子设计竞赛(本科组)中荣获全国二等奖 2 项目,河南省赛区一等奖 5 项;在第十二届全国大学生“恩智浦”杯智能汽车竞赛中荣获华北赛区光电四轮组二等奖 3 项、电磁节能组二等奖 4 项、电磁普通组二等奖 3 项;在第四届河南省大学生机器人竞赛中荣获三等奖 1 项。

(五) 个性化能力培养模块

个性化能力培养模块的社团多为文化艺术类社团。每个社团在老师的指导下,以学生的个性化发展为出发点,致力于建设校园文化氛围,提高当代大学生人文素养和健康向上的精神风貌,为南工学子提供更加广阔的发展空间。读者协会、书法协会等就是其中亮丽的风景线,为校园文化建设带来了勃勃的生机和活力。

读者协会以“提高读者阅读欣赏水平,活跃校园学习气氛,架起图书馆与读者沟通的桥梁"为宗旨,社团内部分工明确、各尽其责,每个成员都尽心投入到工作中去,充分发挥他们的聪明才智。协会负责协助图书馆搭建图书馆与读者联系的桥梁,定期组织读者会、专题讲座、开展书刊评价、好书推荐等活动。同时宣传图书馆管理制度,倡导读者遵规守纪,爱护文献资料,提高图书馆文献资料的利用率、周转率和完好率,使之更好地服务于读者。协会每学期组织开展富有特色、形式多样的读书活动,引导学生"多读书、读好书",调动学生的学习兴趣,不断扩大知识面和提高阅读水平。同时定期举办有奖征文活动,提高大学生的写作水平,交流读书心得与经验。每年为帮助新生了解图书馆,特别邀请图书馆老师为新生做"馆藏资源利用的专题讲座",使新生对馆藏资源了然于胸,在遨游书海时有的放矢。

书法协会是我校最早成立的学生社团之一,也是我校唯一一个致力于弘扬中国传统书法艺术文化的学生社团。书法协会以软笔书法培训为主,硬笔书法为辅,专注于培养大学生书法能力,全面提升大学生的书写水平和艺术修养,传承书法艺术文明。协会定期组织成员进行书法培训学习,主要以指导练习与扩展讲解的形式进行,帮助许多对书法充满兴趣却又苦于不知如何练习的成员,为他们指引了方向。为全面提升会员书法技能,不定期展示优秀作品并组织协会会员到艺术设计学院展览中心集体参观学习,丰富了大学校园文化生活。协会举办了以"感恩母亲百人书法""花开淡墨"等为主题的一系列活动,还协助政治理论教学部举办毛泽东书画展,联合各院系举办书法绘画大赛,参与形式新颖的周末文化广场系列活动等,连续多次被评为学校优秀社团,会长董若辰为河南省书法家协会会员,获得河南省高校书画大赛一等奖,所写作品入选第二十届、二十一届、二十四届河南省群众书法作品展并获奖。

三、社团模块化建设经验总结

大学生社团活动的健康开展,有利于大学生开阔视野、增长知识、培养能力、陶冶情操,促进大学生的全面发展。我校结合学生社团实际情况,进行了学生社团模块化建设发展的探索和实践,构建了学生社团模块化建设发展框架,并总结、凝练了建设经验。

一是要加强社团规范化建设。学生社团具有非正式性、结构松散性、活动自主性和成员广泛性等特点，校团委要主动介入学生社团，规范学生社团的建设和发展，指导学生建设具有时代特色的社团文化，全面提高学生的综合素质，真正使社团成为提高学生实践创新能力的基地和学生走向社会、适应社会、服务社会的桥梁。

二是要创新社团内部管理模式。明确社团活动的主体是社团成员，指导老师只进行活动的指导和审核，不参与具体活动。同时，要求每个学生社团要根据社团自身实际情况建立一套符合自身特点、彰显自身优势的管理体制和运行机制，促使社团健康发展。

三是要注重社团负责人的培训。社团负责人的综合能力对社团的建设和发展至关重要，学校要及时采取各种措施，加强对社团负责人综合能力的培训，要求社团负责人在开展社团活动的过程中，有意识提高每个社团成员参与活动的积极性，强化社团成员的团队合作意识，逐步提高其在社团成员中的影响力，不断增强社团的凝聚力，带领社团发展壮大。

案例11:心理健康教育与危机干预体系的构建与实践

南阳理工学院围绕立德树人根本任务,确立了"提素养、保平安、促成长"的心理健康教育工作理念,创新性构建了"零缝隙心理健康教育与危机干预"工作模式,荣获了河南省高等学校思想政治工作优秀成果奖。目前,我校心理健康教育机制健全,教学体系完备,教师力量充足,工作条件完善,活动内容丰富,咨询服务到位,心理健康教育和危机预防干预较为科学。学生整体积极进取、理性平和,近年来未发生因学生心理问题而导致的校园重大事件。

一、机构建设与工作机制

(一) 机构建设

学校心理健康教育中心是独立设置的正处级单位,内设教育培训室和心理咨询室两个科室,总面积达1200平方米。拥有标准的心理咨询室、心理测评室、减压放松室、情绪宣泄室、沙盘游戏室等15个,生物反馈仪、智能心理自助仪、音乐减压放松设备、运动疗法器材等专业心理辅导与训练设备100余台(套)、建设有800平方米的室外心理素质拓展园。

学校高度重视心理健康教育教师队伍建设,中心现有专职教师8名,全部具有副高级职称或硕士学位,近三年来累计外出培训80余人次。同时,将心理健康教育工作经费纳入学校年度预算,确保专款专用。

(二) 制度建设

学校积极贯彻落实上级心理健康教育工作精神,不断加强和改进大学生心理健康教育工作,推动心理健康教育规范化和标准化建设。先后制订了《南阳理工学院学生心理问题预警机制实施办法》《南阳理工学院关于进一步加强大学生心理健康教育工作的意见》《南阳理工学院大学生心理素质教育实施方案》《南阳理工学院大学生心理健康教育工作手册》等制度性文件30余项,形成了“育人与助人相结合、课内与课外相结合、个体与团体相结合、校内与校外相结合”的全新工作格局,有力保障了学校心理健康教育工作的科学发展。

(三) 机制建设

学校成立了校院两级心理健康教育工作领导小组,正确研判高校心理健康教育形势,积极实施“四个一”工程(每个学院建一个心理辅导站,设一名心理专干,每个班级设一名心理委员,每个宿舍有一名心理信息联络员),建立了“学校统一领导、专兼职队伍结合、师生共同参与、各部门协调配合”的工作机制和“校心理健康教育领导小组→学生处和心理健康教育中心→学院心理辅导站→班级→宿舍”的五级联动工作体系。

校级心理健康教育工作领导小组由校长任组长,主管学生工作的校领导任副组长,心理健康教育中心、学生工作部门、宣传部门、教务部门、人事部门、后勤服务部门、各教学院党政主要负责人为成员,定期召开会议,统筹部署全校大学生心理健康教育工作。

教学院成立了党委(党总支)书记为组长的心理健康教育工作领导小组,负责本学院学生心理健康教育工作的指导、管理和落实。教学院设立二级心理辅导站,安排专职教师负责落实心理健康教育工作。所有班级均设立班级心理委员,学生宿舍设立心理健康教育信息员。建立心理健康教育中心专职教师联系教学院制度。专职教师分包到教学院,校、院两级紧密联系,变被动服务为主动服务,积极开展心理健康讲座、班级心理委员交流、学生谈心辅导等服务,不定期开展学生心理问题会商等工作。

二、心理健康教育与教学

(一) 心理健康宣传教育

一是举办5·25心理健康活动月。每年5月,学校都会举办为期一个月的心理健康教育及宣传活动,每届一个主题。截至目前已连续成功举办了16届,活动内容包括邀请专家学者讲座、开展最美微笑宿舍评选活动、班级心理委员技能竞赛、校园行为健康大使选拔赛、心理健康理念进宿舍等。各二级学院结合自身特点,创造性地开展趣味运动会、主题班会设计大赛、校园情景剧大赛、校园心理脱口秀大赛、心理漫画展、心理健康知识宣传展、心理健康知识竞赛、心理影视欣赏等宣传活动。已形成特色品牌活动的有艺术设计学院的心理剧演出、数理学院的电影文本解读、文法学院的室外素质拓展活动等。

二是加强班级心理委员队伍建设。我校是河南省第一所在班级中设立心理委员的高校,并制订了《南阳理工学院学生班级心理委员管理办法》,对心理委员的工作职责、选拔与任用、培训与考核等工作都做出了详细规定。二级学院负责班级心理委员的选拔和考核,每年有300多名心理委员当选。心理健康教育中心负责对班级心理委员进行培训,组织编写出版了《心理委员手册》,制订了心理委员培训大纲,内容包括基础理论培训、岗位培训、基本技能培训、实践与自主工作培训、专业技能应用培训,要求达到16学时,经过考核合格的心理委员持证上岗。学校每年举行"心理委员技能竞赛",形成了融合知识和技能、培训与评价为一体的心理健康教育活动品牌。

三是举办行为健康大使选拔活动。每年举办一届校园行为健康大使选拔大赛,要求学生全员参与初选,每年遴选出40名学生成为学校和二级学院的行为健康大使,南阳市多家媒体都跟踪报道了这项活动。

四是举办心理素质拓展运动会。每年秋季举办一届大学生心理素质拓展运动会。从2014年开始,学校不再集中举办心理素质拓展运动会,由个二级学院结合自己学院特点分别举办。

五是开展心理健康网络教育。学校创办了河南省高校中第一家以性与爱教育为主的心理健康教育特色网站—玫瑰网,2015年建设了心理健康教育中心官网,设置了中心简介、心理咨询、心理活动、心雨空间、课程与教学等多个栏目。连续出版了13年的《心雨轩》小报转型升级为“南工心雨轩”微信公众平台,成功上线后已编辑推送200多期。

(二)心理健康课程教学

一是上好必修课程。学校早在2007年就开设了大学生心理健康教育课程,本科课程全程开设时间为三年半,分七个学期完成,共14个学时、1.5个学分。2012年,根据教育部《普通高等学校学生心理健康教育课程教学基本要求》,学校把心理健康教育课程列为通识平台公共必修课程,列入各专业人才培养计划,共计32学时(16学时理论教学,16学时实践教学)、2个学分,在大一第一学期集中开设。制订了大学生心理健康教育课程理论与实践教学大纲,规范了对教师的基本要求。增加实践教学环节,采用理论与体验教学相结合,讲授与训练相结合方式授课;改革教学内容和方法,采用案例教学、体验活动、行为训练、心理测评等多种形式,提高课堂教学效果,注重学生整体心理素质的提升。

二是开设选修课程。心理健康教育中心根据学校发展的需要,先后开设了《社会心理学》《女性幸福心理学》《应用心理学》《团体心理训练》、《群团与人际关系》《自我与社会》等公共选修课程。

三是加强课程建设。编写出版了《大学生心理健康双向教本》《大学生心理健康教程》和《大学生安全教程》等多本心理健康教育教材,其中《大学生心理健康双向教本》获得南阳市社科成果三等奖和优秀教材二等奖,多位教师在学校教学技能大赛、教案大赛中获奖。2017年建成的《心理健康教育》慕课已在中原在线联盟上线运行,受益学生惠及全省。

四是举办系列讲座。针对学生入学适应、爱情、人际关系、性安全、情绪障碍等现象,定期开设“相伴成长”心理讲堂,引导大学生心灵健康成长。年均举办讲座20余场,参与学生上万人次。

三、心理危机的干预体系

(一)心理危机干预网络

学校创建了零缝隙校园心理健康教育和危机干预的“金字塔”立体网络模式。零缝隙教育是指所有的教育者都要掌握心理健康教育与心理危机干预的一般常识和技术，关注所有学生，危机干预用尽所有现实手段和途径，让每个学生都全面健康成长，确保校园重大心理危机事故零发生。

心理教育和危机监测干预网络采取“五级网络、纵横联络”的金字塔模式。校级主管领导为一级网络；校学生处、校心理健康教育中心、校医院为二级网络；院学生工作队伍、心理专干、兼职心理辅导员、班主任等为三级网络；任课教师、图书管理员、学生宿舍管理员、食堂等后勤员工等为四级网络；校院两级学生会（心理部）、学生班级（心理委员）和寝室（信息联络员）为五级网络。二、三、四、五级网络分别收集、掌握和监测全校、所在学院、所在班级和寝室的学生行为异常问题信息，每一级网络都指定专人负责。学校和二级学院各自建立心理健康教育工作领导小组来规划领导该项工作。全校16个教学院均设立了二级心理辅导站，实现了心理健康教育工作的下移基层和零缝隙心理健康教育与心理危机干预模式的点面结合。

（二）心理危机干预机制

按照“重在预防、快速干预、预后科学”的心理危机干预原则，学校构建了对应的心理危机干预机制。

一是排查机制。每年进行新生心理健康普查工作，为每个学生建立心理健康档案；对老生进行抽查，实行动态追踪辅导。

二是预警机制。通过全面的排查机制，对处于神经症和精神疾病恢复期的、重大心理危机期学生作为高危人群进行重点介入和干预；实施心理危机24小时及时报告制、周异常行为和危机事件零报告制度。

三是疏导机制。心理健康教育网络体系中的专兼职心理教师、辅导员、德育教师都可以对个别有心理问题的学生进行心理辅导和治疗，年均干预25起严重危机事件，保持了重大心理危机事故的零发生。

四是预后机制。心理健康教育中心和校医院、精神病医院之间建立了长期有效的心理危机转介机制；调查分析并追踪发生心理问题的学生，进行必要的辅导，预防突发心理事故的二次发生；与个别因心理障碍请假、休学在家的学生及其家长保持联系；因心理问题休学和请假学生复学，需要由校心理健康教育中心经过专业访谈后开具可以继续在校学习的证明，复学后需定期进行心理咨询。

(三) 心理健康咨询服务

心理健康教育中心建立了标准化的心理咨询服务制度,制订了专兼职咨询教师的岗位作业指导书,心理健康教育中心服务指南,心理咨询行为规范,预约咨询制度、保密制度、值班制度、档案管理制度、来访者登记和咨询后反馈评价制度等完备的管理制度。同时,注重心理教师的培训与督导,建立了专兼职心理教师定期培训督导制度,定期开展心理咨询督导和案例研讨活动,就一些个性案例及阶段性的咨询内容进行交流与讨论,不断提升专兼职教师的业务水平。中心建立了专门的咨询档案室,有完整的"咨询值班记录簿"和"心理咨询记录卡",对于咨询人所有相关材料及个人信息严格保密,做到档案资料专人、专柜保管。

心理健康教育中心开设"24 小时心理咨询服务热线",提供面谈咨询、电话咨询、网络回帖、电子邮件、短信息、QQ 等多途径全方位心理咨询服务。年均面谈咨询超 500 人次,电话咨询 300 多人次,电话及短信咨询、网络回复咨询信件 1000 人次以上。

(四) 心理危机干预措施

本着"以人为本、预防为主"的原则,学校制定了心理危机干预应急预案,成立了心理危机干预团队。认真开展新生心理普查,建立学生心理普查档案,对面谈测试分数异常的学生进行进一步的筛查和危机干预工作。建立心理危机会商制度,由心理健康教育中心与教学院一起协商解决因心理问题请假、休学学生的复学问题;对重点咨询对象进行跟踪访谈,并结合老师、同学及家长的信息反馈实时掌握咨询对象的最新动态信息。同时,配备专职精神科医生参与心理危机干预工作,聘请南阳市精神病医院的专科医师每周定期到心理健康教育中心坐诊。

四、心理健康教育的成效

我校较早开展了大学生心理健康教育,举办了各具特色的学生心理健康教育活动;2014 年开始,学校又设立了校级心理健康教育专项科研项目,支持开展校本部心理健康专题研究;2016 年承办了第十一届全国高校心理委员工作研讨会,受到业界一致好评,吸引了南京晓庄学院、陕西理工大学等 40 余家院校来校考察交流,取得了显著的工作成效。

一是建立了较为完备的心理健康教学体系。不断改革课堂教学方法，采用“课堂讲授＋情景模拟＋团体活动＋心理测评”等教学方式，使心理健康教育课程成为最受大学生欢迎的通识课程。

二是构建了零缝隙心理健康教育与危机干预工作模式。结合学校实际，建立了“学校统一领导、专兼职队伍结合、师生共同参与、各部门协调配合”的工作机制和“校心理健康教育领导小组→学生处和心理健康教育中心→学院心理辅导站→班级→宿舍”的五级联动工作体系，实现心理健康教育与心理危机干预零缝隙对接。

三是建立了标准化的心理咨询服务制度。开设“24小时心理服务热线”，提供面谈咨询、电话咨询、网络回帖、电子邮件、短信息、QQ等多途径全方位心理咨询服务。

四是赢得了较好的社会声誉。《光明日报》《中国教育报》《河南日报》以及河南省政府官网、河南教育信息等多家主流媒体对我校的心理健康教育工作进行过广泛报道。

案例12:探索构建创新创业就业教育三位一体新格局

近年来,根据教育部关于大学生职业发展教育“全程化、专业化、全员化、信息化”的基本要求,为更好地服务学校的转型发展,实现“人才培养目标真正转到增强学生就业创业能力上来”,我校就创新创业就业服务工作进行了卓有成效的探索和实践,积极搭建教育、实践、孵化平台,把创新创业就业服务贯穿到学生大学学习的全过程,以创新推动创业,以创业促进就业,激发了大学生创新创业活力,提升了大学生创新创业能力,构建了创新创业就业服务三位一体新格局。

一、明确创新创业就业目标任务

(一) 创新创业就业教育工作目标

我校于2014年成为河南省整体转型发展试点学校,2016年获批为河南省示范性应用技术类型本科院校,在《南阳理工学院河南省示范性应用技术类型本科院校2016—2020年建设规划》中明确提出,“学校以提高服务区域经济社会发展和创新驱动发展能力、学生创新创业能力为核心,全面提升应用技术型人才培养质量”。应用型技术人才培养的关键是学生实践创新能力的培养,前提是学生所学技术技能要和未来从事工作岗位的要求想适应。

为此,我们建立了学业指导和职业指导两个支持系统。学业指导指学生接受、掌握新知识并把知识转化为职业能力的教育过程;职业指导指帮助大学生在充分认识从业环境的基础上,确立明确的职业方向和职业目标,制定职业生涯规划并实施,使学生大学毕业后“能就业,会就业，就好业，敢创业”。

大学是学生实现人生目标和个人社会价值的条件准备平台。学生升入大学后，职业发展目标就成了学生的学习动力源泉，成为其大学生活的主旋律。在职业目标的引导下，学生从知识准备、职业素质准备、岗位工作技能养成、职业经验积累和岗位工作特长形成五个方面，来培养自己的职业发展能力；同时也以大学毕业时能否顺利融入社会、进入职场作为自己判断上大学成败得失的主要标准。大学生创新创业就业教育以学生的职业规划指导为主线，注重培养学生的职业发展能力和创新创业能力，把学生的人生理想和现实环境有机链接起来，实现学生上大学的目的。

（二）创新创业就业教育工作任务

一是培养大学生的职业发展能力和创新创业能力。创新创业就业教育工作的主要任务是培养大学生的职业发展能力和创新创业能力。职业发展能力由人生理想、职业目标、职业能力和职业操守四个要素构成，具有显著的个性化和实践性特征，需要从从业知识教育、职业素质拓展、岗位工作技能养成、职业经验积累四个方面进行教育培养；而创新创业能力的培养，需要从创新创业教育和创新创业实践两个方面来实现。

二是建立完善的大学生职业发展目标管理系统。大学生大学阶段的职业发展目标是大学毕业后能够融入社会、进入职场。为了支撑大学毕业时职业目标的实现，需要将创新创业教育融入专业教育，贯穿教育全过程；需要以学年为单元，按照一年级制定职业规划、二年级职业素质拓展、三年级岗位工作技能养成、四年级职业获取的内容建立子目标系统，采取目标管理措施，努力完成每学年确定的应做事项，创造入职机会，实现高质量就业或创业。

二、构建创新创业就业教育体系

为推进转型发展、落实应用型人才培养方案，学校把提高创新创业人才培养质量作为创新创业教育改革的出发点和落脚点，全力推进专业教育和创新创业教育的机融合，使创新创业就业教育融入人才培养全过程，不断提升学生的创新精神、创业意识和创新创业就业能力。

经过多年探索和实践,我校构建了具有自身特色的"1+3+X"创新创业就业教育新模式,即:面向全体在校学生,实行一个完整的全覆盖的就业创业基础教育课程体系,建立教育、实践、孵化3个平台,并提供若干个个性化创新创业咨询、辅导和投融资服务。该成果荣获河南省教学成果二等奖,并入选全国高校毕业生就业创业指导成果展。

(一) 建立基于OBE理念的职业发展教育课程体系

以全程化大学生职业规划管理为主线,形成必修课、选修课、讲座课和实践课相结合的课程体系,采取有力措施,提高教学质量,不断提升大学生的职业发展能力。

一年级第一学期入学教育中,开设4学时的"职业意识树立"讲座,是大学新生明白上大学的目的,了解大学与职业、专业与职业的关系,按照"立志高远,脚踏实地"的原则规划自己的大学生活;第二学期开设《大学生职业生涯规划》必修课程,共12学时,指导学生认识自己、认识职业,确定职业发展目标,制定实现职业目标的具体措施,完成职业生涯规划的初步探索。

二年级开设专题讲座和职业实践课,主要指导以下三个方面的内容:一是讲授支持学生职业选择的知识条件及其在现实中的应用,并具体化为相关课程;二是开展情景模拟式的职业素质训练;三是对职业规划进行自我评估和调整。

三年级开设专题讲座和岗位技能训练。专题讲座主要讲授胜任职位的核心技能;岗位技能训练有两种方法,一是校内模拟训练,二是到用人单位进行岗位实习。

四年级第一学期开设8学时的《大学生就业指导》课程,讲授就业形势与政策、就业程序、求职简历撰写和求职面试技能,提高毕业生就业竞争力;第二学期指导毕业生岗位实习,帮助学生顺利向职业人角色转化。

(二) 引进国际先进的SIYB创业培训课程体系

SIYB创业培训是Start and Improve Your Business的简称,即"创办和改善你的企业"。SIYB项目是由瑞典与国际劳工组织(ILO)合作创办的,旨在支持发展中国家中小企业的发展,以创业带动就业,而专门组织开发的创业培训体系。该项目由四个模块构成,分别是GYB

(Generate Your Business:产生你的企业想法)、SYB(Start Your Business:创办你的企业)、IYB(Improve Your Business:改善你的企业)、EYB(Expand Your business:发展你的企业),目前已经在全球 80 个多个国家广泛推行使用。

SIYB 实施分层分类的课程体系。根据 SIYB 的课程特点和大学生的创业基础,我校选择了 GYB、SYB 和创业实训三级培训模式,每一级培训在培训对象、培训目标、教学内容、教学组织等方面均有不同侧重。具体实施情况如表 15　南阳理工学院 SIYB 课程体系分布情况所示。

表 15　南阳理工学院 SIYB 课程体系分布情况

课程体系		学时		学分		课程性质	
扩大				EYB			
实训			SCT		3d,24h	1.5	选修
改善			IYB		7d,56h		
创办		SYB			7d,56h	3.5	选修
准备	GYB				3d,24h	1.5	必修

第一级是进行创业意识培训(GYB 实施阶段)。培训对象为全体在校学生;培训目标是激发学生的创业热情、提高创业意识、引导学生产生创业的意愿和想法;教学内容以产生自己的创业想法为主线,包括大学生创业的意义、成功案例、自我评价、市场调查、产生创业构思等。教学组织,按行政班级以课堂授课形式开设,作为必修课列入人才培养体系,纳入教务系统统一排课,作为全校通识教育必修课程,共 24 个学时,1.5 个学分,时间安排在第二学年的第一学期和第二学期的每个周六、周日集中上课。

第二级是创业知识培训(SYB 实施阶段)。培训对象为经过第一级培训后产生创业意愿和想法的学生。培训目标:使学生掌握创业的基本知识和技能,了解创办企业所经历的步骤程序。学生选择适合自己的创业项目完成创业计划书。教学内容:以创办组建自己的企业为主线,按照"制定市场营销计划—组建创业团队——选择企业法律形态——明确企业法律责任——预测启动资金——指定成本利润计划——制定创业企业行动计划"的步骤,合理安排知识讲授和互动参与的内容和比例分配,既增加知识含量,又保持生动、活跃的教学气氛。教学组织:纳入学校正常教学内容体系,以公共选修课的形式开设。具体实施:利用学生业业余时间,由学生自愿选择报名,集中培训上课,共56个学时,3.5个学分。

第三级是创业实训(SCT实施阶段)。培训对象是经过第二级培训后,有意愿或做好创建自己企业准备的学生。培训目标:使学生通过真实的创业环境,利用计算机仿真模拟实训软件,真正创建管理自己的企业并体验实现盈亏的过程。教学内容方面,以组建管理自己的企业为主线,通过创造真实的企业环境进行沙盘演练、线上模拟实训。教学组织在实训室进行,以公共选修课的形式开设。利用学生暑期时间实施,由学生自愿选择报名,集中培训上课,共24个学时,3.5个学分。可以和SYB模块一起实施。

以上每一个阶段培训合格后,学生分别可以获得由人力资源和社会保障部门颁发的“创业培训合格证书”,在创办自己的企业时可以作为获得国家相关创业资金扶持的基本依据之一。

在引进SIYB创业培训课程体系的同时,还开设了《创业基础》《创业创新执行力》《创业管理》等6门在线课程和《大学生创业实务指导》选修课,自主开发了《勇哥创业100讲》微课课程,为大学生提供优质的创新创业课程选择空间。

(三)倾力打造“三支”高素质教师队伍

为提高创新创业就业教育的质量和效果,学校整合教师资源,使用量化目标任务管理办法,采取集中培训、外出学习、到用人单位调研、教学督导等多种方式,打造了“专职教师、学生工作人员、专业课教师”三支创新创业就业教育名师团队。

第一支队伍是创新创业就业通识教育专职教师队伍。在现有8名专职教师的基础上,学校又特聘16名具有一定创新创业相关学科背景、创新创业实践经验、热爱创新创业教育工作的教师从事创新创业教育工作,完成创新创业教育教学和相关的咨询服务工作。为加强对这24名教师的专业知识、教学水平的培训和提高,采取送出去、请进来的办法,支持教师参加“北森”认证培训、创业导师培训、创业咨询师培训、SIYB(中国)项目讲师培训等各级各类培训活动,取得相应证书,具备了创新创业就业教育的资质和能力。同时,鼓励创新创业专职教师深入校企合作企业、校友企业、行业知名企业进行创业实践学习,提高教学水平。为提高课堂教学效果,创新创业专职教师经常开展创业教育研讨活动,走访参观兄弟院校,并根据教育部大纲专门编写了具有可读性、趣味性、案例多等特点的大学生创新创业指导教材和实践指导书,用于激发学生学习创业教育的主动性和积极性。为使专职教师准确把握人才市场的需求动态,精准对接学生的职业发展方向,教师除完成正常的教学任务外,学校每年还设置20万元专项经费用于专职教师定期外出考察调研,了解市场,了解学生,有针对性地开展创新创业就业教学。

第二支队伍是全校学生工作人员队伍。要求各二级学院学生工作人员每人结合本学院创新创业就业工作实际,每学期至少完成一个专题的创新创业就业教育和指导工作。

第三支队伍是专业课教师队伍。每个专业每个年级至少固定一名本专业高水平教师,每学期至少为学生做一次本专业就业创业指导专题讲座。

在实际工作中,也可以根据学生的需要,把校内就业创业专职教师队伍、学生工作队伍、专业课教师队伍,校外企业家、风险投资家、工商、税务、法律、知识产权等方面的专家队伍进行整合,组成强大的创新创业就业导师团,为学生提供全方位服务。

(四)校企三方共建南阳创业学院

为进一步深化创新创业教育改革,助力高校深度转型发展,深入实施以创新引领创业,以创业带动就业发展战略,有效整合各类资源,创新创业教育和服务的模式,引入先进教育理念,营造创业生态文化,促进各类创业实体的生成和成长,2015年9月,由全国创业培训和创业服务领域领军企业——北京华普亿方集团发起,与南阳理工学院和南阳理工学院毕业生创新创业促进会三方共建了南阳创业学院,搭建了创新创业教育的新平台,安装了促进学校转型发展的新引擎,让创新创业教育走出单靠高校“自循环”完成的封闭状态,形成一个大学、政府、企业、社区等共同参与、良性互动的创新创业教育完整体系。至2017年底,南阳创业学院已为20000余人提供了培训服务。

南阳创业学院采取政府主导、市场运作的原则，利用社会资本合作办学，研究创业理论、传播创业经验、辅导创业实践、造就创业人才，培养具有广阔视野、实干精神和创新创业能力的创业型人才，已成为豫西南孕育优秀企业家的摇篮和河南最具影响力的创业人才培养基地，不断为南阳乃至河南的经济社会发展注入新的活力。

南阳创业学院不断创新创业教育和服务模式，构建与国际接轨、国内领先、符合南阳经济社会发展要求的创业培训体系和创业服务体系及标准，提供创业测评和咨询、创业培训和实训、创业苗圃和辅导、项目推荐、创业政策对接、投融资对接和新三板加速器等一站式全方位服务，形成大数据云计算、线上线下互动、移动互联等多种资源共享的服务体系，营造了良好的创业文化氛围，激发了南阳区域创新创业活力，助力政府推进实施大学生创业引领计划，实现以创业促进就业，

在教学方面，南阳创业学院形成了自己的教育服务特色：一是形成了“自我管理＋创业技能＋创新知识＋企业经营”的教学体系；二是建设了“三导师制”教师队伍，由创业专业教师、企业家、风险投资家三类导师构成强大的创业导师团，分别承担相应的教学或辅导任务，共同完成对学生的创业培训和指导，全面助力学员成功创业；三是采取“项目贯穿＋导师指导＋技能培养＋实训实践”的立体化培养模式，把创业项目贯穿整个教学过程，串联创业前中后三个阶段的知识和创业能力，整个培训过程就是一个创业过程。

在教学和训练的基础上，南阳创业学院提供全方位的创业服务，主要包括：创业项目辅导、创业资金对接、经营指导、孵化苗圃入园服务、公共服务等。具体内容如下：

创业项目辅导：帮助学生根据自己的环境、特长、资源等情况，寻找和筛选适合自己的创业项目，并完成创业计划。

创业资金对接：创业学院组织对大学生创业项目有极大投资热情的国内著名风险投资、天使投资机构，他们不但为大学生创业者提供资金，同时也将投资专家辅导创业者更好地进行创业计划和实施经营规划。

经营指导：创业导师对初创企业在创业活动中出现的问题和困难进行一对一的、有针对性的指导；同时，还聘请行业资深人士作为辅导

老师,传授行业知识,解决具有行业特点的问题。

孵化苗圃入园服务:为进入孵化苗圃的企业提供工商、社保、税务注册等企业设立方面的服务,以及政策咨询、申请补贴管理等相关服务。

公共服务:为进入孵化苗圃的企业提供园区管理及物业等服务,保障入孵企业的日常运营;并组织创业成果展示,商务洽谈、项目对接、宣传、创业大赛等大型会议和活动。

(五) 建立督导机制保障教育效果

为保证创新创业就业教育教学质量,学校成立了创新创业就业教育督导小组,对创新创业就业教育情况进行督导。同时在校、院两级学生会设立职业发展部,在班级设职业发展委员,对学生职业生涯规划实施情况进行督导。

学校制定了《南阳理工学院大学生创新创业就业教育教学工作指导意见(试行)》,对督导检查的内容、督导检查的方式方法、督导的评分标准、督导得分的使用等做了详细的安排。以此为遵循,创新创业就业教育督导小组对"三支队伍"进行创新创业就业教育的过程进行检查督导。

创新创业就业教育督导小组采取查看资料、教师座谈会、学生座谈会、随机访谈学生、听课等多种灵活方式到各二级学院进行督导,督导的内容主要有五个方面:一是创新创业就业教育讲座计划安排,包括教学目的、不同专业和不同年级的教学内容、教学效果的考评等;二是讲座准备情况,包括教学大纲、教案、课件等;三是就业教育讲座的实施情况,包括讲座的上课基本信息、时间、地点等;四是教学质量的学生评价;五是二级学院对两支队伍参与就业教育教学工作的意见和建议。督导检查进行量化评分,评分结果与各学院的年度绩效考评挂钩,与教师的年度考评挂钩。

学生职业规划的制定,只是走完了职业准备的第一步,必须建立完善的规划实施督导机制和奖惩制度,才能保障学生的职业规划有序实施。我校以任课教师作指导、学生会职业发展协会为主体,充分发挥班级职业发展委员的作用,在各学院实施了大学生职业发展目标进行信息化管理。各二级学院以学生会职业发展部为督导主体,在每学年的

9 月 15 日—10 月 15 日，举办“学业与职业规划督导月”活动。“督导月”的工作内容主要包括三个方面：一是要求每个学生对上学年职业规划的实施情况进行总结；二是通过召开主题班会、演讲比赛等形式，组织学生展示自己的职业规划实施总结；三是对学生的执行情况评出成绩，并把成绩与学生的操行分评定、评先评优、奖学金、助学金评选等挂起钩来。

三、搭建创新创业就业实践平台

大学生大学阶段的职业发展目标主要包含生涯职业发展目标、工作地点目标和工作内容目标，这是一个只有通过实践，才能选择、决策和确定的过程。职业实践是大学生在大学阶段职业能力形成的主要手段，它包括创新创业实践和考察、见习、实习等职业体验活动。为此，我们构建了多样化的创新创业就业实践平台。

（一）组织体系综合平台

学校成立了大学生创新创业教育工作领导小组，组建了正处级大学生创新创业就业指导服务中心和大学生创新创业孵化园，16 个二级学院设置正科级大学生综合创新实训中心，校、院学生会设立职业发展部，班级设有职业发展委员，构建起“多级分层、全程覆盖、各司其职”的大学生创新创业就业指导服务组织体系综合平台。

学校制定了《南阳理工学院大学生创新创业实践学分积累和转换办法》，出台了《南阳理工学院创业导师管理（暂行）办法》，签约创业企业家、投资、金融及科技工作者为创业导师，服务学生的创新创业就业活动。校友创新创业促进会设立了 100 万元大学生创新奖励基金和 100 万元的创业基金，制定了《创新创业基金管理办法》，激励学生进行创新创业实践。

（二）职业能力实践平台

一是举办双向选择招聘会。在学生期望的就业地点定期召开人才招聘会，要求一、二年级学生在寒暑假期间至少观摩一次招聘会，并写出考察报告。

二是举办定向培养入职班。根据用人单位的岗位工作需求，采用校企合作形式，按照“校内模拟训练，暑假岗位实习，毕业时双向选择、签订就业协议”的模式举办专业上岗培训班,要求三年级学生按照自己的职业意愿自愿参加。

三是岗位实习。要求三、四年级学生在寒暑假期间至少进行一次岗位实习,并提交实习报告,明确就业方向。

为了做好此项工作,各学院加强了对所办专业主要就业方向(毕业校友就业的地点、工作单位、工作岗位等)的研究,从胜任职位所需的知识、素质、技能、经验和特长的五个方面,研究职业发展清单模板,放入信息库中,推荐给学生借鉴。同时,及时进行个性化职业咨询,一旦学生的职业选择与所学专业不一致时,要积极做好沟通工作,为学生毕业时顺利入职提供指导和创造条件。

(三)创新创业项目平台

一是“教育部大学生创新创业训练计划项目”平台。围绕学生创新创业能力的提高,我们紧抓教育部举办的“大学生创新创业训练计划项目”,制定了《南阳理工学院大学生创新创业训练计划项目管理办法》,积极宣传相关政策,组织学生选择项目、组建团队参与到活动中去,并督导项目的进度,有效促进了学生的创新创业实践活动的开展。

二是创新创业大赛项目平台。以教育部的“互联网+”大学生创新创业大赛、科技部的创新创业大赛、团中央的创青春大学生创新创业大赛、“豫创天下”创业大赛、“一点公益杯”创新创业大赛等赛事活动为抓手,充分调动校内外资源,挖掘项目、组建团队进行参赛,通过这些大赛锻炼和提升学生的创新创业能力。

三是第二课堂创新创业实践平台。引导学生参加各类创业论坛,邀请成功校友和企业家到学校为学生进行创业专题培训,鼓励学生组建以专业为背景的项目小组进行创新创业实践,并为创业意愿较强的学生提供创业实践的场地,激发学生的创新创业意识,培养学生的创新创业精神,最终使学生具备必要的创业能力,全面提高大学生综合素质。

(四)创新创业孵化平台

2015年7月,学校提供场地,8名优秀校友投资建成了以大学生创新创业孵化园为主体的南阳理工学院三融众创空间,面积达5600余平方米。2016年7月,与北京中关村e谷共建1200平方米的“中关村领创空间”,引领师生协同创业,为南阳引进10亿元级的软件外包产业,助力地方经济转型,助推学校深度转型。2016年9月,与阿里巴巴、校友共建1500平方米菜鸟驿站综合服务中心,为孵化园电商企业提供配套服务,与校园一卡通结合,完善智慧校园体系。2017年,各二级学院建成16个专业众创空间,面积达7200余平方米。

三融众创空间确立了“立德树人,以创新带动创业,以创业引领就业”的工作思路,以“互联、互通、互惠,融资、融智、融合”为宗旨,设有大学生创新基地、南阳创业学院、大学生创新创业孵化园、三融创业投资主题咖啡和公共服务中心等,为有意愿创业的大学生提供创新实践、创业咨询、创业培训、创业实训、创业孵化指导与服务、企业注册、财务法务代理、专家指导、项目路演、投融资对接、创业政策对接等一站式服务,创建了众创空间建设与运营的新模式,被河南省政府授予“河南省双创基地”、被河南省教育厅授予“河南省大学生创业示范基地”、被河南省科技厅授予“河南省省级众创空间”、被河南省人社厅授予“河南省创业孵化示范基地”,并被科技部批准为“国家级众创空间”,2018年入选全国创新创业典型经验高校50强。

大学生创新创业孵化园分为创业与电子商务培训区、电子商务苗圃区、动漫与文化创意区、信息技术与高端制造区和大学生科技创新基地。

创业与电子商务培训区,主要涵盖创业培训、实训、体验。自2014年10月起,创业与电子商务培训区已累计培训大学生、农村电商人员及校友等3000余人,现已成为南阳企业家和大学生电子商务培训聚集地。参加培训的学员,首先在电子商务创业培训室进行创业理论培训,然后进入电子商务实训室分组采用公司模式进行实操训练,使受过培训的人员了解电商公司的运行模式,并能够进行熟练的线上操作,最后在南阳金正珠宝电子商务体验中心进行实际体验。

电子商务苗圃区、动漫与文化创意区、信息技术与高端制造区以企业类型进行区分入驻,相同类型企业集聚更有助于企业间的交流、促进与合作。电子商务苗圃区每家公司设置五个工位,免费配备一台办公电脑;动漫与文化创意区、信息技术与高端制造区为开放式办公环境,以公司规模为标准划分工位。三大区域在临窗位置设置公共洽谈区,方便入孵企业在此进行项目洽谈和举行小型会议等活动。

截至目前,累计入驻孵化园创业团队共计287个,成员有4325名学生。出园创业团队189个,在孵团队98个,成员554人,创业学生的专业涉及所有二级学院。

(五)创业就业网络平台

在校内,主要建立了南阳理工学院大学生就业创业网站,开发了就业指导公众号和三融众创空间企业号,建立了孵化园创业团队基本信息库和线上孵化园,为学生提供完善的信息服务、政策服务、宣传服务,同时也成为学生和导师沟通交流的重要网络平台。

校外网络平台主要是赢之道创业云服务平台、赢之道创业就业服务网和赢之道APP。赢之道创业云服务平台开创了在线创业服务新模式,整合了各方、各类的优秀创业资源,促进了资源共享,为创业者打造了方便快捷的、一站式的服务平台。赢之道创业就业服务网,通过组织企业高层指导交流、创业明星示范分析、创业经验交流沙龙、创业导师指点营销、创业路演和创业大赛比赛竞技等一系列活动,助力创业起飞。"赢之道"APP着力打造创业融资服务平台,拥有国内优质项目和投资人,解决创业者最渴望的创业资金。

四、创新创业就业工作成效显著

一是构建了"1+3+X"创新创业就业教育新模式,即"面向全体在校学生,实行一个完整的全覆盖的就业创业基础教育课程体系,建立教育、实践、孵化3个平台,并提供若干个"个性化创新创业咨询、辅导和投融资服务"。使创新创业就业教育三位一体,融入应用型人才培养全过程,切实提升学生的创新精神、创业意识和创新创业就业能力。

二是科技创新和创业大赛成绩显著。近三年我校学生在国内外科技创新和创业大赛上频频夺魁,荣获国际奖21项,国家级奖项211项,省部级奖项468项。尤其是在2017年第八届"蓝桥杯"国际软件大赛中,我校学生与麻省理工学院、清华大学、北京大学等知名高校学生同台竞技,成绩斐然。此次大赛共设一等奖10个,其中麻省理工学院获一等奖3个,清华大学获一等奖1个、北京大学获一等奖1个,我校获一等奖2个。

三是毕业生创业就业质量稳步提升。2015 年至 2017 年,毕业生初次就业率分别为 87.46%、91.37%、91.40%,分别比河南省平均水平高 6.74、10.41、9.3 个百分点。据第三方调查公司的调查结果显示,毕业生就业现状满意度高,校友对母校满意度 92.3%、95.8%、93.6%,均高于全国同类高校平均水平。2016 年 7 月,“爱拼网”对全国 2400 多所高校的大学生毕业 5 年后的薪酬调查显示,我校居河南省第三名。

四是创新创业就业典型不断涌现媒体。学校自主创业及参与创业人数不断攀升,创业就业典型不断涌现媒体。《中国教育报》发表有《南阳理工学院校友捐资 200 万建创业基金》《南阳理工学院:产学研结合培养电子商务人才》;《教育时报》发表有《创业成就梦想,榜样引领未来》《南阳理工就业高满意度从哪里来》;《河南日报》发表有《高校众创空间燃起无限希望》《南阳理工学院:“小微”放飞创业大梦想》《打造教育实践孵化三大平台,实现创新创业就业三位一体》《南阳理工为创新创业教育注入“源头活水”》等报道。

案例13:创新校地合作模式,服务地方经济发展

近年来,学校积极探索转型发展,深度推进校地合作,探索出了“项目资金+技术服务”的科技成果转移转化模式、“领衔专家+科技平台”的项目培育模式和“多层次对接+融媒体”的项目推介模式。这种“3+”合作新模式既是南阳理工学院服务地方经济社会发展的主要路径,也是学校责任担当的体现和事业发展的必然要求。

一、勇于担当,服务地方经济发展

服务地方经济和社会发展,是高校的一项重要职能。为更好履行职能,南阳理工学院近年来不断丰富办学资源、强化人才培养质量、提升科技研发能力。

(一) 不断丰富办学资源

丰富的办学资源,良好的办学条件是高校服务地方经济社会发展的重要基础。学校目前占地1760亩,建筑面积59万平方米;有大型运动场2个,综合体育馆1座;教学科研仪器设备固定资产总值3.5亿元,拥有1个国家级大学生校外实践教育基地,5个中央财政支持地方高校发展专项资金建设实验室,20个省、市级重点实验室以及实验教学示范中心;馆藏图书137万册,电子图书15000GB,自建有“南工文库”“仲景文献数据库”“建筑科学专题库”等特色数据库。主干带宽2万兆、出口带宽4300M的校园网覆盖全校,在全省率先实现大二层扁平化网络架构,有线、无线、IPV4、IPV6统一身份认证,终端计算机21000余台。另外还同美国通用电气公司、中国长城计算机公司、德国

博世集团等世界500百强企业投资共建了多个仪器设备具有国际领先水平的实验实训室。

(二)不断提升人才培养质量

教师力量不断增强。学校拥有高级专业技术职务教师560人,博士、硕士学位教师938人;拥有河南省优秀专家、省政府特殊津贴专家、省学术技术带头人、省教育厅学术技术带头人22人;建设有20个省、校级创新型科技团队和教学团队;设有"河南省博士后研发基地",聘请多位两院院士、知名专家学者为兼职教授。

学校生源质量好。在河南省的招生录取中,理科、文科二本招生录取分数连年超出省定分数线,位居全省同类高校前列。2018年中医学专业被纳入一本招生;在河南省的二本录取理科最低分477分,文科最低分519分,分别超出省定分数线103分和83份;计算机专业的录取平均分达到了一本水平。

学生专业能力强。在国家乃至国际重大学科竞赛中,敢于与"985""211"重点大学学生同台竞技,且频频获奖。近年来在"挑战杯"全国大学生课外学术科技作品竞赛、全国大学生数学建模大赛、全国大学生电子设计大赛等赛事中获全国一等奖20余项,二、三等奖120余项。代表河南高校出征ACM国际大学生程序设计大赛,获亚洲区铜奖13项;第五、六、七、八届河南省ACM大学生程序设计竞赛四连冠;第三届全国软件专业人才设计与开发大赛,获一等奖,总排名第三,奖牌总数在河南省14所参赛高校中居第一位;全国第七届信息技术应用水平大赛,获特等奖1个,一等奖4个,并列全国本科组第一;百度首届全国高校搜索营销大赛,获一等奖,总排名第二。

毕业生的培养质量高。毕业生就业率排名连年位居河南省高校前列。就业创业质量较高,据不完全统计,在东莞就业的4000名校友中,60%以上自己创业,已成为大小老板,校友李铮在深圳创办的"雷柏科技"上市公司,市值已达150亿元。在南阳,各行各业都有理工学院学子的身影,南阳16个县(区)的建筑设计研究院(室)一把手,全部是理工学院校友;河南首富秦英林麾下的2名副总、12个省级分公司总经理中有8名是理工学院校友、50个片区经理中有35名是理工学院校友。

(三)不断提升科技研发和服务能力

学校以地方需求为导向,开展应用技术研究。近年来,为企业技术革新、技术改造、新产品研发170余项,获省、市成果奖励500余项。部分学科专业如计算机软件、机械装备、光电电子、废水处理、电子商务等科研团队和专家学者在区域内还具有较强的影响力,"工程结构性能监测与控制"研究团队被省教育厅认定为河南省创新型科技团队。

软件学院在数字化信息化服务、计算机网络技术、软件开发、云计算虚拟化等方面,在全国有较高知名度,在河南处于领军地位。与微软、美国Base公司、IBM公司等40余家IT公司以及北京中关村、上海软件园等全国多个软件开发基地,在网络工程、移动端开发、云计算大数据等多个领域建立了长期战略合作关系。在南阳,不少领域的数字化建设与开发,都有理工学院师生参与;校内"大学生科技创新基地",2年内师生共同完成200多个软件开发项目,获国家级奖项10人次,省级奖项60人次;2015年,又与南阳中关村实业公司共建"南阳领创空间大学生创新创业基地"。

机械与汽车工程学院博士团队在噪声振动、汽车导航、农用机械方面长期服务于南阳防爆、路德,西峡的西泵、西排,淅川减震器等大型装备企业,在38个项目上进行技术攻关研发,南阳汇森公司与机械汽车学院合作,投资1000万元在校内共建"汇森研发大楼",已投入使用。

畅销全国的"仲景"香菇酱,是理工学院臧晋教授带领的科研团队与西峡仲景大厨房合作研发、生产的,年销售额已达5亿元,由此带动了西峡香菇食品产业的飞速发展,先后诞生相关加工企业200余家,整个香菇系列产品产值近30亿元,成为西峡支柱产业之一。

陈永辉副教授为陆德筑机公司研发的"产品图纸审核及智能拼图软件",提高工作效率几十倍,该项目以绝对优势获第四届河南省青年创新软件设计大赛唯一金奖,改写了前两届金奖空缺的记录。

二、锐意进取,创新校地合作模式

坚持"植根南阳、服务河南、面向全国"的发展定位,走产学研用一体化和开放办学之路,致力于应用型人才培养是新一届校领导班子的共识。校党委书记邢勇在校地合作工作推进会上提出"不忘初心、责无旁贷、出路所在、优势所选”的工作意见,并提出了提高服务意识、提升服务能力、提振服务精神、注重服务质量、加强服务管理这五条切实可行的服务理念。校长刘荣英提出了打造“以校地合作为主体,以教学单位、科研服务团队和政府及其职能部门、企事业单位为两翼的“一体两翼”工作格局。

为更好地开展校地合作工作,学校于2016年初成立了校地合作处,主动向南阳市政府提出了“南阳理工学院转型发展全面服务南阳社会经济发展行动计划”,并及时组织全体中层干部召开了校地合作工作专题推进会议,确定了科技成果转移转化、项目培育、技术推广的三大主要任务,探索形成了“3+校地合作模式”。

(一)“技术服务+项目资金”的推进科技成果转化模式

随着经济社会发展的深度转型,南阳地方经济发展面临着转型的阵痛,不少企业资金链断裂,其根源是技术水平低下、产品创新驱动不足。另一方面,由于企业产品科技含量不高,也使资本公司面临较大的风险而不愿意投资。为更好地服务地方经济建设,尤其是服务中小企业发展,经过对市场的深入调研和论证,南阳理工学院充分利用学校的人才和科研技术优势,通过创立科研产业平台推动技术创新,并以此吸引大的投资机构入驻,做好做强“资金+技术”这一服务地方经济的双支撑平台。这一创新模式,不仅使南阳理工学院额创新创业和科技成果顺利转化,而且以真金白银的资本注入救活了一家家企业,助推校企、校地合作项目快速发展。

川江缘食品有限公司位于南水北调的源头淅川县,农业资源丰富。公司主营食品、调味品的研发、生产和销售等。但是因为产品缺乏特色、销售乏力,资金链一度断裂,企业濒临破产。面对企业遇到的困境,南阳理工学院校地合作处通过其创建的“大健康大厨房”产业研发平台为川江缘注入了“资金+技术”的双重支持。

一是技术服务,由南阳理工学院生物与化学工程学院发酵教研室主任、生物与食品技术实验中心主任臧晋教授亲自带队。这个青年科研团队曾经为仲景集团研发出仲景香菇酱,该厂每年的产值已经达到6个亿。此次与川江缘合作,整个科研团队在酱类食品的发酵工艺、生产装备、加工技术等方面均实现了突破。新产品采用创新工艺技术低盐发酵,替代了传统高盐工艺,真正达到了现代人的健康标准。

二是项目资金支持,则由河南融智校企创业服务有限公司融资投入。这家公司是上海元素集团为南阳理工学院校地合作的项目落地而特意组建成立的。其中,"大健康大厨房"产业研发平台是公司倾力投入的主要平台。在平台的大框架下,川江缘顺利得到了公司3000万元的资金入股。

有了技术和资金两方面的强力支撑,不到一年时间,川江缘食品有限公司的产品多次在国内展销评比中获得大奖,在省内外调味品行业中享有较高声誉,公司现拥有技术专利9项,形成了4代58个品种系列产品体系,被南阳市政府命名为农业产业化市级龙头企业、南阳市知名企业、南阳市食品农产品十佳优秀品牌。南阳理工学院"资金+技术"的校企合作新模式,让川江缘凤凰涅槃、起死回生。

在整个南阳理工学院的校企合作项目中,川江缘仅仅是其中一例。2016年以来,上海元素集团、上海融腾集团、澳洲麦格理上海投资公司纷纷为南阳理工学院设立创投基金,全力支持并融到产学研的环节中。其中,上海友融集团所属的河南融智校企创业服务有限公司累计投入资金规模已经达到了10个亿。

(二)"科技平台+领衔专家"的项目培育模式

2016年10月,学校举行盛大的校地合作集中签订战略合作协议签订仪式,来自南阳市唐河、社旗、桐柏等16个县(区)人民政府,南阳市发改委、科技局、工信委等8个局委,南阳市企业联合会,南阳市中小企业协会等9个协会,南阳市中医药联盟、南阳市汽车零部件产业联盟等7个联盟,南阳宏邦汽车集团、牧原股份公司等60家企业,另有多家投资基金、商会学会与南阳理工学院集中签订战略合作协议。缘于伴随着国家创新驱动发展战略进一步实施,一批各级政府、高校创办科技项目培育平台油然而生,邀约各类专家加盟的"科技平台+领衔专家"项目培育模式进入了高速发展的快车道。

平台建设。学校不仅加强了南阳协同创新研究院建设、南阳中关村领创空间、国家级三融众创空间、河南省电商继续教育基地、南阳创业学院等建设,还参与了南阳科技大市场的合作,校企共建了"教育部·中兴通讯ICT产教融合创新基地,与桐柏县共建了农副产品智慧物流园区,与西峡县共建了创业科技园区,与邓州市共建了中医药基地,与内乡县共建了众创空间,与社旗县共建了美创空间等。参与科技平台建设成为我校的又一特色,桐柏、西峡、社旗等县已经把与我校的合作列为"县委书记工程"。

领衔专家。南阳理工学院自身就是人才涵养高地,也是高端人才的中转站。2017 年 11 月初,学校出台了《南阳理工学院引进社会服务团队领衔专家实施办法》,对加盟的国家级知名专家进行学校、项目、地方政府三重奖励,倾力组建高水平科技研发服务团队。除有效激发和充分利用本校教授、博士的服务潜力和能力外,学校还整合了校外的知名教授、南阳籍知名专家等人才资源,跨学科、跨专业组建协同创新联合体,基本上能帮助南阳的广大企事业单位不出家门就能解决大部分科技难题。目前为止,学校累计组建了工程结构性能监测与控制团队、智能感知与导航团队等 121 个科技研发服务团队,其中参与博士达 135 人,博士生导师达 127 人,南阳籍国家知名专家 39 人。

为使培育项目能够迅速落地,2017 年 11 月初,学校出台了《南阳理工学院社会服务培育项目管理办法》,在科技平台上有了领衔专家的加盟,很快呈现出了勃勃生机,有效提升了学校的影响力和知名度,镇平神鹰、大友印相等实力雄厚的公司闻讯后纷纷与我校积极签约,桐安联创公司更是拟将价值 4.5 亿的新材料项目,交给我校新材料领域团队进行鉴定。南阳的高端科技平台建设到处都有南阳理工的参与。南阳协同创新研究院建设了十个产业研发服务平台。其中,"大健康大厨房"食品产业研发服务平台积极参与开发海跃水产的海参深加工系列产品、上海麦格理公司的中医食方食材、三色鸽乳制品系列、牧原集团无抗养殖、南阳王府卤制品系列、南阳艾制品、南召酵素等一大批培育项目。毫不夸张地说,在南阳各个食品行业、健康产业中都活跃着南阳理工领衔专家的身影。南阳是传统农业大市,农产品加工行业方兴未艾,创新技术不断涌现,项目资金持续注入,带动了南阳本地食品企业的发展,有力推动了农产品转化和农户增收,打造了南阳的"大健康大厨房"产业。

在校企合作"专家+平台"项目培育模式中,产业群、专业群在校企合作中汇聚形成,人才链、产业链在校企合作中有机对接,培育项目不断涌现,校企、校地合作风生水起、众多地方政府和企业纷纷慕名前来洽谈合作。

(三)"融媒体+多层次对接"的项目推介模式

2017年12月,南阳张仲景艾草研究发展中心成立揭牌暨南阳电视台《宛艾飘香》栏目开机仪式在南阳理工学院领创空间二楼报告厅举行。南阳市政府领导,部分县区、市直单位领导和学校领导出席活动。30多位艾草产业相关领导、负责人及张仲景国医国药学院师生代表参加会议。这是南阳电视台与南阳理工学院合建的立体化融媒体项目推介团队开展多层次对接的又一成果。

立体化融媒体项目推介团队,由南阳理工学院影视编导、播音主持、汉语言文学、数字媒体等专业整合,结合南阳电视台"草庐故事"栏目、"党员教育"频道和校地合作人员共同组建的一支专业队伍,制作出专题推介视频10多个,实现了电视台、报刊、手机终端APP立体化宣传推介。

多层次项目对接机制,南阳理工学院主动对接地方机关,争取地方支持,按照南阳市委张文深书记的指示,积极对接成立以常务副市长景劲松为组长的"服务南阳经济社会发展工作领导小组",指导校地合作工作,实现了相关局委、县区的顺利对接,要求各县区每年拿出500万专项资金,全方位支持校地合作工作。同时,我们对接了诸多的产业联盟、行业协会、南阳的8大异地商会,以及上百家企业。

在立体化融媒体项目推介和多层次项目对接的合力下,南阳理工学院的项目推介很快家喻户晓。近2年来,对接项目的单位达1000多家,推进了100多个项目进行深度合作,落地了慧融公司西班牙语合作办学,融智公司中国在线交互服务中心、今达物流规划等一批科技服务项目;合作研发了五防微机闭锁电脑钥匙、无人化养殖系统等一批科技研发项目。

在市科协的助推下,"香菇无序分拣系统及应用"和"基于机器视觉的轴类零件多参数自动检测关键技术研究"2个项目入选2018年度河南省百千万创新驱动助力工程项目名单;在工信局的帮助下,美国GE南京南戈特公司顺利调研南阳智能制造产业,协商与我校试点共建智能制造柔性生产线合作,双方已经制订出较为具体的项目计划书和出资方案。

三、配套完备，健全校地合作机制

(一) 发挥政策导向作用，助力建设应用型本科大学

为激发教师参与社会服务的热情、提升科技团队的服务水平、解决教师参与社会服务培育项目的风险、达到学校教师人均 4 万的横向项目资金到账任务，学校于 2017 年 11 月出台了较为简便务实《南阳理工学院引进社会服务团队领衔专家实施办法》《南阳理工学院教师社会服务项目到账经费奖励及使用管理办法》《南阳理工学院社会服务培育项目管理办法》《南阳理工学院“社会服务优秀教师”和“社会服务标兵教师”评选实施办法(试行)》4 个文件，在评定职称、教学工作量、双师型教师认定等方面对教师进行支持鼓励。为保证文件政策的顺利落实，学校组织召开了“政策推进大会”，并制作了“报账就这么简便”推广视频，之后短短一个月，具有顶尖科技水平的一批博导成为我校首批领衔专家。与此同时，教师参与引进的社会服务项目资金也相继到账。

(二) 强化队伍保障能力，组建一支系统专业的工作队伍

学校特意聘任了原南阳市机电办高祖灵主任、原南阳市工商局工商科张全德科长，长期兼任校地合作专家，向河南融智公司、电视台魏刚团队、机械与汽车工程学院郭俊杰团队、文法学院张旭东团队、校法制办余其营团队等借智借力，建设了一支较为系统的集管理、服务、宣传、推介于一体校地合作工作队伍，有力释放了服务社会发展的能量和潜力。

(三) 提供资金等全方位支持，为校地合作顺利进行保驾护航

学校连续两年拿出 1000 万专项资金，助推创建特色新型智库，打造服务南阳经济社发展的“智高点”；围绕南阳八大主导产业发展，积极引进人才和技术，广泛筹措资金、搭建平台、引进项目，加强了行业专家库、科技团队库、合同项目库及需求信息库建设；组建了校地合作宣传团队；组建了科技服务联络组。不断提升服务地方经济社会发展的能力，把学校打造成南阳的人才涵养高地、科技溢出高地和文化引领高地。

学校的"3+校地合作新模式"得到了社会的广泛认可。2016年9月,河南省教育厅专门拨付400万专项工作经费,支持我校校地合作。《河南日报》2016年10月29日以《这所大学缘何"魅力迸发"》为题,头版专题报道了我校的做法,人民网、省教育厅网站等多家媒体竞相转载报道。2017年河南日报又发表了宣传我校校地合作的文章2篇,其他各类新闻报道达50余篇,专题文章《多层次开展校地合作、助力本地经济社会发展》在教育厅教育信息栏目发表。

学校校地合作处将持续遵循"以人才培养为根本,以市场需求为导向,以项目合作为载体,以项目落地为标准,以形成产业为目标"的工作准则,以更加开放的姿态融入南阳各个产业、行业中,用"3+校地合作新模式"实现我校与企业、地方的共同发展。

案例14:发挥大学“第五职能”,提升学校国际化水平

高等教育国际化是指跨世界、跨民族、跨文化的交流与合作,即面向世界发展本国高等教育的思想理论、国际化活动以及与他国开展的相互交流与合作,表现为管理理念国际化,学生、教师来源国际化,课程国际化,教学科研合作国际化等多个方面。

2017年2月份,中共中央、国务院印发了《关于加强和改进新形势下高校思想政治工作的意见》,强调高校肩负着“人才培养、科学研究、社会服务、文化传承创新、国际交流合作”的重要使命,以习近平总书记为核心的党中央把“国际交流合作”明确为大学的“第五项职能”,这是大学建设理念的创新和发展,对于加快建设世界一流大学和一流学科、提高我国高等教育国际化水平具有十分重要的指导意义。

我校虽位于内陆地区,但自建校伊始就非常注重国际交流合作。近年来,在转型发展的背景下,学校采取多种措施强化国际交流合作,不断完善大学“第五职能”,创新学校建设和发展理念,全面提升国际化水平。

一、提升国际化水平的举措

学校高度重视国际交流合作工作。“十三五”以来,经过深入调研和科学论证,统一了思想,提高了认识,充分认识到高等教育国际化的重要意义,把强化国际交流合作作为今后学校长远发展的重要战略之一,在理念上从“被动参与”转变为“主动融入”,在内涵上从“迎来送往”转变为实质性合作,在规模上从“点的突破”转变为“面的拓展”,在管理

上从“应急式服务”转变为规范化建设，采取行之有效的措施，在提高学校国际化水平方面进行了大量的探索和实践。

一是制定国际化发展规划。学校成立国际交流合作领导小组，积极探索扩大教育开放、提高学校国际化水平的工作思路和具体措施，坚持“内涵提升、特色发展、整体推进”的国际化发展战略，编制了《南阳理工学院“十三五”国际及港澳台交流与合作规划》，融合国际优势资源及管理经验，加快建设具有自身特色的现代大学制度，打造国际化办学品牌，加快国际化办学进程，开创国际交流合作新局面。

二是建设国际化教师队伍。教育的国际化归根结底是要实现人的国际化，随着高等教育领域合作与交流的发展以及世界范围内人才的流动，高校从国际范围内选择教师的机会越来越多，对教师的要求也将越来越高。我校在国际化进程中采取了积极有效的“引智”措施，吸引国外专家、学者加入教师队伍；同时，积极为现有教师提供出国（境）学习机会，培养教师的国际化意识，拓展教师的国际视野，切实提高教师的国际交流合作水平。

三是打造国际化特色课程。课程是高等教育国际化的重要载体，为适应高等教育国际化的趋势，培养具有世界眼光、熟悉国际事务、掌握学科前沿的国际型人才，课程国际化建设显得尤为重要。学校通过使用双语教学、选用英语原版教材、设立语言中心等措施培养学生的语言应用能力；将国际化内容融入课程，使课程内容具有国际导向，以此提高学生的国际意识，培养学生在国际化和多元化的社会工作环境下生存的能力。在课程建设时，要结合学校的学科专业优势，搞好中外课程合作项目建设，培育自己的特色。

四是促进人员国际流动。人员自由流动和科学知识共享被看成是国际合作的重要原则，高校中人员的国际流动包含大学生的国际流动和教师、管理干部的国际流动。大学生国际流动是指接收外国留学生或派遣本国学生出国留学，是高等教育国际化潮流中最活跃的因素之一，是展示高等教育国际化程度的一个重要指标，不仅有助于各国学生之间的相互学习，而且有利于扩展课程的国际广度，开展跨文化的研究与交流。面对经济全球化和教育国际化的现实，我校一方面创造条件鼓励学生出国留学，充分利用国外的教育教学资源为我国培养人才；另一方面又制订相应的政策，不断改善办学条件招收外国留学生，开拓国际高等教育市场，依托学校自身优势发展国际教育产业。教师和管理干部的国际流动可以增强国际意识，拓宽国际视野，提高教学水平和管理水平。学校积极与国外高校建立良好的校际关系，双方有计划地互相选派教师和管理干部到对方进修、访问、讲学、搞合作研究，共同探索创新人才培养方案，积极参与世界前沿科学研究，开展各种国际合作与交流，提升自己的教学水平和管理水平。

五是开展国际学术交流。国际学术交流是指各国从事科技活动的机构、团体和人员之间相互提供、传递和获取科技信息的活动，包括科技考察、应邀讲学、举办和参加国际学术会议等多种形式。高校举办国际学术会议是重要途径之一，可以提高学术地位、扩大国际影响、推动科学研究。学校出台了相关制度，鼓励二级学院依托自己的学科专业优势开展国际学术交流活动，重点加强与“一带一路”沿线国家的学术交流合作，积极举办或承办国际学术会议；支持教师参加国际学术会议，参与国际科研项目研究，不断扩大学校的国际声誉。

六是加强中外合作办学。中外合作办学是指外国教育机构同中国教育机构一起在中国境内合作举办的以中国公民为主要招生对象的教育行为，是教育国际化的重要内容和表现形式之一。《中外合作办学条例》的颁布和实施为我国的中外合作办学注入了生机和活力，各种类型的中外合作办学项目如雨后春笋般发展起来。在转型发展背景下，学校准确把握中外合作办学的政策界限，制订相关政策，不断改善办学条件，提升办学实力，积极申报教育部中外合作办学项目和河南省教育厅中外课程合作项目，引进国外优质的教育资源，逐步提高学校的国际竞争力。

二、国际交流合作工作成效

学校坚持走多元化开放办学之路，按照“从内到外、从外到内、双向交流、互利双赢”的工作理念，积极推动教育对外开放，为学科建设和人才培养积极搭建对外交流合作平台，努力提高学校的国际化水平，取得了非凡的成绩。

一是国际交流合作成绩突出。自建校以来，学校累计与英国、美国、德国、法国、俄罗斯、新西兰、日本、韩国、泰国以及中国台湾等国家和地区的59所高校和民间团体建立了正式交流合作关系,在学术交流合作、学生联合培养、教师和学生交流等领域取得了丰硕成果,设有中原中韩文化交流中心、南阳中日文化交流中心等国际交流机构,成为河南省和南阳市对外开放交流的重要窗口之一。2017年4与26日,学校与韩国DataStreams公司合作成立南阳理工学院·德大始琳大数据教育培训中心,中心获得外方赠予价值660万元人民币的软硬件设备,合作进行国际学术论坛、技术交流、人才培训、大数据试点项目培训及大数据教育书籍开发等多种形式的活动,推动大数据产业新技术的创新发展。

二是中外合作办学项目声誉较高。学校自2001年开始举办中外合作办学项目,累计举办生物工程、应用化学、机械设计制造及其自动化等专业共7个中外合作办学项目。在办项目5个,其中2个为教育部批准的中外合作办学项目,3个为河南省教育厅批准的中外课程合作项目。目前中外合作办学项目在校生共计2206人,累计毕业学生人数1892人。外方合作院校分别为新西兰惠灵顿维多利亚大学(QS世界500强大学,该校阿兰·麦克迪尔米德教授为2000年诺贝尔化学奖得主)和英国北安普顿大学。

三是依托专业优势设立海外分校。学校依托中医学厚重的文化底蕴和专业优势,先后在韩国马山、光州设立2所分校,招收中医学韩国留学生,已累计招生120名。

四是大学生国际流动趋势向好。学校与美国天普大学和东斯特拉兹堡大学、日本大分大学和冈山商科大学、台湾静宜大学和弘光科技大学等高校开展国际交换生项目,累计派出各类交换生103名。2005年开始招收来华留学生,主要就读专业为汉语言文学、中医学、国际贸易、艺术设计等,已累计招收长短期来华留学生130人。2016年开始与韩国清州大学、泰国西那瓦大学合作进行硕士研究生、博士研究生联合培养项目,目前在读硕博士人数10名。

五是国际引智工作有声有色。学校自1998年开始聘任外籍专家,主要为满足学校外语类课程教学需要。18年来,累计聘任外籍专家259人次,包括澳大利亚、美国、英国、加拿大、新西兰、日本、德国、喀麦隆、比利时、瑞典、乌克兰、墨西哥等。2016 年 11 月,聘请韩国成均馆大学黄大俊教授为我校驻校兼职教授,指导学校大数据专业建设。双方进行的张仲景医药文献库大数据平台建设和科研项目合作获得河南省外国专家局申报河南省国际人才合作项目立项。

三、下一步的重点工作任务

近几年,我校的国际化办学虽然发展较快,但与沿海高校相比还有很大差距,在国际化建设中某些方面虽实现了量的增长,但整体上并没有质的提升。推进国际化办学进程是一项长期的、艰巨的任务,也是学校事业发展的必然要求,虽任重道远,但前景广阔。在今后的工作中,拟做好以下三个方面的重点工作:

一是以国际教育为突破,提高人才培养国际化水平。以学校中外合作办学项目的拓展为突破口,进一步构建与国际接轨的课程体系,及时更新课程内容。借鉴国外先进的课程理念,引进、改编和借鉴国外先进教材,注重将最前沿的科技成果和科学知识融入课程当中,增加国际竞争的教育内容,提高课程建设质量。以来华留学生培养方案的改革为突破口,规划设立全英课程和专业,提高我校人才培养的国际化水平,吸引更多非东亚国家留学生来校学习,把学校优势学科打造成为国际化教育品牌。改革大学外语教学,强化非外语专业学生的外语能力培养,加大全英(或双语)教学力度,确保国际化人才有较高的国际交往能力。在条件成熟时针对部分专业要求,增设部分小语种作为大学外语语种。

二是以教师建设为核心,提升学校国际学术影响力。创建交流平台,鼓励科研合作,增强国际学术交流能力,探索建立引进和培养具有国际视野优秀学者的新机制。设立试点单位,实行与国际接轨的常任教职年薪制,大力引进海外优秀学者,特别是优秀青年学者,进一步提高国际教师比例,形成国际化大学的教学科研环境。与此同时,启动青年教师培养工程,通过资助游学、带薪到国外学习等形式,将有潜力的优秀青年学者"推出去",拓宽国际视野,不断提升学校国际合作与竞争的能力。

三是以文化交流为平台,建设先进多元的校园文化。积极参与国家层面中外人文交流机制活动，开展与发展中国家和周边国家的交流合作，接受“一带一路”沿线学生来华学习或研修。参与国际教育援助，建设教育援外基地，开展人文艺术、体育交流等项目，进一步深化高等教育领域综合改革，提高学校的国际化水平。

案例15:以党的建设高质量推动学校转型发展高质量

党的十八大以来,特别是2014年成为河南省整体转型发展试点学校以后,学校党委按照中央和省委、市委决策部署,认真履行全面从严管党治党主体责任,紧紧围绕学校“建设特色鲜明的高水平应用型理工大学”奋斗目标,充分发挥校党委的政治核心作用,大力加强党的建设,切实增强党委的政治领导力,有力推动了学校的转型发展和内涵提升,为学校事业的持续健康发展提供了坚强保证。

一、凝聚共识,推动转型发展高质量

进入新世纪以来,随着我国高等教育规模迅速扩张,已经由精英教育发展为大众教育。高校毕业生的逐年增加使大学生就业难现象日益凸显,成为社会普遍关注的问题。与此同时,高等学校数量的持续扩张使得同质化问题日趋严重。

党和国家高度重视高校的建设和发展工作。2013年11月,党的十八届三中全会通过的《中共中央关于全面深化改革若干重大问题的决定》提出,“加快现代化教育体系建设,深化产教融合、校企合作,培养高素质劳动者和技能型人才”。2014年2月,国务院常务会议特别强调要“引导一批普通本科高校向应用技术型高校转型”;同年6月,国务院做出了《关于加快现代职业教育的决定》,提出新建本科院校要转型发展,开展应用型本科教育的要求。2015年10月,教育部、国家发改委、财政部联合印发《关于引导部分地方普通本科高校向应用型转变的指导意见》。因此,部分高校向应用技术型转型是大势所趋,这既是我国经济社会发展的必然要求,也是我国高等教育在新的历史时期的重大改革举措,更是实现我国高等学校特色发展、内涵发展的必然选择。

2015年10月,党的十八届五中全会从"十三五"时期党和国家发展全局的高度对教育工作做出重大部署,全会审议通过的《中共中央关于制定国民经济和社会发展第十三个五年规划的建议》明确提出"优化学科专业布局和人才培养机制,鼓励具备条件的普通本科高校向应用型转变",把推动部分本科高校特别是新建地方高校转型发展上升为国家层面的战略部署和战略需求,为新时期地方本科高校特别新建本科高校的发展指明了方向。

习近平总书记在全国高校思想政治工作会议上强调,"我国高等教育发展方向要同我国发展的现实目标和未来方向紧密联系在一起,为人民服务,为中国共产党治国理政服务,为巩固和发展中国特色社会主义制度服务,为改革开放和社会主义现代化建设服务"。因此,实现转型发展,培养大批适合我国经济社会发展需求的应用型人才既是高校特色发展的需要、我国高等教育改革的需要,同时也是高等学校肩负的一项重大政治任务,成为高校党委的重要职责。

转型发展的新标准、新要求、新任务无论是对领导干部还是普通教师而言都是新事物,新问题,需要有一个了解熟悉的过程。学校党委认真组织全校党员干部学习党的十八大、十九大"精神,学习习近平总书记系列讲话精神,领会国家对高校转型发展的文件精髓,并结合学校实际情况围绕转型发展问题进行深入细致的探讨,组织广大党员干部到兄弟院校考察交流、开阔眼界、拓展思路,使全校师生统一了思想、凝聚了共识,不断增强政治意识、责任意识、大局意识、发展意识,努力使自己的理论素养、决策能力、知识水平、精神状态适应学校转型发展的新要求,立足实际,主动作为,积极投身到学校转型发展中去。

高校转型是一个复杂的系统工程,涉及人才培养模式、培养方案和课程体系改革以及"双师双能型"教师队伍建设等众多方面,是思维模式、工作范式的根本性变化。高校转型是实现学校内涵发展、特色发展、创新发展的新机遇,事关"为谁培养人、培养什么人、如何培养人"的根本问题。学校党委把转型发展作为学校的中心工作,并与党的建设工作高度融合,统筹推进学校转型发展工作,以党的建设高质量引领转型发展高质量,实现了党的建设和事业发展两促进,拓展了学校事业发展新空间。

二、健全机制,集聚转型发展新动能

一是坚持和完善党委领导下的校长负责制。学校制定并认真落实《南阳理工学院章程》《南阳理工学院党委领导下的校长负责制实施办法》,充分发挥党委“把方向、管大局、作决策、保落实”的领导核心作用。校长严格依法行使职权,履行党委集体决策后的实施之责、执行之责、报告之责,形成了和谐的党政关系,增强了领导班子的整体合力,年度考核结果良好。

二是认真执行民主集中制。完善党委统一领导、党政分工合作、协调运行的工作机制,制定和修订了《南阳理工学院党委会议事规则》《南阳理工学院校长办公会议事规则》《南阳理工学院党政联席会议制度》《南阳理工学院落实“三重一大”制度实施办法》等规章制度,凡属学校发展规划、财务预算、基本建设、人事调整等重大问题一律经过党委会或校长办公会集体讨论做出决定,不搞临时动议,努力提高决策的科学化、民主化、规范化水平。制定实施《院系党政联席会议议事规则》,明确了党政联席会是二级学院的最高决策形式,确保了民主集中制原则在基层的贯彻落实。

三是坚持教职工参与民主管理和监督制度。积极推进党务和校务公开,充分发挥“双代会”、学术委员会在学校行政权力运行机制中的作用,确保广大教职工对学校重大决策、切身利益事宜的知情权和建议权;借助党外知识分子联谊会,为民主党派、无党派人士参政议政、行使民主权利创造条件,有效凝聚了人心、集中了民智,保持了稳定,集聚了南工发展新动力。

三、多策并举,开创合力育人新局面

一是加强培训,提升党员干部的整体素质。党员领导干部是学校转型发展的中坚力量,打造一支本领过硬的干部队伍是促进高校转型发展的重要环节。近年来,根据事业发展需要,学校党委通过在校内举办多种多样的专题辅导报告和研讨班、利用暑期集中进行干部培训、选派中层干部到地方或兄弟院校挂职、参加省市委党校学习等多种渠道对党员领导干部进行培训，不断提高干部的业务能力和工作水平，三年来已经累计培训达400余人次，有力促进了学校转型发展的需要。

二是引入竞争机制，激发党员干部的工作热情。学校党委按照“轮岗锻炼、精简高效、人岗相适、能上能下”的工作方针，优化校内机构设置，推行处级干部轮岗交流，有效克服了中层干部的职业疲劳和职业倦怠，提振了干部队伍的精神面貌，激发了广大干部的工作热情热情。同时，引入竞争性选拔方式，公开公正选拔处级领导干部，构建了以群众公认为基础、以德才表现为准则，以工作实绩为尺度、以干事创业为导向的干部选任机制，优化、改善了干部队伍的专业结构、年龄结构、学历结构、职称结构，提高了党员干部的能力和水平。

三是构建“三全育人”体系，开创合力育人新局面。立德树人是高等学校的根本任务，它要求我们必须坚持德育为先，不断提高青年学生德育工作的实效性和针对性。转型发展下的应用型人才培养与传统意义上的人才培养的最大不同之处在于，涉及的环节更多，过程更为复杂。经过积极探索，2017年我校率先在全省、全国同类高校中提出了“合力育人工程”的概念，明确了教书育人、科研育人、实践育人、管理育人、服务育人、文化育人、组织育人等方面的工作任务和工作要求，确立了党委统一领导、党政群团学齐抓共管、党委宣传部牵头协调、有关部门各司其职、全校师生广泛参与的“全员、全过程、全方位”的三全育人体系，实现了从主要依靠思政课堂主渠道向课程思政全频道的转变，实现了主要依靠政工干部为主体向全员思政为本体的转变，营造了全员、全职能、全方位、全平台、全氛围育人环境，打通了高校思想政治工作的盲区和断点，构建了三全育人新格局。重点推进“五个协同”，专职思想政治工作队伍与全体教职工的育人协同，思想政治理论课与其他各门课程的育人协同，线下思想政治工作与线上网络思想政治工作的育人协同，课程教学与实践教学的育人协同，思想政治工作与地方优秀传统文化、革命文化传承的育人协同。构建课程、科研、实践、文化、网络、心理、管理、服务、资助、组织等十大“育人体系”，逐步建立健全“全员、全过程、全方位”的“三全育人”体系，形成可推广、可复制、行之有效的南工方案。2018年6月，我校被河南省教育厅批准为“三全育人”综合改革试点高校。

四、持之以恒,为内涵发展强基固本

习近平总书记强调,基层党组织是党的执政之基、力量之源。只有基层组织坚强有力,党员发挥应有作用,党的根基才能牢固,才有战斗力。高校基层党组织不仅担负着把党的路线方针政策贯彻落实到基层的基本职责,还是贯彻落实学校党委重要工作和部署、团结凝聚广大师生员工的政治核心。更为重要的是,高校的基层组织直接承担着培养合格的为中国特色社会主义建设服务的应用型人才任务。高校党的基层组织的工作水平、工作质量和规范化程度直接决定着高校党建工作的水准。

学校党委高度重视基层党组织建设工作,始终把抓基层、打基础作为党建工作的重点。一是积极开展标准化支部创建活动,严格落实基层党组织"三会一课"、民主生活会和组织生活会,推行民主评议党员活动,基层组织生活更加规范。二是实施教师党支部书记"双带头人"培育工程,选派党务业务皆强的专任教师担任学生党支部书记,进一步充实基层组织力量,激发基层工作活力。三是规范党员发展工作程序。采取"二级党校,三次培训"体系,严格党员发展程序,保证党员发展质量。四是实施"双推双优"工程。在全校范围内选聘一定数量的责任心强、有经验、懂政策的党员干部作为党建工作指导员,对基层党组织"两学一做"学习教育进行一对一督查指导,发挥党委部门和党员干部的积极作用,调动基层党组织的主体能动性,使后进变先进、先进更先进,以点带面推动全校"两学一做"学习教育的深入开展。五是按照程序及时做好基层党支部的换届选举工作,实现了"低年级有党员、高年级有支部"的工作格局,通过强化基层党组织的政治功能和组织功能,有效发挥了基层组织的战斗堡垒作用,使基层组织的影响力、辐射力大大加强。

大力开展创先争优活动,充分发挥广大党员的先锋模范作用,切实推动创先争优,是高校党建的重要内容。学校党委围绕党的群众路线教育实践活动、"三严三实"专题教育和"两学一做"学习教育,紧密结合学校实际,努力打造"党性强、观念新、业务精、品行端、形象好"的师生楷模，切实发挥其先锋模范作用，有力推动创先争优活动的开展。按照党政管理、专业教师、教辅后勤和在校学生等不同类型的岗位，设立党员示范岗，明确岗位职责，倡导党员集体或者个人争创示范岗。建立健全“党员一岗双责”，推行“首问负责制”，注重提升党员干部服务学生成才和教师成长的水平，进而推动学校的改革创新与转型提升。在全校党员中开展“亮身份、作承诺、当先锋、树形象”活动，严格以“四讲四有”的活动标准，广大党员佩戴党徽亮明自己的身份，党委承诺定目标，党员干部承诺树榜样，全体党员争当先锋，树立党员崭新形象。

实施典型示范引领工程。每学年在全校党组织和党员中，组织开展先进基层党组织、优秀党务工作者、优秀共产党员的评选活动，培养和树立一批先进典型，带动其他师生见贤思齐，推动学校事业又好又快发展。在近几年的创先争优活动中，学校涌现出了一大批省级优秀共产党员、优秀党务工作者、先进基层党组织。对这些先进典型，学校党委充分利用校园网、广播站、校报、微信、微博、QQ群和优秀事迹报告会等媒体和形式进行了广泛传播，“讲述南工好故事，传播南工好声音”，积极宣传先进人物典型事迹，推广他们的经验与做法，用师生身边的故事教育师生，切实收到了“点亮一盏灯，照亮一片人，树立一面旗，带动一方人”的作用，促进了学校转型发展。

五、反腐倡廉，为转型发展保驾护航

抓好党风廉政建设是确保转型发展的一项重要措施。随着校企的交流与合作内容不断增加，校内外的经济往来也必然增加，这也增加了党员干部的廉政风险，深入开展党风廉政建设，构筑系统严密的防控体系就显得愈发重要。

学校党委牢固树立“抓好党建是最大政绩，抓好党风廉政建设是本职、不抓党风廉政建设是失职、抓不好党风廉政建设是渎职”的理念，坚持党要管党、从严治党要求，将党建工作、党风廉政建设工作纳入年度工作要点，与业务工作同部署、同落实、同推进、同督促、同完成，为学校的转型发展保驾护航。

一是高度重视制度建设。学校先后制订并落实《中共南阳理工学院委员会关于实行党风廉政建设责任制、落实“两个责任”的实施意见》,修订完善了《中共南阳理工学院委员会反腐倡廉建设和党风廉政建设责任制工作检查考核办法》《中共南阳理工学院委员会关于建立健全惩治和预防腐败体系实施意见》等,切实“把权力关进制度的笼子里”。学校党委定期研究党风廉政建设相关事项,听取党风廉政建设工作汇报、明确工作要求;召开年度全校党风廉政建设工作会议,安排部署党风廉政建设工作,逐级签订党风廉政建设目标责任书和预防职务犯罪目标责任书。

二是广泛开展反腐倡廉学习教育。认真学习《中国共产党廉洁自律准则》和《中国共产党纪律处分条例》,多种形式开展专题廉政讲座、廉政警示教育,认真落实个人收入申报、年度述职述廉、重大事项报告等制度。加强对各级领导班子及领导干部履行职责和权力行使情况的监督,切实加强对人、财、物等重点领域和关键环节的监管,全面推进阳光校园建设。

三是加强反腐倡廉制度体系建设。把制度建设作为从根本上消除腐败现象的保证,先后制定、修订了《关于推进全面从严治党的实施意见》、《关于加强惩治和预防腐败体系建设工作的实施意见》《加强廉政风险防控重点部位和关键环节监督管理办法》等20多项规章制度,建立了学校党风廉政建设长效机制。

四是注重工作创新。为加强对学校各级领导干部的教育和监督,将监督执纪的关口前移,守住纪律和规矩的第一道防线,积极推进以案促改工作制度化常态化。借鉴地方市县巡察的工作方法,出台《南阳理工学院廉政谈话制度》,重点以开展履职廉政谈话活动为切入点,通过了解谈话对象履行岗位职责及党风廉政建设主体责任、作风建设、岗位风险防控等情况,突出谈话提醒,突出在抓早抓小、强化监督、防微杜渐等方面的预防作用,为学校的转型发展营造风清气正的良好氛围。

近年来,学校党委坚持“围绕转型抓党建、抓好党建促发展”,使学校各项工作持续向好向前发展,学校整体办学实力和办学水平得到快速提升,在办学定位、办学特色和办学成绩等方面取得了长足进步。先后获批国家应用型本科产教融合工程规划项目学校100所之一、教育部卓越工程师教育培育学校、全国文明单位、河南省示范性应用型本科院校、河南省整体转型发展试点学校、河南省十大创新创业典范学校、河南省双创基地和2018年全国创新创业典型经验高校等众多荣誉。转型发展工作走在了全省乃至全国同类院校的前列,受到社会各界的广泛关注与好评,呈现出入口旺、出口畅的良好态势。

潮平两岸阔,风正一帆悬。乘着新时代我国高等教育指导、分类发展的东风,全体南工人正满怀信心,再接再厉,向着建成"特色鲜明的高水平应用型理工类大学"的奋斗目标阔步前行!

附录1:教育部国家发展和改革委员会财政部关于引导部分地方普通本科高校向应用型转变的指导意见

教发〔2015〕7号

2015年10月21日

各省、自治区、直辖市教育厅(教委)、发展改革委、财政厅(局),新疆生产建设兵团教育局、发展改革委、财务局:

为贯彻落实党中央、国务院关于引导部分地方普通本科高校向应用型转变(以下简称转型发展)的决策部署,推动高校转型发展,现提出如下意见。

一、重要意义

当前,我国已经建成了世界上最大规模的高等教育体系,为现代化建设做出了巨大贡献。但随着经济发展进入新常态,人才供给与需求关系深刻变化,面对经济结构深刻调整、产业升级加快步伐、社会文化建设不断推进特别是创新驱动发展战略的实施,高等教育结构性矛盾更加突出,同质化倾向严重,毕业生就业难和就业质量低的问题仍未有效缓解,生产服务一线紧缺的应用型、复合型、创新型人才培养机制尚未完全建立,人才培养结构和质量尚不适应经济结构调整和产业升级的要求。

积极推进转型发展,必须采取有力举措破解转型发展改革中顶层设计不够、改革动力不足、体制束缚太多等突出问题。特别是紧紧围绕创新驱动发展、中国制造2025、互联网+、大众创新万众创业、“一带一路”等国家重大战略,找准转型发展的着力点、突破口,真正增强地方高校为区域经济社会发展服务的能力,为行业企业技术进步服务的能力,为学习者创造价值的能力。各地各高校要从适应和引领经济发展新常态、服务创新驱动发展的大局出发,切实增强对转型发展工作重要性、紧迫性的认识,摆在当前工作的重要位置,以改革创新的精神,推动部分普通本科高校转型发展。

二、指导思想和基本思路

(一) 指导思想

贯彻党中央、国务院重大决策,主动适应我国经济发展新常态,主动融入产业转型升级和创新驱动发展,坚持试点引领、示范推动,转变发展理念,增强改革动力,强化评价引导,推动转型发展高校把办学思路真正转到服务地方经济社会发展上来,转到产教融合校企合作上来,转到培养应用型技术技能型人才上来,转到增强学生就业创业能力上来,全面提高学校服务区域经济社会发展和创新驱动发展的能力。

(二) 基本思路

坚持顶层设计、综合改革。系统总结近年来高等教育和职业教育改革的成功经验,增强改革的系统性、整体性和协调性。不断完善促进转型发展的政策体系,推动院校设置、招生计划、拨款制度、学校治理结构、学科专业设置、人才培养模式、教师队伍建设、招生考试制度等重点难点领域的改革。充分发挥评估评价制度的导向作用,以评促建、以评促转,使转型高校的教育目标和质量标准更加对接社会需求、更加符合应用型高校的办学定位。

坚持需求导向、服务地方。发挥政府宏观调控和市场机制作用,推进需求传导式的改革,深化产教融合、校企合作,促进高校科学定位、特色发展,加强一线技术技能人才培养,促进毕业生就业质量显著提高,科技型创业人才培养取得重大突破,将一批高校建成有区域影响力的先进技术转移中心、科技服务中心和技术创新基地。

坚持试点先行、示范引领。转型的主体是学校。按照试点一批、带动一片的要求,确定一批有条件、有意愿的试点高校率先探索应用型

(含应用技术大学、学院)发展模式。充分发挥试点高校的示范引领作用,激发高校转型内生动力活力,带动更多地方高校加快转型步伐,推动高等教育改革和现代职业教育体系建设不断取得新进展。

坚持省级统筹、协同推进。转型的责任在地方。充分发挥省级政府统筹权,根据区域经济社会发展和高等教育整体布局结构,制定转型发展的实施方案,加强区域内产业、教育、科技资源的统筹和部门之间的协调,积极稳妥推进转型发展工作。

三、转型发展的主要任务

(一) 明确类型定位和转型路径

确立应用型的类型定位和培养应用型技术技能型人才的职责使命,以产教融合、校企合作为突破口,根据所服务区域、行业的发展需求,找准切入点、创新点、增长点,制定改革的时间表、路线图。转型高校要结合“十三五”规划编制工作,切实发扬民主,通过广泛的思想动员,将学校类型定位和转型发展战略通过学校章程、党代会教代会决议的形式予以明确。

(二) 加快融入区域经济社会发展

建立合作关系,使转型高校更好地与当地创新要素资源对接,与经济开发区、产业聚集区创新发展对接,与行业企业人才培养和技术创新需求对接。积极争取地方政府、行业企业支持,通过建设协同创新中心、工业研究院、创新创业基地等载体和科研、医疗、文化、体育等基础设施共建共享,形成高校和区域经济社会联动发展格局。围绕中国制造 2025、“一带一路”、京津冀协同发展、长江经济带建设、区域特色优势产业转型升级、社会建设和基本公共服务等重大战略,加快建立人才培养、科技服务、技术创新、万众创业的一体化发展机制。

(三) 抓住新产业、新业态和新技术发展机遇

创新发展思路,增强把握社会经济技术重大变革趋势的能力,加强战略谋划和布局,实现弯道超车。适应、融入、引领所服务区域的新产业、新业态发展,瞄准当地经济社会发展的新增长点,形成人才培养和技术创新新格局。促进新技术向生产生活广泛渗透、应用,推动“互联

网+"战略在当地深入推进,形成人才培养和技术创新新优势。以服务新产业、新业态、新技术为突破口,形成一批服务产业转型升级和先进技术转移应用特色鲜明的应用技术大学、学院。

(四) 建立行业企业合作发展平台

建立学校、地方、行业、企业和社区共同参与的合作办学、合作治理机制。校企合作的专业集群实现全覆盖。转型高校可以与行业、企业实行共同组建教育集团,也可以与行业企业、产业集聚区共建共管二级学院。建立有地方、行业和用人单位参与的校、院理事会(董事会)制度、专业指导委员会制度,成员中来自于地方政府、行业、企业和社区的比例不低于50%。支持行业、企业全方位全过程参与学校管理、专业建设、课程设置、人才培养和绩效评价。积极争取地方、行业、企业的经费、项目和资源在学校集聚,合作推动学校转型发展。

(五) 建立紧密对接产业链、创新链的专业体系

按需重组人才培养结构和流程,围绕产业链、创新链调整专业设置,形成特色专业集群。通过改造传统专业、设立复合型新专业、建立课程超市等方式,大幅度提高复合型技术技能人才培养比重。建立行业和用人单位专家参与的校内专业设置评议制度,形成根据社会需求、学校能力和行业指导依法设置新专业的机制。改变专业设置盲目追求数量的倾向,集中力量办好地方(行业)急需、优势突出、特色鲜明的专业。

(六) 创新应用型技术技能型人才培养模式

建立以提高实践能力为引领的人才培养流程,率先应用"卓越计划"的改革成果,建立产教融合、协同育人的人才培养模式,实现专业链与产业链、课程内容与职业标准、教学过程与生产过程对接。加强实验、实训、实习环节,实训实习的课时占专业教学总课时的比例达到30%以上,建立实训实习质量保障机制。扩大学生的学习自主权,实施以学生为中心的启发式、合作式、参与式教学,逐步扩大学生自主选择专业和课程的权利。具有培养专业学位研究生资格的转型高校要建立以职业需求为导向、以实践能力培养为重点、以产学结合为途径的专业学位研究生培养模式。工程硕士等有关专业学位类别的研究生教育要

瞄准产业先进技术的转移和创新,与行业内领先企业开展联合培养,主要招收在科技应用和创新一线有实际工作经验的学员。

(七) 深化人才培养方案和课程体系改革

以社会经济发展和产业技术进步驱动课程改革,整合相关的专业基础课、主干课、核心课、专业技能应用和实验实践课,更加专注培养学习者的技术技能和创新创业能力。认真贯彻落实《关于深化高等学校创新创业教育改革的实施意见》,将创新创业教育融入人才培养全过程,将专业教育和创业教育有机结合。把企业技术革新项目作为人才培养的重要载体,把行业企业的一线需要作为毕业设计选题来源,全面推行案例教学、项目教学。将现代信息技术全面融入教学改革,推动信息化教学、虚拟现实技术、数字仿真实验、在线知识支持、在线教学监测等广泛应用,通过校校合作、校企合作联合开发在线开放课程。

(八) 加强实验实训实习基地建设

按照工学结合、知行合一的要求,根据生产、服务的真实技术和流程构建知识教育体系、技术技能训练体系和实验实训实习环境。按照所服务行业先进技术水平,采取企业投资或捐赠、政府购买、学校自筹、融资租赁等多种方式加快实验实训实习基地建设。引进企业科研、生产基地,建立校企一体、产学研一体的大型实验实训实习中心。统筹各类实践教学资源,构建功能集约、资源共享、开放充分、运作高效的专业类或跨专业类实验教学平台。

(九) 促进与中职、专科层次高职有机衔接

建立与普通高中教育、中等职业教育和专科层次高等职业教育的衔接机制。有条件的高校要逐步提高招收在职技术技能人员的比例,积极探索建立教育一就业“旋转门”机制,为一线技术技能人才的职业发展、终身学习提供有效支持。适当扩大招收中职、专科层次高职毕业生的比例。制定多样化人才培养方案,根据学习者来源、知识技能基础和培养方向的多样性,全面推进模块化教学和学分制。

(十) 广泛开展面向一线技术技能人才的继续教育

瞄准传统产业改造升级、新兴产业发展和新型城镇化过程中一线劳动者技术提升、技能深化、职业转换、城市融入的需求,大力发展促进

先进技术应用、形式多样、贴近需求的继续教育。主动承接地方继续教育任务,加强与行业和领先企业合作,使转型高校成为地方政府、行业和企业依赖的继续教育基地,成为适应技术加速进步的加油站、顺应传统产业变革的换乘站、促进新兴产业发展的人才池。

(十一)深化考试招生制度改革

按照国家考试招生制度改革总体方案,积极探索有利于技术技能人才职业发展的考试招生制度。试点高校招收中、高等职业院校优秀应届毕业生和在职优秀技术技能人员,应当将技术技能测试作为录取的主要依据之一,教育部制定有关考试招生改革实施意见。试点高校考试招生改革办法应当报省级教育行政部门批准并以省为单位报教育部备案。招生计划、方案、过程、结果等要按有关规定向社会公开。

(十二)加强"双师双能型"教师队伍建设

调整教师结构,改革教师聘任制度和评价办法,积极引进行业公认专才,聘请企业优秀专业技术人才、管理人才和高技能人才作为专业建设带头人、担任专兼职教师。有计划地选送教师到企业接受培训、挂职工作和实践锻炼。通过教学评价、绩效考核、职务(职称)评聘、薪酬激励、校企交流等制度改革,增强教师提高实践能力的主动性、积极性。

(十三)提升以应用为驱动的创新能力

积极融入以企业为主体的区域、行业技术创新体系,以解决生产生活的实际问题为导向,广泛开展科技服务和应用性创新活动,努力成为区域和行业的科技服务基地、技术创新基地。通过校企合作、校地合作等协同创新方式加强产业技术技能积累,促进先进技术转移、应用和创新。打通先进技术转移、应用、扩散路径,既与高水平大学和科研院所联动,又与中职、专科层次高职联动,广泛开展面向中小微企业的技术服务。

(十四)完善校内评价制度和信息公开制度

建立适应应用型高校的人才培养、科学研究质量标准、内控体系和评估制度,将学习者实践能力、就业质量和创业能力作为评价教育质量的主要标准,将服务行业企业、服务社区作为绩效评价的重要内容,将先进技术转移、创新和转化应用作为科研评价的主要方面。完善本科教学基本状态数据库，建立本科教学质量、毕业生就业质量年度报告发布制度。

四、配套政策和推进机制

(一) 落实省级政府统筹责任

各地要结合本地本科高校的改革意愿和办学基础，在充分评估试点方案的基础上确定试点高校。试点高校应综合考虑民办本科高校和独立学院。省级改革试点方案要落实和扩大试点高校的考试招生、教师聘任聘用、教师职务(职称)评审、财务管理等方面的自主权。

(二) 加快推进配套制度改革

建立高校分类体系，实行分类管理，制定应用型高校的设置标准。制定应用型高校评估标准，开展转型发展成效评估，强化对产业和专业结合程度、实验实习实训水平与专业教育的符合程度、双师型教师团队的比例和质量、校企合作的广度和深度等方面的考察，鼓励行业企业等第三方机构开展质量评价。制定试点高校扩大专业设置自主权的改革方案，支持试点高校依法加快设置适应新产业、新业态、新技术发展的新专业。支持地方制定校企合作相关法规制度和配套政策。

(三) 加大对试点高校的政策支持

通过招生计划的增量倾斜、存量调整，支持试点高校符合产业规划、就业质量高和贡献力强的专业扩大招生。将试点高校“双师双能型”高水平教师培养纳入中央和地方相关人才支持项目。在国家公派青年骨干教师出国研修项目中适当增加试点高校选派计划。支持试点高校开展与国外同类高校合作办学，与教育援外、对外投资等领域的国家重大战略项目相结合走出去办学。充分发挥应用技术大学(学院)联盟等作用，与国外相应联盟、协会开展对等合作交流。

(四) 加大改革试点的经费支持

各地可结合实际情况，完善相关财政政策，对改革试点统筹给予倾斜支持，加大对产业发展急需、技术性强、办学成本高和艰苦行业相关专业的支持力度。建立以结果为导向的绩效评价机制，中央财政根据改革试点进展和相关评估评价结果，通过中央财政支持地方高校发展等专项资金,适时对改革成效显著的省(区、市)给予奖励。高校要健全多元投入机制,积极争取行业企业和社会各界支持,优化调整经费支出结构,向教育教学改革、实验实训实习和"双师双能型"教师队伍建设等方面倾斜。积极创新支持方式,探索政府和社会资本合作(PPP)等模式,吸引社会投入。

(五) 总结推广改革试点典型经验

在省级试点的基础上,总结梳理改革试点的经验和案例,有计划地推广一批试点方案科学、行业企业支持力度较大、实施效果显著的试点典型高校,并加大政策和经费支持力度。教育、发展改革、财政等部门共同建立跟踪检查和评估制度。

(六) 营造良好改革氛围和舆论环境

加强对转型发展高校各级领导干部和广大师生员工的思想教育和政策宣传,举办转型试点高校领导干部专题研修班和教师培训班,坚定改革信心,形成改革合力。广泛动员各部门、专家学者和用人单位参与改革方案的设计和政策研究。组织新闻媒体及时宣传报道试点经验。

根据本意见精神,教育部、发展改革委、财政部建立协调工作机制,加强对转型发展工作的指导。

附录2:河南省教育厅河南省发展和改革委员会河南省财政厅关于引导部分本科高校向应用型转变的实施意见

豫教发规〔2016〕95号

2016年7月20日

各省辖市教育局、发展改革委、财政局,各普通本科高校:

为进一步提升我省高等教育服务区域经济社会发展的能力和水平,根据教育部、国家发展改革委、财政部《关于引导部分地方普通本科高校向应用型转变的指导意见》(教发〔2015〕7号)精神,结合我省实际,现就引导我省部分本科高校向应用型转变提出如下实施意见。

一、总体要求

深入贯彻党的十八大和十八届三中、四中、五中全会精神,按照建立定位准确、类别清晰、结构合理、面向经济社会发展和人力资源市场多样化需求的具有河南特色的高等教育体系要求,紧紧围绕中国制造2025、互联网+、大众创业万众创新、"一带一路"等国家重大战略,聚焦打造"四个河南"、推进"两项建设"等河南经济社会发展现实需要,通过项目带动、资金引导、政策扶持等措施,引导部分本科高校主动适应经济发展新常态、主动融入产业转型升级和创新驱动发展,把办学思路真正转到服务地方经济社会发展上来,转到产教融合校企合作上来,转到培养应用型技术技能型人才上来,转到增强学生就业创业能力上来,全面提高学校服务区域经济社会发展和创新驱动发展的能力。

二、实施原则

(一) 坚持统筹规划原则

系统总结本科高校转型发展试点和高等职业教育改革经验,做好顶层设计,增强改革的系统性、整体性和协调性。坚持改革创新,围绕内涵提升,改造传统学科专业,创新人才培养模式,优化教师队伍结构,改革教育评价机制,加强区域内产业、教育、科技资源的统筹和部门之间的协调,增强学校适应人力资源市场变化的能力、促进产业升级和技术进步的能力以及为区域发展创造人才红利的能力。

(二) 坚持分类推进原则

以社会需求为导向,面向产业转型升级和发展战略性新兴产业需要,促进本科高校分类发展,使不同类型的高校在各自的定位上办出水平,彰显特色,争创一流,逐步形成结构合理的现代职业教育体系。

(三) 坚持示范带动原则

以示范性应用技术类本科院校建设为抓手,探索一条普通本科高校向应用型转变的有效途径,形成一批高质量的应用技术人才培养基地,进一步提升高等教育服务产业转型升级的能力。

三、发展目标

力争用 5 年左右时间,实现以下目标:

(一) 形成一批转型发展典型成果

充分发挥学校的积极性、主动性和创造性,积极探索向应用型本科高校转变的有效途径,建立并完善产教融合、校企合作的办学机制,在实践中挖掘转型发展的典型案例,通过“实践—理论—推广—完善”的路径,形成一批具有推广价值的转型发展成果。

(二) 总体就业创业质量显著提高

高校办学定位、服务面向、专业体系、培养方案、质量标准更好适应职业岗位要求和职业发展需求,毕业生技术应用能力达到本行业先进水平,毕业生就业质量显著提高,创新创业人才培养有重大突破,成为大众创业万众创新的重要力量。

(三) 服务重点产业转型升级能力明显增强

高校与区域经济社会发展的结合更加紧密,建成一批服务新兴产业发展和传统产业技术升级的应用技术人才培养和科技服务基地以及校企联动的产业技术积累创新联合体,实现学校的人才培养、科学研究与产业链、创新链的有机融合。

(四) 人才培养立交桥更趋畅通

教育考试招生制度、人才选拔制度、人才培养方式等得到有效改革,更加符合经济社会发展需求和人才培养规律。专业学位研究生教育、应用技术本科与中、高等职业教育的衔接,中高等职业教育毕业生和在职技术技能人才的成长通道和上升空间进一步拓宽,一线劳动者具有更多样化的学习机会,职业发展具有更广阔的空间。

四、主要任务

(一) 明确类型定位,制定发展规划

结合"十三五"规划编制工作,明晰学校的转型发展思路,确定转型发展目标定位,制定学校转型发展规划和推进改革的时间表、路线图,将学校类型定位和转型发展战略通过学校章程、党代会、教代会决议的形式予以明确。

(二) 建立行业企业参与的治理结构

加快现代大学制度建设,将产教融合、校企合作作为学校章程的重要内容,推动形成多元主体合作办学、合作治理的格局。行业特点明显的高校可以与行业部门、行业组织、大型企业实行共建共管二级学院或共同组建教育集团。建立由行业和用人单位参与的理事会(董事会)制度、专业指导委员会制度,成员中来自于地方政府、行业、企业和社区的比例不低于50%。支持行业、企业全方位全过程参与学校管理、专业建设、人才培养、课程设置和绩效评价。

(三) 加快融入区域经济社会发展

推动地方政府将转型高校融入区域经济社会发展规划和产业规划,建立校企合作平台,推动当地创新要素资源向转型高校聚集,推动科研、医疗、文化、体育等基础设施共建共享。围绕国家粮食生产核心区、中原经济区、郑州航空港经济综合实验区和郑洛新国家自主创新示范区等国家战略规划,以构建产学研密切融合运行机制、服务创新型河南建设为目标,促进高校创新资源和科技成果向企业流动、向产业集聚,推动高校自觉适应经济发展新常态,集中高校创新力量促进大众创业、万众创新,着力提高高校服务经济社会发展的贡献度。

(四) 建立紧密对接产业链、创新链的专业体系

紧紧围绕产业链、创新链调整专业体系,并将服务同一产业链的相关专业组织为专业集群统筹管理。优先发展高新技术学科专业,加快发展与我省支柱产业密切相关的应用型学科专业,注重改造提升传统学科专业。重点加强航空经济、空间信息、新能源汽车、生物、新材料、高端装备制造、清洁能源、大数据、电子商务、物联网、现代物流、旅游与会展、健康服务等战略性新兴产业、优势主导产业、新兴服务业和新型城镇化建设领域的应用型人才培养。建立健全高校毕业生就业和重点产业人才供需年度报告制度,依据社会需求及高考录取率、新生报到率和毕业生就业率及时调整专业结构。建立行业和用人单位专家参与的校内专业设置评议制度,形成根据社会需求、学校能力和行业指导依法依规科学设置新专业的机制。

(五) 创新应用型人才培养模式

建立以提高实践能力为引领的人才培养流程,率先应用“卓越计划”的改革成果,建立产教融合、协同育人的人才培养模式,实现专业链与产业链、课程内容与职业标准、教学过程与生产过程对接。加强实验、实训、实习环节,实训实习的课时占专业教学总课时的比例达到30%以上,建立实训实习质量保障机制。根据学生来源、知识技能基础和培养方向的多样性,制定多样化人才培养方案,推进模块化教学和学分制。支持用人单位直接参与课程设计、开发。将企业技术革新项目作为人才培养的重要载体,把行业企业的一线需要作为毕业设计选题来源,全面推行案例教学、项目教学。将现代信息技术广泛融入教学改革,推动信息化教学、虚拟现实技术、数字仿真实验、在线知识支持、在线教学监测等广泛应用,通过校校合作、校企合作联合开发在线开放课程。具有培养专业学位研究生资格的高校要建立以职业需求为导向,以实践能力培养为重点,以产学结合为途径的专业学位研究生培养模

式。工程硕士等有关专业学位类别的研究生教育要瞄准产业先进技术的转移和创新,与行业内领先企业开展联合培养,主要招收在科技应用和创新一线有实际工作经验的人员。

(六) 建立科技创业教育体系

深化创新创业教育改革,将创新创业教育融入人才培养全过程,将专业教育和创业教育有机结合。全面提升学生科技创业、科技推广能力,重点培养科技型小微企业创业者。支持学生尽早参与科技创新和社会服务项目,鼓励学生选修第二学位,建设专兼职相结合创业指导教师队伍,开设创新创业辅导课程,建立创新创业基地,与合作企业共建创业基金,指导创新成果转化,为师生实训实习、科技孵化、创新创业提供综合服务。发挥我省各级各类支持众创空间发展专项资金的作用,推动高校整合校内外资源,充分利用高校现有场所,打造“互联网+”创新创业服务平台,建设一批专业化、差异化、多元化、开放式的众创空间,为广大师生创新创业提供一站式服务。

(七) 加强实验实训实习基地建设

根据生产、服务的真实技术和流程构建知识教育体系、技术技能训练体系和实验实训实习环境。按照工学结合、知行合一的要求,实现理论学习和实际训练紧密结合、有序衔接、相互促进、螺旋提升。按照所服务行业先进技术水平,采取企业投资或捐赠、政府购买、学校自筹、融资租赁等多种方式加快实验实训实习基地建设。引进企业科研、生产基地,建立校企一体、产学研一体的实验实训实习中心。完善学生校内实验实训、企业实训实习和假期实习制度。

(八) 发挥区域和行业科技服务中心作用

积极融入以企业为主体的区域、行业技术创新体系,以实践为导向,以应用为驱动组织科学研究,广泛开展研发设计、技术推广、技术咨询和科技交流等科技服务活动。通过校企合作、校地合作等协同方式加强产业技术技能积累,促进先进技术转移、应用和创新。与高水平大学、科研院所、中高职院校联动,开展面向中小微企业的技术服务。建立以实际贡献为导向的科研评价体系,健全由市场和用户广泛参与的开放评价机制。

(九) 加强"双师双能型"教师队伍建设

调整教师结构,改革教师聘任制度和评价办法,逐步使专业课教师既具有较高的理论水平,又具有较强的实践能力。通过教学评价、绩效考核、职务(职称)评聘、薪酬激励、校企交流等制度改革,向"双师双能型"教师倾斜,增强教师提高实践能力的主动性、积极性。引进行业公认专业人才,聘请企业优秀专业技术人才、管理人才和高技能人才作为专业建设带头人或担任兼职教师,并有计划地选送教师到企业接受培训、挂职锻炼和岗位实践。

(十) 构建多元质量评估监测体系

建立适应应用型高校的人才培养、科学研究质量标准、内控体系和评估制度,将学生实践能力、就业质量和创业能力作为评价教育质量的主要标准,将服务行业企业、服务社区作为绩效评价的重要内容,将先进技术转移、创新和转化应用作为科研评价的主要方面。鼓励社会组织、专门机构和公众积极参与教育质量监测评估。完善本科教学基本状态数据库,建立本科教学质量、毕业就业质量年度报告发布制度,接受社会评价和监督。重视评价结果运用,构建评价激励和导向机制,引导学校面向市场、面向社会、面向需求办学,形成政府管教育、学校办教育、社会评教育的新格局。

五、保障措施

(一) 统筹应用型本科高校建设

积极落实《河南省人民政府办公厅转发省教育厅关于促进普通高等学校分类发展指导意见的通知》(豫政办〔2015〕148 号)精神,强化省级统筹建设应用型高校的责任,引导转型发展高校强化功能定位和特色发展意识。认真总结梳理本科高校转型发展试点经验,有计划地推广一批试点方案科学、地方政府和行业企业支持力度较大、实施效果显著的试点典型高校。实施示范性应用技术类型本科院校建设计划,带动应用型本科学校建设。

(二) 实施产教融合工程

围绕产教融合、校企合作、工学结合主线,以校企合作共建实习实训设施为重点,支持高校向应用型转变所需办学条件建设,加强实习实验实训环境、平台和基地建设,推动技术技能人才培养和应用技术创新。着力建成一批直接为区域发展和产业振兴服务的中国特色应用型本科高校,提高应用型技术技能人才培养水平,增强学生就业创业能力和高校应用技术创新驱动发展能力。

(三) 加大专项经费支持力度

完善相关财政政策,对参与应用型改革试点高校给予经费倾斜支持。探索建立符合应用型高校特点的办学绩效评价制度。健全以绩效为导向的经费拨款机制,完善应用型人才培养的生均拨款机制。加大对产业发展急需、专业技术性强、人才培养不足的应用型专业支持力度,对支持区域经济发展能力强、提升产业链价值贡献大的高校和专业集群予以倾斜支持。

(四) 扩大应用型高校办学自主权

扩大考试招生自主权,探索在国家和我省考试招生制度改革总体框架内制定应用型人才选拔考试招生方案;扩大专业设置自主权,除国家控制布点专业外,适度扩大应用型专业设置的自主设置,加快设置适应新产业、新业态、新技术发展的新专业;扩大高校经费管理的自主权,支持高校依法依规自主管理使用专项资金。

(五) 制定相关配套政策措施

细化配套政策和改革措施,通过政策引导、措施推动,逐步建立引导高校转型发展的激励和约束机制。通过招生计划的增量倾斜、存量调整,支持符合产业规划、就业质量高和贡献力强的专业扩大招生。建设校企合作公共服务平台,鼓励和引导行业、企业和科研机构参与办学过程。将应用技术类型高水平师资培养纳入相关人才支持项目。加大技术创新支持力度,完善科研项目分类申报、分类评审制度,强化应用型高校的科研定位,重点扶持一批校企合作项目。深入推进科技成果使用、处置和收益管理改革,强化督查指导,确保科技成果转化收益对科研负责人、骨干技术人员等的奖励政策落实到位。支持转型高校与国外高水平应用型高校建立院校合作关系,系统引进人才培养模式、培养标准、专业课程、教材体系等优质教育资源。

(六)营造良好改革氛围

认真总结梳理转型发展试点经验,继续推广试点方案科学、行业企业支持力度较大、实施效果显著的试点典型高校,并加大政策和经费支持力度。加强政策宣传,坚定改革信心,形成改革合力,为改革营造良好舆论氛围。广泛动员各部门、专家学者和用人单位参与改革方案的设计和政策研究。组织新闻媒体及时宣传报道试点经验。

附录3:南阳理工学院推进整体转型发展工作实施方案

南理工发〔2014〕30号

2014年11月20日

为贯彻落实党的十八大精神和国家《中长期教育改革和发展规划纲要(2010～2020年)》,根据河南省教育厅《关于做好本科学校转型发展试点工作的通知》(教发规[2014]895号)的意见和要求,为全面推进我校整体转型发展工作,不断提升教育质量及服务地方经济社会发展的能力和水平,结合我校转型发展工作实际,制定本实施方案。

一、工作思路及目标

(一) 工作思路

按照"顶层设计、统筹谋划;整体推进、系统提升;重点突破、全面发展"的转型工作要求,系统推进治理结构优化、专业集群建设、师资队伍转型、服务地方发展平台建设、培养模式创新、实践平台建设,进一步推进应用型人才培养的管理运行机制改革,探索经济新常态下,地方高校对地方经济发展支撑作用和区域社会文化建设引领作用。

(二) 工作目标

通过全面开展转型发展工作,切实推进办学理念的再升华、办学定位的再思考、人才培养模式的再探索、人才培养方案的再设计、师资队伍建设的再规划、管理水平的再提升、社会服务平台的再建设,以培养产业转型升级和社会服务发展需要的高层次应用型人才为主要方向,以推进产教融合、校企合作为主要路径,以增强学生就业和创业能力为主要目标,进一步深化应用型人才培养方案,构建科学、规范、系统的人才培养体系,不断提升我校服务地方经济社会发展的能力和水平。

二、组织机构和工作职责

为加强对学校转型发展工作的领导、指导和协调,学校成立转型发展工作组织,负责转型发展工作。

(一) 成立学校转型发展工作领导小组

学校转型发展工作领导小组(以下简称"校转型领导小组")是学校转型发展工作的决策和指挥机构,全面领导、负责学校转型发展工作。校转型领导小组人员组成及职责如下:

组　　长:刘　建　刘荣英

副 组 长:郭建生　李　宏　张　伟　肖泽昌　陈世云　张　铟　龚立新　周礼春

成　　员:校内各单位党政主要负责人

工作职责:决策转型工作中的重大问题;审定学校转型工作中的相关方案、措施;研究解决、处理其他重要问题。

校转型领导小组下设办公室(以下简称"校转型办")是校转型领导小组的办事机构,调配若干人员负责日常工作。校转型办人员组成及职责如下:

主　　任:张　伟(兼)

副 主 任:张世海

成　　员:李晓彦　郭书贤　董　豪　王　岩　葛晨光　蔡广宇　梁秀山　杜太生　赵卫平　王　凡

工作职责:组织、协调、处理转型工作日常事务;制定全校转型工作方案,部署各阶段工作;协调各项目组、各单位开展转型工作;督促各阶段主要转型工作任务的落实;及时了解校内外转型动态,编制《转型发展工作简报》,为校转型领导小组决策提供依据。

(二) 成立学校转型发展工程项目组

学校实施项目管理,按照转型任务组建六个"转型发展工程项目组",每项转型建设工程分解为若干行动计划,具体负责各项转型发展工程的方案设计、行动计划制定、论证，相关工作的组织实施与协调指导。详图 2　学校整体转型发展总体任务：

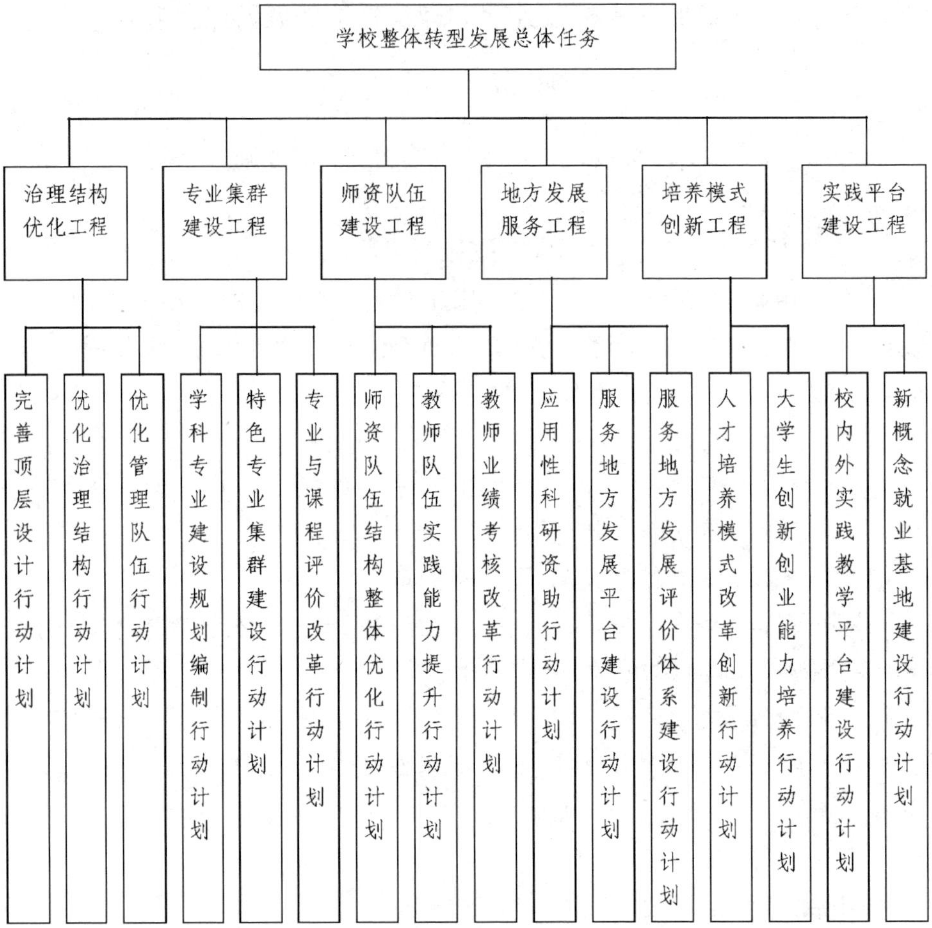

图 2　学校整体转型发展总体任务

项目主持单位主要负责人为项目总协调员，并选派项目牵头单位的 1 名工作人员为项目总联络员；在工程项目组组长主持下，由项目主持单位制定详细分工方案，并协商确定行动计划的牵头主持单位和主持人，一般以相关行动计划牵头单位主要负责人为该计划的主持人。各项目工作组人员组成名单报送学校转型办备案（样表见附件 1）。

（三）成立教学单位转型发展工作组

各教学单位成立由院长（主任）、党总支书记担任组长的转型发展工作组,全面负责本单位的转型发展工作。要按照学校要求,在校转型领导小组的领导和校转型办的指导下,制订本单位转型发展工作具体实施方案,并按学校要求组织开展工作。各教学单位转型发展工作组人员组成名单报送学校转型办备案(样表见附件2)。

三、主要工作任务与责任分工

(一) 治理结构优化工程

1. 项目组组成

组　　长:刘荣英

常务副组长:郭建生　张　伟

副　组　长:李　宏　肖泽昌　陈世云　张　铟　龚立新　周礼春

主持单位:校长办公室

参与单位:党委办公室、组织部、宣传部、人事处、教务处、实验设备处、科研处(产学研结合教育处)、财务处、基建处、后勤处、网络中心、图书馆、高等教育发展研究中心

2. 主要任务

(1) 完善顶层设计行动计划

明确应用技术型大学的办学思想,统筹学校整体转型发展。组织开展全校转型发展的系列教育思想大讨论和专项研究活动,打破传统思维模式,调整学校发展理念,以全新的视角看待当今高等教育,探寻地方高校转型发展规律,创新河南省"应用技术型大学"模式,形成校企合作、产教融合培养应用型人才的共识,奠定学校深化改革、转型发展的思想和理论基础。

深入系统挖掘和整理各学院应用型人才培养和校企合作、产教融合的典型事例,做好内外部宣传工作,营造转型发展氛围。

做好学校"十三五"发展战略规划,以学校整体转型发展为战略目标,制定学校"十三五"发展战略规划(含:学科与专业建设规划、师资队伍建设规划、数字化校园建设规划、社会服务平台建设规划、校园基本建设及公共服务规划等分规划),将学校转型发展的战略思考和部署融入规划,作为指导学校转型发展的纲领。

(2) 优化治理结构行动计划

科学调整学校组织结构,完善优化学校组织机构。根据转型发展需要,调整、整合或重新设置相关组织机构;建立有行业和用人单位参与的学校发展咨询委员会、企业参与的理事会(董事会)、专业指导委员会等学校和企业专家构成的教学管理组织和科研开发组织,构建行业、企业全方位参与学校科研和教学管理、专业设置与建设、人才培养和课程设置的新机制;

围绕转型发展要求,依据南阳理工学院章程,改革学校学校管理制度体系,调整、补充和完善教学、科研规章制度。调整、补充、完善学校管理制度体系,探索建立校院两级管理、以院为主的管理机制,充分发挥院部办学积极性和创造性,营造支持学校转型发展的制度环境。

(3) 优化管理队伍行动计划

以转型发展的新要求,重新规划管理部门工作职责、科学核定岗位和人员编制,全面改进工作效能考核机制;

制定管理队伍转型发展工作实施方案,确定管理队伍基本结构和建设标准,建立常态化的管理队伍培养培训机制,推进管理人员的管理理念更新和管理能力提升,建设一支适应学校转型发展的理念先进、务实精干、敬业奉献、执行力强的新型管理队伍。

(二) 专业集群建设工程

1. 项目组组成

组　　长:张　伟

主持单位:教务处

参与单位:招生就业处、科研处(产学研结合教育处)、各学院

2. 主要任务

(1) 学科专业建设规划编制行动计划

组织开展对南阳及其周边区域支柱产业、传统行业以及经济社会发展战略方向的全面、深入调研,结合学校学科专业结构现状,划分出不同的服务领域,聚合若干"服务地方经济社会发展学科专业集群",以此为基础编制学校"十三五学科专业发展规划";

按照服务地方经济社会发展的基础、学科专业建设基础、学科建设前景等因素确定重点发展、稳步提升、积极扶持等三个学科专业建设层

级,进行学科专业分级建设,重点投入资源建设 3—5 个特色优势学科专业,作为今后学校学科专业建设的核心。

建立学科专业建设效果评估和动态调整机制,以对地方经济社会发展的贡献度、学科建设水平的提升度等主要要素为依托建立学科专业建设标准,在“十三五”末期开展学科专业建设绩效评估,按照建设效果实施动态调整,同时实行学科专业建设警示(黄牌)、退出(红牌)机制。

(2) 特色专业集群建设行动计划

各学院按照学科专业类别组成骨干教师和学生参加的社会发展调查小组,对南阳及其周边经济区域行业发展进行专项调查,进行产业集群归类和筛选,理清专业集群所对应的产业集群,提出与产业链或其关联节点对应的专业集群建设调查报告和建设意见;

学校成立专业集群建设协调小组,研讨审议各调查小组的调查报告与建设意见,制定专业集群建设工作实施方案和分年度工作计划,组织开展专业集群建设工作。

(3) 专业与课程建设转型效果评价机制改革行动计划

改革专业与课程建设效果评价机制,建立专业建设效果考察指标体系和考察组织方案,系统性考察专业建设与学校办学定位、人才培养定位的符合度,保证专业建设的方向与服务地方经济社会发展与培养高素质应用型人才的总目标的一致性;

推进信息化环境下的课程呈现方式改革、教学技术改革、教学组织模式改革、课程内容的更新程度以及课程考核评价机制改革,并以此为目标全面改进课程建设评价机制,构建新的课程建设评价指标体系和评价模式,引导专业的培养目标与课程体系直接面向地方行业发展需要,将企业的优质技术资源引入专业人才培养。

(三) 师资队伍转型工程

组　　长:张　伟

主持单位:人事处

参与单位:教务处、科研处、各学院(部)

2. 主要任务

(1) 教师队伍结构整体优化行动计划

开展教师资源数据采集工作,依据学校学科专业建设与发展的整体规划和应用型人才培养的要求,制定师资队伍发展规划,进一步挖掘学校人力资源,优化教师资源配置;

继续做好高水平、高层次人才引进工作,鼓励青年教师提升学历层次,加强教学能力、实践能力的提升,全面提高学校教师队伍的整体水平与能力,构建学位教育、技能培训、高层次研究等多位一体的培训制度。

(2) 教师队伍实践能力提升行动计划

积极开展教师专业实践能力培养活动,采取有效措施在“十三五”期间实现50%以上的专业教师(其中工科、医学和管理类专业的教师要达到60%以上)达到双师型教师要求。每年要有计划分期分批组织专业教师,分别到企业、社会团体、医院、文化事业单位、社区等社会一线单位实践锻炼半年以上,不断提升专业教师的实践能力。

组织开展公共课教师参与社会实践活动并形成机制,培养教师关心社会公益活动,了解社会发展态势,提升指导学生开展社会调查、参与社会服务的能力;

积极引进优秀企业技术人员和管理人员担任专兼职教师;建立创业教师队伍,从企业等聘请具有实际创业经验的人员担任兼职创业指导教师。

(3) 教师业绩考核改革行动计划

改进教师业绩考核评价机制,提高教师教学水平及教学研究能力在考核评价中的比重,引导教师加强应用性科学研究,注重地方企业的技术革新和新产品研发,努力提升实践创新能力。

服务学校整体转型战略,探索教师量化管理新机制,引入社会服务工作量要求,制定教师社会服务评价标准,形成教师教学水平、科研能力和社会服务效益多重考核机制。

(四) 地方发展服务工程

1. 项目组组成

组　　长:张　铟

主持单位:科研处(产学研结合教育处)

参与单位:各学院(部)

2. 主要任务

(1) 应用性科研资助行动计划

坚持以应用性科研为导向,对应用性科研项目给予优惠的经费资助与政策支持。主动调研、归纳、分析地方政府、企事业单位、社会团体、社区、农村等的科技需求,突破发展瓶颈,提升学校服务地方经济社会发展的及时性、针对性和实效性。

(2) 服务地方发展平台建设行动计划

整合学校优质资源,和南阳市人民政府合作共建南阳协同创新研究院,以各二级协同创新机构和各科研平台为载体,为地方经济社会发展提供各类研发、公关、策划、咨询、培训等服务。建立科技和社会服务信息网站,及时发布科技和社会服务信息。加大科技成果转化力度,积极探索先进技术辐射扩散和产业化的新途径,不断提升学校服务地方经济社会发展的能力。

(3) 服务地方发展评价体系建设行动计划

探索建立以技术成果突破性、带动性、成果转化情况和社会服务实际贡献为导向的评价体系,健全由市场和用户广泛参与的开放评价机制。

(五) 培养模式创新工程

1. 项目组组成

组　　长:张　伟　陈世云

主持单位:教务处、招生就业处

参与单位:人事处、科研处(产学研结合教育处)、各学院

2. 主要任务

(1) 人才培养模式改革创新行动计划

启动2016人才培养方案改革工作,构建企业深度参与的多元化(复合型、创新型、创业型、卓越型、国际型)应用人才培养模式,建立按照职业岗位群履职能力需要倒推培养目标的机制,规划实现路径及课程载体;

设立创新学分,推进大学生科技创新计划,启动创新人才培养实验

班活动，探索试行通识教育课程大类培养、弹性学制和完全学分制、小学期或“3＋1”或“M＋N”等多形式的人才培养模式，使人才培养的实施过程更加贴近于职业的要求。

(2) 大学生创新创业能力培养行动计划

制定启动南阳理工学院大学生创业引领计划，积极营造良好创新创业生态环境和创业氛围，坚持学校支持和创业者努力相结合，充分运用政府、社会等方面公共资源，激发大学生创新创业活力，构建创业服务体系，创新服务模式，培育创新文化，加快形成以创新引领创业，以创业带动就业的新格局。

充分发挥创业教育示范校的示范带头作用，大力开展大学生创业意识、创办(改善)企业、创业实训等系列创业培训，把创业培训和创业教育有机结合，融入人才培养体系，纳入学业学分管理。建立创业学分积累与转换制度，将大学生开展创业实践活动和自主创业等成效折算为学分。探索建立具有众创空间功能的新型创业学院，促进形成创业教育新模式。

加强创业实践与孵化，建立健全大学生创业孵化体系。将创业实践纳入人才培养方案，借鉴创客空间、创业咖啡、创新工场等新型孵化模式，完善大学生创新创业孵化园管理制度和运行机制，为进驻园区的大学生创业实体提供政策咨询、项目开发、风险评估、开业指导、融资服务、项目对接、跟踪扶持等“一站式”服务，努力创建河南省省级孵化器和河南省大学生创业示范基地。

(六) 实践平台建设工程

1. 项目组组成

组　　长：陈世云　张　铟

主持单位：招生就业处、实验设备处

参与单位：教务处、各学院

2. 主要任务

(1) 新概念就业基地建设行动计划

继续推进新概念就业基地建设工作，通过建设好就业基地平台，拓展建设学生实践能力培养平台、教师实践能力锻炼平台、社会对人才知识能力结构需求的信息平台，支持应用型人才培养。

(2)校内外实践教学平台建设行动计划

巩固与扩大校内外实习实训基地。认真做好现有的国家级和校级大学生校外实践教育基地建设工作,开展校内外实习实训基地遴选建设工作,建设一批稳固的校内外实习实训基地。积极开展实验室工程化改造工作。

四、工作要求

学校整体转型发展工作是进一步深化学校教育教学改革,进一步厘清应用型本科办学思想,推动学校积极提升服务地方经济社会发展的能力和水平,实现学校事业发展新跨越的重要机遇。为积极做好推进学校整体转型发展的各项工作,学校要求各部门、各教学院(部):

第一,全面研读学校推进整体转型发展工作实施方案,认真思考转型发展的各项工作任务,按照各自的工作职责立即行动,做好具体行动方案、工作计划的制定和详细任务的分解,将工作任务到落实到具体单位、落实到具体人员,防止工作棚架、确保工作落实。

第二,参与工作的各部门、各教学院(部)既要认真负责,也要团结协作,要从学校整体转型发展一盘棋思想出发,做好工作沟通和相互协作,按照学校要求积极开展工作,确保圆满完成预定的工作任务。

第三,各部门、各教学院(部)要积极向本单位教师、管理人员宣传讲解学校推进整体转型发展的重要意义,使大家理解转型发展、支持转型发展、共谋转型发展,对转型发展工作过程的好思路、好经验、好做法,要积极挖掘、及时推广,营造转型发展的良好氛围。

第四,各部门、各教学院(部)主要负责人要作为本单位转型发展工作的第一责任人,科学谋划、韧性推进,确保工作进度和工作质量,为学校整体转型发展目标实现贡献力量。

附件:1. 南阳理工学院转型发展工程项目组名单(样表)(见表16)

2. 南阳理工学院教学单位转型发展工作组名单(样表)(见表17)

附件 1：

表 16　南阳理工学院转型发展工程项目组名单(样表)

项目名称：

计划名称	职责	姓名	职务	联系方式		
				办公电话	手　机	电子邮箱
	主持人					
	成　员					
	联络员					

总协调员(项目主持单位领导)：

总联络员：

附件2

表17 南阳理工学院教学单位转型发展工作组名单(样表)

单位名称:

职责	姓名	职务	联系方式		
			办公电话	手　机	电子邮箱
组　长					
成　员					
联络员					

参考文献

[01] 储召生.问道“双一流”中国一流大学建设与反思[M].合肥：中国科学技术出版社,2017.

[02] 储召生.地方本科高校转型应走出身份困惑[N].中国教育报,2015-6-17.

[03] 孙诚.加大职业教育改革步伐[N],光明日报,2014-3-25(14).

[04] 孙诚.引导部分普通本科高校向应用型转变势在必行[EB].http://www.moe.gov.cn/,2015-10-16.

[05] 杨冰.河南本科高校转型发展路径研究[D].河南大学硕士学位论文,2015.

[06] 潘懋元,王伟廉.高等教育学[M].福州：福建教育出版社,1995.

[07] 潘懋元.潘懋元论高等教育[M].福州：福建教育出版社,2000.

[08] 张晞,顾永安.地方本科高校专业集群布局与建设的探索与思考[J].中国职业技术教育,2018,(11).

[09] 焦新.地方高校转型发展呼唤顶层设计[N].中国教育报,2014-1-6.

[10] 顾明远主编.教育大辞典(第 2 卷)[M].上海：上海教育出版社,1991.

[11] 王玉丰.我国新建本科院校蓬勃兴起的原因探微[J].高教探索,2010,(6).

[12] 张生.应用型本科高校实践教学存在的问题及应对措施[J].

宿州学院学报,2015,(10).

[13] 杨东平.关于高等教育的中国模式[J]江苏高教,2011,(1).

[14] 余国江.应用型本科的特征和属性[J].应用型高等教育研究,2016,(1).

[15] 芦淑静.创新创业教育嵌入专业教育的原则与机制[J].求索,2015,(2).

[16] 张旭,郭菊娥.高等教育"供给侧"综合改革推动创新创业发展[J].西安交通大学学报(社会科学版),2016,(1).

[17] 刘隽颖.高校创新创业教育的背景、现状与突出问题[J].南昌工程学院学报,2016,(2).

[18] 王盼.以供给侧改革思路深化大学生创新创业工作[J].教育探索,2016,(8).

[19] 彭然.应用型本科院校创新创业教育教学体系的优化[J].教育与职业,2017,(13).

[20] 王丽娟高志宏.论我国创新创业教育理念的创新[J].江苏社会科学,2012,(5).

[21] 周桂瑾,俞林.应用型本科创新创业人才培养水平提升策略研究[J].中国职业技术教育,2015,(32).

[22] 高洪.新建本科院校应用型人才培养体系的探索与实践——以玉溪师范学院为例[J].玉溪师范学院学报,2008,(11).

[23] 赵观石.河南省高等教育结构现状分析及其优化对策[J].教育学术月刊,2015,(12).

[24] 任义.统一思想凝聚共识构建河南省分类发展的高等教育体系[J].河南教育(高教版),2016,(1).

[25] 刘博智.地方高校转型:转 90 度还是 45 度?[N].中国教育报,2015-3-11.

[26] 赵秀红.地方高校转型不搞一阵风一刀切[N].中国教育报,2015-11-17.

[27] 姚春梅.地方高校转型发展从哪儿找定力[N].光明日报,2015-10-16.

[28] 王向志.高校思政课实践教学创新的困境及对策探析[J],社

科纵横，2017，(3).

[29] 杨增崇.高校思政课实践教学的困境及突破[J]，思想理论教育导刊，2016，(10).

[30] 沈万根.关于高校思政课实践教学运行机制创新的思考[J]，思想教育研究，2017，(1).